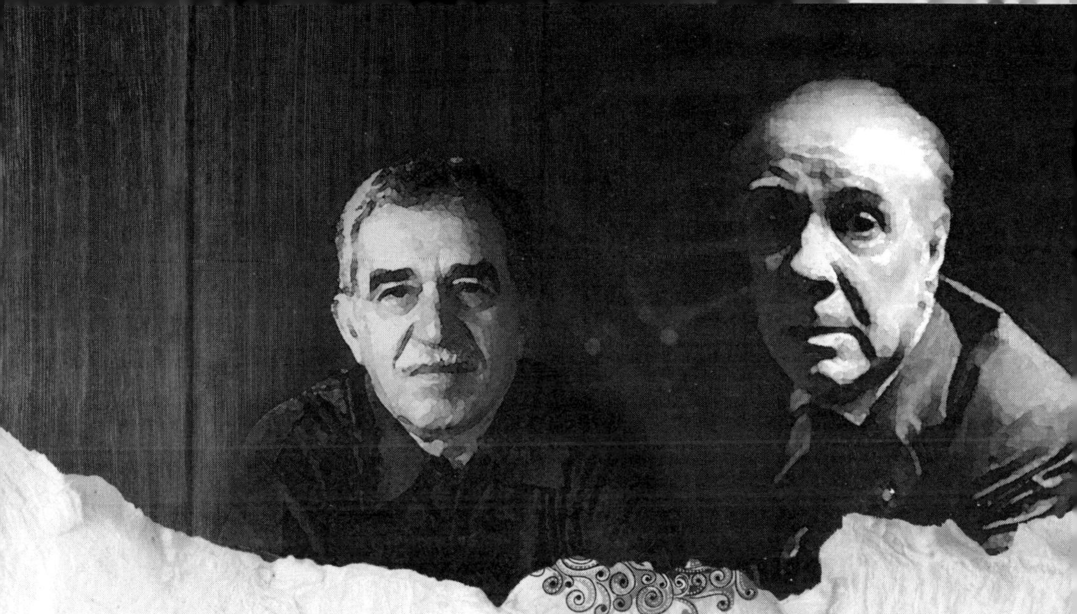

翻译家谈翻译丛书
西班牙语文学卷
主编 林一安

迷宫与《百年孤独》

品博尔赫斯，考《百年孤独》诸家

El Laberinto y
Cien años de soledad

林一安 著

北京

图书在版编目（CIP）数据

迷宫与《百年孤独》/ 林一安著 . — 北京：西苑出版社，2013.7

（翻译家谈翻译）

ISBN 978-7-5151-0378-5

Ⅰ.①迷… Ⅱ.①林… Ⅲ.①翻译－文集 Ⅳ.①H059-53

中国版本图书馆 CIP 数据核字（2013）第 146945 号

迷宫与《百年孤独》

作　　者	林一安
责任编辑	刘　荔
出版发行	西苑出版社
通讯地址	北京市朝阳区广泽路2号院（东区）14号楼
邮政编码	100102
电　　话	010-88637122
传　　真	010-88637120
网　　址	www.xiyuanpublishinghouse.com
印　　刷	北京中印联印务有限公司
经　　销	全国新华书店
开　　本	710mm×1000mm　1/16
字　　数	189千字
印　　张	20.5
版　　次	2014年8月第1版
印　　次	2014年8月第1次印刷
书　　号	ISBN 978-7-5151-0378-5
定　　价	48.00元

（凡西苑出版社图书如有缺漏页、残破等质量问题，本社邮购部负责调换）

版权所有　翻印必究

目 录

前言 / 001
从"洛尔伽"说起 / 001
拉丁美洲当代文学与中国作家 / 004
帕斯译中国古诗 / 011
"马尔克斯""略萨"何时了 / 013
大势所趋话复译 / 017
兄弟未必阋于墙 / 025
《变形记》并非出自博尔赫斯的译笔 / 028
外国姓名汉译的归从 / 032
胆大未必艺高——评《博尔赫斯文集》译事 / 035
拉美文学的介绍与翻译 / 050
与博尔赫斯夫人谈文学翻译 / 061
博尔赫斯译事一班 / 066
错译与漏译的误导——再评《博尔赫斯文集》译事 / 075
堂吉诃德及其坐骑译名小议 / 083
加西亚还是马尔克斯 / 087

目 录

莫把错译当经典 / 092
"胸毛"与"瘸腿"——试谈译文与原文的抵牾 / 096
难译的"姨妈" / 102
呼喊西风凋碧树——读博尔赫斯传记中译有感 / 106
我译博尔赫斯时的尴尬 / 125
补苴罅漏,成人之美——《堂吉诃德》杨绛中译本之争断想 / 131
博尔赫斯喜译《诗经》 / 134
调制异国情趣的笔墨 / 148
《堂吉诃德》董燕生中译本修订版序 / 152
"堂·吉诃德"还是"堂吉诃德"? / 158
墨西哥文学在中国 / 160
一部留有太多遗憾的辞书——评《新时代西汉大辞典》 / 172
"常凯申"现象何时灭 / 187
从"魔术"到"魔幻"——《百年孤独》中译发表前后 / 191
小径分岔的花园——球赛的必然结局 / 204
"略萨"——又一个被腰斩的拉美作家 / 206

转译的局限 / 209

细查地图话译事 / 221

作家的出息应从"开篇"起步 / 230

精品尚未成功,同志仍需努力——读新中文版《百年孤独》断想 / 233

工欲善其事,必先利其器 / 243

准确、明确、精确地打造精品——《百年孤独》中译漫议 / 249

常凯申现象又复来——略议《加西亚·马尔克斯传》中译 / 268

再谈《加西亚·马尔克斯传》之中译 / 278

莫言风格:魔幻、神幻还是幻想? / 287

饮酒啖肉论东西——杨宪益先生杂记 / 289

王永年:一位无可替代的翻译家 / 293

他手握一把犀利的金刚钻——追怀著名文学翻译家王永年先生 / 295

"扁豆"和"奶油糖"——西班牙语文学中特殊物品译例偶拾 / 301

译家,请尊重著作家的心血——叹又一部加西亚·马尔克斯传记中译之失误 / 305

前 言

笔者长期从事外国文学翻译编辑工作，而且又是在中国社会科学院外国文学研究所和《世界文学》编辑部这样国内一流文学翻译家荟萃云集的学界，天赐良缘，有幸拜读欣赏各语种文学翻译家的绝妙译笔，耳濡目染，借鉴临摹，得益匪浅，终生受用。令笔者至今难忘的卓越翻译家有：英语文学翻译家萧乾、王佐良、李赋宁、屠岸、任溶溶、朱海观、李文俊、施咸荣、汤永宽、李光鉴、赵少伟、董乐山、梅绍武诸先生，俄语文学翻译家曹靖华、戈宝权、草婴、高莽、苏杭、力冈、田大畏诸先生，法语文学翻译家李健吾、罗大冈、许渊冲、王道乾诸先生，德语文学翻译家冯至、钱春绮、傅惟慈、张玉书诸先生，日语文学翻译家林林、申非、李芒、李德纯、叶渭渠、唐月梅诸先生，西班牙语文学翻译家王永年、吴名祺、陈用仪、林光诸先生以及其他各语种的文学翻译家季羡林、罗念生、杨乐云、兴万生诸先生等等衮衮前辈。

笔者引以为豪、引以为荣、引以为幸的是，拜读鉴赏到的译品竟一水儿的全是先生们的亲笔手稿！译家的汉字有的纤小，有的粗犷，有的潦草，有的工整，有的娟秀，有的豪放，有的龙飞凤舞，有的腾挪多变，端的是各有千秋，各显神通。尤为笔者感佩的是，众多译家呈交的译品，无论长短，均为字迹漂亮、工整的原稿，译者认真负责的敬业精神力透纸背。审读之际，笔者不得不为前辈翻译家们感动折服。读博尔赫斯短篇小说的译者王永年先生、《老人与海》的译者赵少伟先生和《碧血黄沙》的译者林光先生如同印刷出来一般的原稿，简直是一种美的享受，绝不忍心损毁一丝一毫。今天，纵使电脑替代了纸笔，但前辈译家视译事为生命的精神，仍值得后人学习仿效。

诚然，译者的字迹终究只是译事的表层，译品的高低优劣主要还取决于译者对原文准确、明确、精确的理解、把握和演绎。笔者以为，译事无大小巨细。大到句型和语法，译介国的历史、地理、风俗、习惯，小到一字一词，译家必须熟悉、掌控，才不致错误频现，出乖露丑，亵渎大师原作，误导读者。

曾经沧海难为水。比照前辈译家美轮美奂的译品，作为一名外国文学翻译的编辑，笔者每以同样的水准来核对中青年译者的作品，意欲步前辈后尘而渐臻佳境，曾一度受到前辈译家的热情鼓励。每忆至此，仍不免于心有欣欣焉。

我国西班牙语文学的翻译和研究起步较晚，尽管经过国家六十余年的培育，造就出了一支语言功底颇为扎实的西班牙语文学翻译队伍，几可堪当攀登文学翻译高峰的重任；然而，不容否认和忽视的是，与其他语种如英、俄、法、德、日等文学翻译比较，我们缺乏大师级的译家，我们还处在探寻、摸索、跋涉的艰难阶段，实在有太多亟须匡正、改进、完善甚至纠错的空间，实在需要足够的帮衬扶持。

出于对译事负责的精神，更出于急切盼望西班牙语文学译事整体提高的心愿，笔者不揣冒昧，数十年来，常斗胆撰文，就西班牙语文学翻译界之成品，主要是博尔赫斯犹如迷宫一般的作品、《百年孤独》以及《堂吉诃德》等说长道短，痛陈利害，每露冀彼改进完善且律己严己之意，虽言辞时而尖刻,然自问绝无恶意,愿闻者体谅;倘此一文学翻译文论集能令有志于西班牙语文学翻译者走出翻译的迷宫,令若干译事不力或不迭者戒,则笔者幸甚。

　　文中各节,乃笔者一孔之见。是耶?非耶?盼读者坦陈己见,倾心斧正。

林一安

2014年1月30日（甲午年春节）

北京太阳宫

从"洛尔迦"说起

提起洛尔迦,我国不少读者都知道他是西班牙一位著名的抒情诗人。早在二十世纪三十年代,他那精美绝伦的诗篇已由我国诗人戴望舒先生翻译介绍过来,一九五七年我国还出版过他的一本诗选,题名《洛尔迦诗抄》。在译介和研究西班牙现代诗歌方面,戴先生不愧前辈先驱,功绩是很大的。但是,洛尔迦这个译名从此便一直沿用至今。很少有人想过或提过,原来这是一个不确切的称呼,如果要查原文作家词典,那么在洛尔迦(Lorca)这个条目里,你休想找到这位诗人。可见在西班牙本国,人家原本不是这么简单称呼的。随着西班牙语国家(即西班牙本国及大部分拉丁美洲国家)作家的名字在我国书刊上出现次数日渐增多,而类似的不确切的提法又层出不穷,笔者认为有必要谈谈这个问题,为西班牙语国家的一些作家"正名"并引起我国文学翻译界的注意,西班牙语的姓名虽然很长,但并不很复杂,一般排列次序是:教名——父姓——母姓。举例:

Nilda Navarrete Guerra
尼尔达 · 纳瓦雷特 · 格拉
教名——父姓——母姓)

在通常情况下，人们只称父姓，或教名加上父姓，有时只称呼教名，除在一般较为正式的场合外，母姓常省略不用。外国是不是男尊女卑，那是他们的事情，我们不能干涉，但是姓氏这么称呼，我们必须尊重。所以，他们的名字再长，再"啰唆"，也没有办法，我们没有按照中国习惯加以变更的权利。

由于西班牙语姓名相同的很多，因此，有的人的姓名，特别是名人的姓名，往往要父姓和母姓同时使用，才能加以区别。然而，也可能由于我们对于西语作家了解不够、不深、不透，我国西语翻译界往往只将西语作家的母姓译出，或只以母姓作为对该人的称呼。这种情况必须加以纠正。

上文已经提到，西班牙著名诗人费德里科·加西亚·洛尔迦（Federico García Lorca, 1898—1936），我们过去，甚至现在，一直只称呼他为洛尔迦，这是不妥当的，因为洛尔迦是母姓，正确的称呼应为父姓加西亚。但姓加西亚的名人实在太多了，所以还得加母姓：加西亚·洛尔迦，而绝不能只叫洛尔迦。可是我们现在一提就是洛尔迦，称他为加西亚·洛尔迦的反倒如凤毛麟角，足见谬误纠正之困难。

我国读者熟悉的另一位西班牙著名作家维森特·布拉斯科·伊巴涅斯（Vicente Blasco Ibáñez, 1867—1928），其实简称应为父姓布拉斯科，但西班牙还有一些姓布拉斯科的名人，所以西语国家就称他为布拉斯科·伊巴涅斯，而我们却一直只称他的母姓。过去，甚至鲁迅也这么称呼这位西班牙作家。

以上两例，都是已故作家，而且都是在我国西班牙语人才极其缺乏的条件下开始出现的情况，应予原谅。但时至今日，类似的情况仍然屡见不鲜，我们就应该而且有责任来纠正这一混乱的现象了；否则，何日是了。试看以下数例：当代哥伦比亚著名作家、长篇小说《百年孤独》及《族长的没落》的作者加夫列尔·加西亚·马尔克斯（Gabriel García

Márquez,1927—），简称应为加西亚（父姓）·马尔克斯（母姓），但我国译界却只称他的母姓马尔克斯；又如第四十一届国际笔会主席、秘鲁著名作家马里奥·巴尔加斯·略萨（Mario Vargas Llosa,1936—）简称应为巴尔加斯·略萨，但我们的译者只称他的母姓略萨；再如西班牙当代著名剧作家安东尼奥·布埃罗·巴列霍（Antonio Buero Vallejo,1916—），简称应为布埃罗或布埃罗·巴列霍，但译者只称他的母姓巴列霍。这些作家都还健在，如果有朝一日他们来华访问，我们称之为马尔克斯先生、略萨先生或巴列霍先生，人家出于礼貌，也许不至于暗笑但恐怕要惊讶我们的失礼了。

(原载《读书》1983年第6期)

拉丁美洲当代文学与中国作家

　　拉丁美洲当代文学,或者更确切地说,二十世纪六十年代声誉鹊起的拉丁美洲"文学爆炸",真正地震动并影响了中国文学创作界,还是近十年来的事情。新中国成立之初,虽然也间接地从俄文、英文或法文翻译出版了一些拉丁美洲文学作品,但数量极少,与今日我国的拉丁美洲文学翻译盛况相比,简直不可同日而语,这一方面固然是因为粉碎"四人帮"之后,我国的外国文学翻译界贯彻执行了党的文艺开放政策和方针,另一方面也是因为经过二十余年的培养和努力,我国的西班牙语和葡萄牙语文学翻译队伍终于成长壮大,并发展成为国内一支不容忽视的文学翻译新军。

　　二十世纪八十年代伊始,享有世界声誉的当代拉丁美洲重要文学作品几乎大都从西班牙文或葡萄牙文陆续翻译出版,其中有哥伦比亚作家加西亚·马尔克斯的《百年孤独》,秘鲁作家巴尔加斯·略萨的《城市与狗》、《绿房子》、《世界终极之战》和《潘达莱昂上尉与劳军女郎》,阿根廷作家博尔赫斯的《短篇小说选》,墨西哥作家鲁尔弗的《中短篇小说集》,危地马拉作家阿斯图里亚斯的《总统先生》和《玉米人》,巴西作家亚马多的《金卡斯之死》和《加布里埃拉》,智利作家聂鲁达的《诗选》和《诗歌总集》(一译《漫歌集》),古巴作家卡彭铁尔的《人间王国》等。据统计,我国在二十世纪八十年代头几年翻译出版的拉丁美洲文学作品已经大大超过了新中国成立之后至十年动乱结束这三十来年出版量的总和。众多的当代拉丁美洲优秀文学作品如此集中地涌入中国，形成了一股强大的冲击波，震动了中国读书界，特别是文学创作界，并引起了巨大的反响，用中国作家自己的话来讲，形成了"拉美文学热"。中国作家对拉美文学感到亲切、贴近，很重要的一个原因是，中华人民共和国成立以前在遭受殖民统治以及外国的渗透和掠夺方面，和今天的拉丁美洲各国有着几乎相同的命运。在反对外来压迫和剥削、维护民族权益的斗争中，中国和拉丁美洲人民有着共同的语言。因此，中国作家和拉丁美洲作家对文学所起的作用以及作家的使命的认识，观点很容易接近，甚至完全一致。文学是什么？巴尔加斯·略萨说得好："文学就是火，它意味着叛逆和反抗；作家的价值就在于抗议、反驳和批判。"加西亚·马尔克斯也曾经不止一次地说，作家的职责在于提醒公众牢记容易被遗忘的历史，他认为这就是作家的革命责任。确实，当代拉美优秀的文学作品就是向封建军事独裁、大庄园主、殖民者、暴君燃烧的熊熊烈火。这是中国作家赞赏当今拉美文学的一个极其重要的原因。二十世纪八十年代在中国掀起的"拉美文学热"以《百年孤独》中译本的面世（1982年12月《世界文学》选译发表其中六章，1984年上海出版单行本）而达到高潮。今天几乎所有的中国作家，特别是中青年作家都读过或了解这部举世闻名的拉美经典著作。一个拉美作家在中国的知名度这么高，是极为罕见的。中国作家对《百年孤独》的评价是相当高的。老作家王西彦认为："《百年孤独》内容深刻、技巧特殊，他把现实和幻想相结合的表现方法，颇可效法。"《北京文学》主编、著名作家林斤澜说："他们是自创一派，很有特点。"接连发表了《透明的红萝卜》《球状闪电》《红高粱》《狗道》等新颖作品的部队青年作家莫言对《百年孤独》更是推崇，他说："我认为，《百年孤独》这部标志着拉美文学高峰的巨著，具有惊世骇俗的艺术力量和思想力量，它最初使我震惊的是那些颠倒时空秩序、交叉生死世界、极度渲染夸张的艺术手法，但经过认真思索之后，才发现，艺术上的东西，总是表层。《百年孤独》提供给我的，值得我借鉴的，给我的视野以拓展的，是加西亚·马尔克斯的哲学思想，是他独特的认识世界、认识人类的方式。……加西亚·马尔克斯是用一颗悲怆的心灵去寻找拉美迷失的、温暖的、精神的家园……他站在一个非常的高峰，充满同情地鸟瞰着纷纷攘攘的人类世界。"可以说，拉丁美洲作家在中国的同行中找到了真正的知音，两者都深切地意识到历史赋予自己的严重责任。确实，加西亚·马尔克斯的《百年孤独》中浸淫着的孤独感，其主要内涵是整个苦难的拉丁美洲被排斥于现代文明世界的进程之外的愤懑和抗议，是作家在对拉丁美洲近百年的历史，以及这块大陆上人民独特的生命强力、生存状态、想象力进行独特的研究之后形成的倔强的自信。

拉丁美洲作家使中国同行饮佩的另一个原因是他们感知和认识现实的新的角度，他们运用各种流派艺术手法的大胆尝试以及他们在作品中所一贯追求并保持的浓郁的民族特色。加西亚·马尔克斯说："拉丁美洲人民对于压迫和不公正实在太了解了，他们期待着的是一种真正的小说，而不只是某种揭发材料。"因此，中国中青年作家也就非常容易理解墨西哥作家、拉魔幻现实主义文学先驱鲁尔弗这样的一种说法："文学就是叙说真情的一种谎言。"这就是说，作家在创作时的想象力可以有自由驰骋的广阔天地，亦即"以无限的想象来描绘有限的现实"。这点，在中国的作家中也引起了共鸣。莫言在一次文学座谈会上说："什么是文学创作？创作就是突破已有的成就、规范，解脱束缚，最大限度地去探险，去发现，去开拓疆域，其中包括把可能存在的'谎言'说得比真实还真实。"

读拉丁美洲当代文学作品，有心的中国中青年作家发现，拉丁美洲作家经常运用的魔幻现实主义、结构现实主义等表现手法也可以在自己的创作中加以适当的借用，也可以用来描绘或反映中国的历史和现实。

于是，我国文学创作界激扬起一股从来没有过的开拓艺术空间的热情。一批引人瞩目的作品，特别是小说创作所展示的，不仅是作品容涵性的增加，而且还是另一个艺术世界的开辟。冯骥才的中篇小说《神鞭》，恐怕在很大程度上就是受加西亚·马尔克斯的影响的。作家欣赏加西亚·马尔克斯不怕在写景状物时荒诞绝伦的气魄，因此他自己的这部作品也是"真衬假时假也真"的一篇小说。作品主人公头上的一根辫子，有如一条神奇的鞭子，有时甚至仿佛一支离弦的利箭，可以横扫一切，它既可以自卫防身，也可以鞭打土豪劣绅、贪官污吏，乃至洋奴及其主子洋鬼子，它还富有感情色彩，当它愤怒时，辫梢甚至会向上飘动……当然，作家也恪守魔幻现实主义"变现实为幻想而又不失其真"的创作原则。据作家自称，他也要通过描绘晚清时天津卫的市井风俗，来增进公众对历史和现实的再认识和再思考，这显然和加西亚·马尔克斯所一再强调的作家的职责如出一辙。再如莫言的《透明的红萝卜》中描写一个人的头发掉在地上居然叮当有声，《红高粱》中的高粱居然具有人性，他们"奇谲瑰丽，奇形怪状，他们呻吟着，扭曲着，呼号着，缠绕着，时而像魔鬼，时而像亲人……他们红红绿绿，白白黑黑，蓝蓝绿绿，他们哈哈大笑，他们嚎啕大哭，哭出的眼泪像雨点一样打在奶奶心中那一片苍凉的沙滩上。"又如，著名中年作家从维熙在他的系列短篇《酒魂西行》，青年作家韩少功在他的中篇《爸爸爸》和短篇《归去来》，王安忆在她的中篇《小鲍庄》，郑万隆在他的系列短篇《异乡异闻》中，都进行了魔幻现实主义手法的尝试。值得注意的是，拉丁美洲这一文学流派还打破了外国文学历来只在中国内地传播的保守局面，居然穿过了西藏高原的雾屏云障，降临这块与拉丁美洲同样有着魔幻氛围的神奇的土地、以扎西达娃为代表的一批青年藏族作家对本民族历史文化和现实的思考为他们对拉丁美洲魔幻现实主义的直接借鉴提供了可能。从《系在牛皮绳扣上的魂》起，扎西达娃就进行了大胆的探索，他把拉美魔幻现实主义纳之于西藏，逼真的现实描绘与魔幻境界相交映,并运用象征、隐喻、夸张甚至怪诞的手法以显示小说主题思想的多义性和深刻性。他的另一篇小说《西藏,隐秘岁月》与加西亚·马尔克斯的《百年孤独》更为接近。如果说《百年孤独》凝聚了哥伦比亚一百年来的历史演变和社会现实,那么《西藏,隐秘岁月》则浓缩了近一个世纪即一八七七年至一九八五年之间的西藏社会历史的沉痛和嬗变,两者几有异曲同工之妙。而且,重要的是,扎西达娃和加西亚·马尔克斯几乎一样,是使人在向后的观照中获得民族自信力,发现"新世界的萌芽"(扎西达娃语),坚信"一百年处于孤独的世家最终会获得并将永远享有出现在世上的第二次机会"(加西亚·马尔克斯语)的。

当然,对于《百年孤独》等拉美文学名著,中国作家并不是单纯地模仿,他们对取得举世瞩目的成就的当代拉美文学进行了认真的思考,他们认为,拉美文学的崛起,原因无非两条:一是拉丁美洲作家具有对社会承担高度的政治责任这一普遍的和自觉的民族意识;二是他们具有对艺术手法的执着探索和表现技巧的大胆尝试的恢宏精神,而文学创作的生命就在于艺术的个性!正是由于悟到了这一点,青年作家王江水才立志为树立这种艺术个性而奋斗。他在写短篇小说《徐寨》时,便力图表现出自己的特色来。故事是写抗日战争时期一个村镇的乡民抗击日寇的斗争,主题和故事都是被前辈作家写得尽人皆知了的,但是王江水从两个方面做了努力:一是叙事角度出新,真事假写,假事真写,虚虚实实,造成一种"虚幻"的氛围,形成一种令人引起联想的魅力,体现了中华民族力量的底蕴;二是叙述语言出新,他采用江西方言作基本语调,借助通行的语言框架,使语言赋有多方面的色彩感,取得多层次的效果。小说发表后,被誉为"近年军事题材有突破性的作品"。

阿根廷著名小说巨匠博尔赫斯作品中干净利落的文体、新颖奇特的构思、巧妙精确的结构、荒诞离奇且充满幻想的情节以及浓重的神秘色彩也引起了中国作家的极大兴趣和广泛的注意。郑万隆甚至说:"在我所读过的拉丁美洲作家中，最使我叹服的是博尔赫斯。相信他会被越来越多的中国读者所注意和理解。青年作家丁小琦认为，博尔赫斯的作品能给人们留下无穷无尽的悬念和神秘感，但同时却又让人充分感到那个颠倒和荒诞的世界的存在。他在谈自己的文学创作时说，我在进行小说《红崖羊》的创作过程中，可以说是受了博尔赫斯的短篇小说《玫瑰角的汉子》的极大影响。我向人们讲述了一个连"三岁的孩子都不信"的真事，并把自己也放在其中。我用那些最真实的细节去写那些最为荒诞的事情，来加强作品的神秘色彩，增加作品的悬念和空灵，从而也使我的作品加强了活力。由此，我体会到，作品要获得成功，绝不能仅仅只有中心思想和人物，还要有高超的艺术手法和表现方法。

中国作家感兴趣的另一位拉丁美洲当代作家，就是著有八部长篇小说以及多部剧本、短篇小说集和文学评论集的秘鲁著名结构现实主义小说大师巴尔加斯·略萨。他的长篇小说几乎大都已译成中文出版，逾二百万字，是近年来在我国作品介绍得最多的一位拉美作家。除了他作品的内容，中国作家主要是为他的结构现实主义的手法所吸引、这种所谓"中国套盒式"的写作方法一下子使作家所描绘的现实世界立体化起来，因而也显得更为客观、更为全面、更为丰满，也更为深刻。它使读者仿佛欣赏全景电影一般，让读者活泼地、而不是呆板地，多方位地、而不是单向地，多层次地、而不是单层次地看到纷繁复杂的活生生的现实世界。巴尔加斯有着驾驭这种技巧的高超本领。他在叙述故事的时候，常常把众多的头绪故意剪断，然后精心编织到各个章节里去；有时则并驾齐驱，同时叙述，最多时一个章节里竟可同时出现近二十对不同的人物对话即不同的故事线索。作家的高明之处在于，他能将众多的线索有条不紊地围绕着主线，就像是一条条涓涓细流汇入江河，最后形成一片浩淼的水面，蔚为壮观。这种手法，正越来越受到中国作家的注意以及借鉴的兴趣。近年来颇负盛名的陕西作家贾平凹就模仿巴尔加斯的结构现实主义手法很快写出了小长篇《商州》，为不断地修正"自我"的审美艺术观念迈出了相当坚实的一步。以中篇小说《人到中年》而蜚声中国文坛的女作家谌容则写了短篇《猪崽过冬的问题》，做了初步的尝试。而莫言在他的《红高粱》里，除了魔幻现实主义之外，对作品主人公的奶奶的穿插描写还带有结构现实主义的明显运用。

由于近年来我国西语及葡语文学翻译界的不懈努力，拉丁美洲当代文学终于以它深刻的内容、巧妙的构思、丰富的想象和独特的风格在中国赢得并征服了广大的读者，从而一改中国读书界长期来只把眼光注视着欧美文学及苏联文学的狭隘局面。当今拉丁美洲是一块生机勃勃、充满希望的文学领域。早在二十世纪六十年代，法国作家萨特就曾经预言："世界文学的未来属于拉丁美洲的叙事文学。"他指出："必须把眼光转向这种文体。真正的、优秀的创造将在那个大陆。"虽然许多拉美文学大师如聂鲁达、阿斯图里亚斯、卡彭铁尔、科塔萨尔、鲁尔弗、博尔赫斯等均于近年相继谢世，但文学爆炸时期涌现的一大批优秀作家如加西亚·马尔克斯、巴尔加斯、富恩特斯等正处于年富力强的创作旺期，且时有力作面世；何况，数量众多的更为年轻的作家现已紧步跟上，精彩的重头戏还在后面。我们应该密切注视拉美文学的新动向，更加系统地、有计划地挖掘和精选这块瑰丽的他山之石。

（原载《中国翻译》1987年第5期）

帕斯译中国古诗

一九九〇年摘取诺贝尔文学奖桂冠的墨西哥著名诗人、散文家奥克塔维奥·帕斯，被西方文学评论界誉为当今世界健在的最伟大的诗人。他的长达584行的代表作长诗《太阳石》于一九五七年呈献在世人面前，从而被确认为拉丁美洲现代诗歌三大经典作品之一，甚至世界诗歌巨作。帕斯还是勤奋的文学翻译高手，他曾将美、法、葡萄牙、英、日、瑞典、印度等国诗人的作品译成西班牙文。对于中国古典诗歌，帕斯也格外喜爱，尽管他不懂中文，但他通过英译本，同时虚心请教他所认识的中国现代文学家，硬是顽强地、吃力地把李白、杜甫、王维、元稹的许多名作译了出来。但帕斯也老实地承认，译王维的五言绝句《鹿柴》一诗，很"苦"了他一阵。王维的原诗是这样的："空山不见人，但闻人语响，返景入深林，复照青苔上。"帕斯知道，中国的五言绝句，就是一种每行五个汉字，一共四行的格律诗。移译成西班牙文，想达到相同、相似或相近的效果，将是吃力不讨好的困难工作，他不敢怠慢，首先用韦氏音标（新中国成立前和初期曾经使用过）把这首五绝的中文发音逐字逐句地记录下来，反复吟诵，品味大洋彼岸东方异国的音调；然后，又一个字一个字地译成相对应的西班牙文，认真体会个中意蕴。从西班牙文的角度衡量，

迷宫与《百年孤独》
——品博尔赫斯，考《百年孤独》诸家

这当然还远远不成其为"诗"。然而帕斯却惊喜地发现，这首精练凝重的短诗有着某种宽泛性、永恒性和客观性，诗人认为它没有主观色彩浓烈的人称，不受时空的限制，意境深邃优美，仅用了二十个字，就把空山、人语、夕阳、林景以及地面色彩，生动地勾画出来了。有了对内容比较准确的把握，帕斯便要在译诗的形式和结构上下工夫了。汉语是一种单音节语言，中国古诗译成西班牙文显然不能、也没有必要保持原有的音节，但或多或少要维护原诗音节的工整，帕斯斟酌再三，把这首五绝的每一行译成九个音节的韵文，最后一行译成十一个音节。至此，经过反复推敲，他认为该诗的含义总算大致上表达了出来。过了一段时间，帕斯忽然发现，第三句中的"返景"二字自己理解有误，译成"光线穿透"，与"夕阳返照"的原意相去甚远。读王维的有关传略，帕斯才得知诗人原来信奉佛教，"夕阳"隐含他身后愿归西方极乐世界之意，帕斯大喜若狂，遂将"返景"两字准确译出，但这第三行也变成了十一个音节了。据查，帕斯译中国古诗大概是二十世纪七十年代的事。

我们姑且不论帕斯的考证正确与否，但令人敬佩的是他对中国古诗的热爱、真挚的探索精神以及他对文学事业的近乎天真的勇气和坦诚！

（原载1991年3月1日《光明日报》）

"马尔克斯""略萨"何时了

"马尔克斯"和"略萨"这两个名字,对于今天中国的读书界来说,可能已经相当熟悉了。似乎谁都知道,前者是哥伦比亚当代著名作家、一九八二年诺贝尔文学奖得主、拉美魔幻现实主义代表作《百年孤独》的作者;后者则为秘鲁当代著名作家、结构现实主义大师,他的长篇小说《酒吧长谈》《绿房子》等在中国也颇得好评。

但是,遗憾得很,恐怕很少有人知道,这两位拉美文学巨擘的姓名,竟是被我们的翻译家、研究家以及编辑家们介绍错了的。因此,自二十世纪八十年代伊始至今,造成了我们的读者只知"马尔克斯"和"略萨"而不知其正确姓氏的令人无可奈何的错误局面。不信,若问谁是加西亚,巴尔加斯又是谁,大概知道这两位是何方神仙的人不会太多。这里面,读者是没有任何责任的,挨板子的,该是我们(笔者也是研究西班牙及拉美文学的)自己!

早在一九八三年,笔者即在《读书》杂志上发表过一篇专文,就西班牙语国家(指西班牙及大多数拉美国家)作家姓名的翻译问题,提醒已屡犯错误的我国译界注意。原来,西班牙语国家人的姓名和英语国家人的姓名排列次序，虽然大致相同，即名在前，姓在后；但也有一处常常令习惯于英语国家姓名的中国人摸不准：西班牙语国家的姓，往往要列上两个，即父姓和母姓，父姓在前，母姓在后。在通常情况下，人们只称父姓，或教名加上父姓。除在一般较为正式的场合上，母姓常省略不用。外国是不是男尊女卑，那是他们的事情，我们不能干涉；但是姓氏这么称呼，是人家的习惯，我们必须尊重。所以，他们的姓氏再长，再"啰唆"，也没有办法，我们没有按照中国的习惯或喜好加以变更的权利。

仍以上述两位作家的姓名为例。他们的正确译名是：

第一位：加夫列尔（名）·加西亚（父姓）·马尔克斯（母姓），按照西语国家的习惯，可简称为加西亚，或加夫列尔·加西亚；但不能只简称为马尔克斯（作家的母亲、外祖父或外祖父的父辈或子辈可称马尔克斯）。

第二位：马里奥（名）·巴尔加斯（父姓）·略萨（母姓），可简称为巴尔加斯，或马里奥·巴尔加斯，而不能只简称为略萨（作家的母亲、外祖父或外祖父的父辈或子辈可称略萨；作家的夫人也可称略萨，因她是作家的表妹，即舅父的女儿）。

由于西班牙语姓氏相同的很多，因此，有的人的姓氏，特别是名人的姓氏，往往要父姓加上母姓同时使用，才能加以区别，上述两位作家在拉美文坛乃至世界文坛通常被称为加西亚·马尔克斯和巴尔加斯·略萨，就是这个道理。不幸的是，他们两位在我们中国一直被腰斩而不得正名。而且，更为不幸的是，这不胜枚举的"腰斩"，总出自中央一级翻译单位、中央一级研究机构和中央一级出版部门的"手笔"。

试看近例：

《外国文学评论》一九九五年第四期《略萨〈酒吧长谈〉的结构形态》一文，把巴尔加斯·略萨只称为略萨；

《外国文学》一九九六年第一期《千年恩怨化作诗篇震寰宇》一文犯相同错误；

《世界文学》一九九五年第五期把西班牙著名诗人加西亚（父姓）·洛尔卡（母姓）只称为洛尔卡；

《世界文学》一九九五年第六期只称巴西女作家尼尔达·皮纽恩的名尼尔达而不称其姓皮纽恩（在正式场合必须称姓而不宜称名，亲友之间方可称名；如友人称加西亚·马尔克斯为加夫列尔或昵称加博便是范例）；

《中华读书报》一九九六年一月三十一日第十一版《话说世界文学奖》专栏提及多位拉美作家，其中有四位的姓氏介绍不确：把加西亚·马尔克斯简为马尔克斯；把巴尔加斯·略萨简为略萨；把阿根廷当代著名作家、一九九〇年塞万提斯文学奖得主阿道弗·比奥伊·卡萨雷斯简为卡萨雷斯，准确的是，应简称为比奥伊（父姓）或阿道弗·比奥伊或比奥伊·卡萨雷斯；把巴拉圭当代著名作家、一九八九年塞万提斯文学奖得主奥古斯托·罗亚·巴斯托斯简为巴斯托斯，准确的是，应简称为罗亚（父姓）或奥古斯托·罗亚或罗亚·巴斯托斯。

《文汇读书周报》一九九六年三月二日第十版，把乌拉圭当代著名文学评论家埃米尔·罗德里格斯·莫内加尔（该报或上海知识出版社称其为美国人，笔者尚不掌握这方面的资料；即便他入了美国籍成为美国公民，他的姓名也是西班牙语的）简为埃·罗·莫内加尔，其实应简称为罗德里格斯（父姓）或埃米尔·罗德里格斯或罗德里格斯·莫内加尔（母姓）。

一九九五年，长春出版社推出加西亚·马尔克斯传记一本，书名只称《马尔克斯》（原文西班牙文并不长，但却有三处拼写错误，而且赫然以大号字体印在封面，极其刺目），据了解，主编和作者均为中国社会科学院外国文学研究所的高级研究人员。权威的人员和单位尚且如此，其他的则可想而知了！

我想，介绍外国作家，特别是不怎么为我国读者了解的外国作家，是一项非常严肃的工作。因此，在介绍之初，我们必须十分谨慎小心，勤调查多研究，努力做到准确无误，否则，贻害无穷！君不见，"先入为主"所造成的苦果，我们尝得还少吗！"马尔克斯""略萨"何时了？能否彻底扭转我国译界这种谬误，谨寄厚望于学风严谨的翻译家、研究家和编辑家，也寄厚望于勇于批评、监督的读者。

（原载1996年4月6日《文汇读书周报》）

大势所趋话复译

记得我国一位资深文学翻译家曾经说过:"只有不朽的创作,没有不朽的译作。"意思异常明确:任何翻译作品,无论出自谁的手笔,哪怕是名家,只能在一定的历史时期发挥作用和产生影响,而绝不会万世不朽,无可替代。

我还记得曾经从英文转译了大量中国古诗的墨西哥著名诗人、1990年诺贝尔文学奖得主帕斯说过:"我译中国古诗是出于一种难以抑制的创作冲动,是一种尝试。我殷切地期盼着未来的代替者。"两位大师异工同曲。他们不仅总结了历史嬗变的事实,而且还揭示了社会发展的必然规律:从来长江后浪推前浪,后来居上!

察考我国西班牙语和葡萄牙语文学翻译的发展轨迹,更雄辩地证明了这一论点的正确。说得明白一点,就是:复译不仅必要,而且是大势所趋,不可阻挡!新中国成立前,由于我国西班牙语和葡萄牙语文学翻译人才匮乏,我国读者几乎读不到这两个语种国家的文学作品。为了开阔读者的视野,引进别具特色的奇葩,我国的文学创作家们甚至亲自握笔上阵,费尽了心血,所以,鲁迅译巴罗哈(西班牙)、茅盾译萨马科伊斯(西班牙)、贝纳文特(西班牙)、达里奥(尼加拉瓜)、阿尔武哈尔(秘

迷宫与《百年孤独》
—— 品博尔赫斯，考《百年孤独》诸家

鲁）、阿泽维多（巴西）、巴里奥斯（智利），戴望舒译塞万提斯、加西亚·洛尔卡、布拉斯科·伊巴涅斯（西班牙），戴望舒、徐霞村译阿左林（西班牙）……虽然他们之中仅戴望舒一人掌握西班牙文，其余各位均依据日文、英文和法文转译，但毕竟为读者开辟了一块新的天地，功不可没。特别是戴望舒译加西亚·洛尔卡诗抄曾风靡一时，影响了我国许多诗人，而且至今仍未减风采。

建国后，拉丁美洲文坛活跃繁荣的信息大量传入我国，而此时我们的西语和葡语翻译人才尚未培养成熟。为应付急需，所以，袁水拍译聂鲁达（智利），吴岩译里维拉（哥伦比亚），李一氓译利昂（委内瑞拉），郑永慧译亚马多（巴西），英若诚译阿尔丰索（古巴）……以上各位的译事，大多仍借助英文、法文或俄文进行，但这也无可厚非，甚至在当时还如同救场，亦功莫大焉，人们是会永远记得这些翻译家们的劳绩和贡献的。

经过国家四十余年的培育，终于造就了一支语言功底扎实的西语和葡语文学翻译队伍，能够担当攀登文学翻译高峰的重任了。改革开放以来短短的几年里，他们翻译了加西亚·马尔克斯的《百年孤独》，巴尔加斯·略萨的《酒吧长谈》，科塔萨尔的《跳房子》，富恩特斯的《最明净的地区》，亚马多的《堂娜弗洛尔和她的两个丈夫》，鲁尔弗的《人鬼之间》，阿斯图里亚斯的《总统先生》，帕斯的《太阳石》，卡彭铁尔的《人间王国》，伊莎贝尔·阿连德的《幽灵之家》……把一簇簇绚丽斑斓的鲜花呈献在读者面前，打开了一个五光十色的多彩世界。

我要说，这是一支很有抱负的大军，他们在学习、借鉴先辈大师的文学译品的同时，也发现了当时的历史局限。加西亚·马尔克斯说过："对于一切先辈大师，我崇敬、学习、借鉴，甚至模仿，但我更敢于超越。"话讲得多么有气魄！多么激励人心！也许是受到这位作家的鼓舞，中国的西葡语文学翻译工作者也进行着超越前人的可贵尝试。这绝不是盲目的、自负的冲刺，而是经过认真的、充分的调查研究之后的努力。

他们注意到，任何转译，无论是从日文、英文、法文，还是俄文的转译，都有一种先天性的致命弱点：日译、英译、法译或俄译者往往不将原作和盘托出，或掐头去尾，或藏匿不露，或囫囵吞枣，甚至乔装打扮，重新包装……例如，经过仔细核对原文，他们惊讶万分地了解到，鲁迅从日文转译的巴罗哈的短篇集《山民牧唱》以及戴望舒可能从法文转译的《伊巴涅斯短篇小说集》（原书如此，其实，作家名应为布拉斯科·伊巴涅斯）均非原文全貌，袁水拍从英文转译的《聂鲁达诗文集》多有误译（其中著名长诗《伐木者，醒来吧》译名即欠妥），而许多从俄文转译的拉美文学作品大多面目皆非，据说俄译者有改编原作的权利和自由。恕笔者不恭，斗胆问一声，这些文学译品，尽管出自名家手笔，是不是有从原文直译（严格地说，不能算"复译"了）的必要？据此，他们狠下决心："自我们始，一切西葡语文学作品均直接译自原文，奉献给读者第一手材料。"令人十分欣慰的是，这一主张受到了我国有眼光的翻译家、编辑家和出版家的热情鼓励和有力支持，对于正在成长中的西葡拉美文学翻译，国内权威的外国文学刊物，如冯至、陈冰夷先生主持的《世界文学》、王佐良先生主持的《外国文学》、汤永宽先生主持的《外国文艺》无一不给予积极的扶持。他们不仅从原文组译刊登了过去一直是转译的（要知道，转译者均为名家，而且不少人都还健在）西葡拉美文学作品，还开发了这一地区的新流派、新作家和新作品，并且要求一律译自原文。这极大地鼓舞、团结和培养了一大批如今已成为我国译界中坚力量的西葡拉美文学翻译人才。这一举措，也令西葡拉美作家感到兴奋和钦佩，仅举一例。巴西著名作家亚马多的作品在"文革"前已为我国读者熟悉，但可惜均从法文、英文或俄文转译。一九八一年，当作家得悉他的著名中篇小说《金卡斯之死》从葡文直接译出（这是我国第一部直接译自原文的亚马多的作品）并在《世界文学》是年第四期发表后，十分高兴，亲笔致函该刊表示衷心的感谢。

迷宫与《百年孤独》
—— 品博尔赫斯，考《百年孤独》诸家

有气魄的云南人民出版社自一九八七年起即与中国西葡拉美文学研究会合作，编选推出几乎囊括当代拉美文学名著的《拉丁美洲文学丛书》（现已出近四十种）。他们在工作启动之初，就在合同上明文规定：全部作品均自西班牙文或葡萄牙文原文译出。真是斩钉截铁，他们不接受任何转译的稿件。与其他语种复译文学名著的情况不同，他们往往运用集体智慧，采取共同行动。经过仔细谨慎的研讨和审核，他们认为，不少拉丁美洲著名作家，尽管是在改革开放之后从西班牙文原文译介过来的，但由于某些译者（其中不乏享誉国内的"名家"）外文功底不过硬，扭曲了原作者的创作初衷，因而必须复译，而且刻不容缓，以免造成读者误解原作本意的不良影响。例如，在拉美文坛有"作家的作家"之称的阿根廷著名作家博尔赫斯的短篇小说《小径分岔的花园》（El jardín de senderos que se bifurcan），被译成《交叉小径的花园》，博氏在小说里借人物之口说："……时间永远分岔，通向无数的将来。"这画龙点睛之笔被译成："时间是永远交叉着的，直到无以数计的将来。"分岔，才能通向无数；交叉，只能通向一个，如何通向无数呢？很明显，译者根本没有吃透原文，意思满拧了。此外，篇中许多关键语句均被误译，这里就不一一列举了。

智利著名诗人聂鲁达是一座难以攀登的文学高峰。加西亚·马尔克斯说他是"弥达斯王"，在他点石成金的笔下，任何事物均可入诗，袁水拍译《聂鲁达诗文集》让我们瞥见了诗人的身影，但远未带领我们深入堂奥。诗人的代表作、被誉为"拉丁美洲史诗"的长诗集《漫歌集》（Canto general）又被人莫名其妙地译为《诗歌总集》（乍看之下，读者还会以为这是汇编了聂鲁达全部诗歌的集子），而且误译极多。复译自然也在所难免。可以告慰读者的是，这部史诗的复译稿，现已完成，近期即将付梓，作为《拉丁美洲文学丛书》的一种，由云南人民出版社出版。尽管如此，他们也清醒地体会到，所有严肃的前译者，由于历史的、资料的、语言的局限，会有这样或那样的不足、缺陷甚至谬误，然而毕竟不失为勇敢的探索者，为后来者趟出了一条路，留下了宝贵的参照系数，至少可以让别人少走许多冤枉路。这应该严格地和不负责任、急功近利的胡译、乱译者区分开来。

中国的文学翻译家在攀登《堂吉诃德》这座西班牙文学高峰时前赴后继、艰苦卓绝的努力，再次充分证明了，经过一代又一代人的奋斗，才开创出今日西班牙语文学翻译日益繁荣的局面。据统计，《堂吉诃德》自一九二二年林纾译介迄今，把转译、直译、节译、编译以及改写本或缩写本的翻译全部算在里面，一共有十八个版本（不包括戴望舒在二十世纪三十年代从西班牙文原文直译的未完成、当然也无法出版的《吉诃德爷》。）其中，四个直译本全部在新中国成立后问世，且均为全译本。

著名作家、文学翻译家杨绛的直译本在十年动乱时期完稿，几经磨难于1978年由人民文学出版社推出，开创了由原文译《堂吉诃德》的先河，是我国西班牙语文学翻译界的一件大事，也是中西文化交流史上的一件大事。译者因此获得了西班牙国王胡安·卡洛斯一世颁发的智者阿丰索十世大十字勋章，西班牙报界给予极高评价。这个译本，我国西班牙语文学翻译界人士也极为重视，欣喜异常，当时几乎人手一部，作为教材范本恭读。应该承认，其历史功绩是不可磨灭的。也许正是鉴于这种考虑，近年还被评为中国社会科学院优秀科研成果奖，与卞之琳译《莎士比亚悲剧四种》、戈宝权译《普希金诗集》齐名。

然而，不少西语同行在认真研读之后却不无遗憾之情，他们认为，杨先生精通英、法等多国文字，年近天命又以极其坚强的毅力始学西班牙文，志在攻下这一文学堡垒，精神可敬可佩，堪称晚辈学习楷模，垂范译界；不过，西班牙文毕竟与英、法文有很大差异，而过分依赖英、法译本，有时反而会帮倒忙（如形体与英文词汇 parent 十分相似的西班牙文词汇 pariente，两者意思大相径庭，前者意为"双亲"，后者则意

迷宫与《百年孤独》
—— 品博尔赫斯，考《百年孤独》诸家

为"亲戚"，决不可按英文含意套译）。杨先生的译本虽然也表述出一种译者特有的风格，展示出厚实的汉学功底，但离对原文的准确理解，似乎令人难以置信地还有相当大的差距。更有人暗暗表示，等到时机成熟，一定再拿一个更加完善的译本出来！果然，老天不负有心人。一九九五年，中国一下子就涌现了三个直译本，即浙江文艺出版社的董燕生译本，译林出版社的屠孟超译本和漓江出版社的刘京胜译本。一年之内就"冒"出了三个译本！中国怎么了？这是不是抢译？乱译？胡译？滥译？抑或是抄译？在研读这三个"突如其来"的译本之前，是嗤之以鼻、不屑一顾，讥之为"还不是抄人的"呢，还是严肃分析，认真评估，积极讨论，总结得失，从而促使我国极需扶持的西班牙语文学翻译更上一个台阶？笔者的选择也可以说是带有某种偏爱：后者；为这三个译本叫好，而且理直气壮！

首先，上述三家出版社均为国内颇有影响的出版社，他们编辑力量雄厚，敬业精神强，出过多种高品位的大型外国文学丛书，如浙江文艺出版社的《外国文学名著精品丛书》，漓江出版社的《获诺贝尔文学奖作家丛书》；而拥有发行量很大的大型外国文学刊物《译林》的译林出版社近年更有令人瞩目的大举措：推出了《追忆逝水年华》和《尤利西斯》。他们选题组稿，都是经过审慎的考虑和论证的。即便一时没有西班牙文编辑，他们一定会严肃地向有关专家学者咨询，组织复译无可非议。我们有足够的理由相信，这三家是有眼光、有魄力的出版社。其次，三位译者在承接难度极大的《堂吉诃德》复译重任的同时，因有名家译本在前，不仅经受了巨大的精神压力，而且还面临着可能随之而来的莫名讥讽，但他们终于闯过来了，表现出非凡的勇气和坚强的自信，这是极其难能可贵。他们三位，虽然年庚有幼长，学问有高低，但学习西班牙文均有二十年以上的历史，决非时下被斥之为"学了几年外文就要译文学作品"的人。董燕生，一九三七年生，一九五六年入北京外国语学院（今北京外国语大学）攻读西班牙语，学习成绩突出。毕业后留校执教，现为该校西班牙语教授，是国内西语教学权威。现用大学西班牙语教科书即出自他的手笔。译有《总统先生》、《红高粱》（中译西）等多种中外文学名著。屠孟超，一九三五年生，一九五六年入南京大学中文系学习，一九六一年毕业后转入北京外国语学院攻读西班牙语，一九六四年回南京大学外文系执教，现任该校西班牙语教授。译有《人鬼之间》《蜘蛛女之吻》《独裁者的葬礼》等拉美文学名著。刘京胜，一九五六年生。一九六五年入北京外国语学校（今首都师范大学外国语学院），从小学三年级起即学习西班牙语。一九七二年入选国际广播电台改学克楚亚语，一九七八年进北京第二外国语学院进修西班牙语。现为国际广播电台西班牙语翻译兼播音员。译有聂鲁达回忆录等书。从三位译者的简历看来，他们应该说都具备迻译《堂吉诃德》的实力。

当然，对这三个译本认真而公正的评估，尚需假以时日，但据笔者掌握的有关资料，董译本与前西文直译本比较，即有近千个重大突破，这是十分可喜的。西班牙驻华大使胡安·莱尼亚先生在1995年《堂吉诃德》董译本首发式上说，董教授新译《堂吉诃德》是一大奇迹，浙江文艺出版社将之推出则是一大壮举。大使不懂中文，但深知董燕生的西语功底。我想，他这么说，不仅是外交辞令式的赞誉。再者，诚然，三个复译本的同时面世确实带有很大的偶然性，因为三家出版社各有组稿计划，不可能共同策划运作；但如果我们回顾我国西班牙语文学翻译人才从无到有、逐步成长壮大的过程，就不难感到，这偶然里面蕴含着一定的必然：今日的中国西语文学翻译界后继有人，前途有望！试想，从一九二二年的林纾转译节译本到一九七八年的杨绛直译全译本，其间一共经历了五六年之久，而从杨译本到一九九五年的董、屠、刘直译本只用了十七年。何况，西班牙语文学翻译界里面，能够担纲挑此重任的，决非区区少数。国家四十余年来培育人才所付出的心血没有白费，终于开花结果！当然，

迷宫与《百年孤独》
—— 品博尔赫斯，考《百年孤独》诸家

笔者希望这番话不要被理解为一哄而上，抢译《堂吉诃德》。我们要干的事情，还多着呢！

严肃、认真、高品位、高质量的复译，是文学翻译事业历史发展的必然趋势，也是读者欢迎的，因为这会满足文化素质、欣赏和阅读水平日渐提高的读者的要求，进而也必然会促进我们全民族的文化积累，增强国家在文化领域的国威。

有鉴于此，让我们像虚怀若谷的翻译家萧乾、文洁若先生高举双臂，欢迎拥抱《尤利西斯》另一位伟大的翻译家金隄先生那样，亲切而热烈地拥抱这些勇敢的、锐意进取和突破的翻译家吧！

(原载《出版广角》1996年第5期)

兄弟未必阋于墙

不管出自何种原因,摆脱版权的尴尬以求生存也好,提高质量以正谬误也好,甚至被讥刺为"追名逐利"也罢,外国文学名著的复译,已是不容争辩的存在和事实。功耶?过耶?喜耶?忧耶?见仁见智,在所难免,当不足为怪。

不过,无论从哪个方面来判断,我倒还没有天下大乱黑压压一片的那种感觉,还没有同室操戈、兄弟阋于墙那种感觉,更没有刀光剑影、腥风血雨那种感觉。文学翻译中的批评、自我批评,甚至反批评是有的,不管言辞多么偏激、尖酸乃至刻薄,都属于正常现象。窃以为,我们应该担心的,倒是长期以来批评、特别是自我批评的缺席,应该下大力气调整的,倒是我们不能承受批评的那根脆弱的神经。

我认为,外国文学名著复译的主流是健康的、积极的,因而也是可喜的。首先,它在相当程度上显示出今日中国译界的厚实功底和力度。试问,在新中国成立前,或十年动乱之前,或改革开放初期,能有这诸般语种译品的百花齐放、争奇斗艳的辉煌局面吗?其次,与旧译相比,毕竟出现了较好的、乃至一批较好的译本,提高了原著的品位和档次。

几个译本并存共荣，相得益彰，我国的读者倒多了几分欣赏、品味的机会和愉悦。也许是因为先入为主吧，我个人十分赞赏罗新璋先生译的《红与黑》，后来又拜读了郭宏安和郝运两先生的译笔，也很佩服，觉得三位译家真个是各有千秋（笔者不谙法语，仅就中文而言）。我暗暗把他们的译品比作为（也许是很不恰当的）北京烤鸭、四川樟茶鸭子、南京盐水鸭，尽管技法不一，但入得嘴里，均满口鸭香。如若鸭子做成鸡，就变味了；搞成乌鸦，买卖就砸了锅，无人敢于问津了！

对于认真、严肃、高品位、高质量的复译，我国许多文学翻译家都表示了热烈欢迎、宽宏大量的态度，人们找不到舒建华先生所说的"各有相斗之意"。据我所知，《堂吉诃德》的复译者董燕生、屠孟超、刘京胜三先生目前尚相安无事，还没有"窝里斗法"，祭起讨伐大旗，恰恰相反，刘京胜先生向我多次表示，要好好向董老师学习。

当然，这绝不是说，对于所有的复译，只准一味叫好，大唱赞歌，不许说半个不字。我想，事实是，谁也没有这样做，而谁也做不到这样。我们应该提倡的，是实事求是的研究、分析、评估，以求译事整体的提高，一如南京大学许钧教授牵头开展的《红与黑》文学翻译讨论。

不过，评估或评比，不能光凭直觉或"感觉"这种表层的手段，我们同样要下大的力气。关于北京十月文艺出版社《百年孤独》的英文转译本和上海译文出版社的西文直译本孰优孰劣，我想我和舒建华先生有一个相同然而又相反的体验：先生先读转译本，而笔者却先读直译本，都"先入为主"，"感觉"先读的那个译本好。但笔者多年从事西班牙语文学翻译编辑工作，相比之下，认为还是直译本准确、较口语化，接近加西亚·马尔克斯原著。转译本则存在主要人物姓名译名不妥，译文不精确等毛病。至于美国著名文学翻译家、古巴裔的格雷戈里·拉巴萨教授的英译本，加西亚·马尔克斯固然大加赞扬，说译文"非常出色，明快有力",甚至也可能说过"比原著还要好"之类的话,但笔者以为这只是作家对译家的嘉许,我们大可不必"给个棒槌就当针(真)",信以为真了。笔者也读过英译本,不错,英译本确有英文那种简练明快的特点,但却没有了西班牙文那种句型转回腾越、铿锵有力的神奇。再说,我们还发现,西班牙文中难译的、有拉美特色的词或句,一一被英译者原封不动地(反正都是拉丁字母拼写的)照搬过去了,加西亚·马尔克斯虽然"视同己出",但毕竟不如己出!

(原载1997年5月7日《中华读书报》)

《变形记》并非出自博尔赫斯的译笔

独特的语言环境（祖母是英国人、全家普讲英语、青少年时代即在通用德法两国文字的瑞士定居留学）造就了阿根廷著名文学大师豪尔赫·路易斯·博尔赫斯（1899—1986）掌握西、英、德、法、葡、意、拉丁等多种文字。九岁，便将英国作家奥斯卡·王尔德的短篇小说《快乐王子》译成西班牙文，在布宜诺斯艾利斯《国家报》上发表。译笔流畅成熟，竟被认为出自其父手笔。在世界翻译史上，像当年博尔赫斯这样年幼的翻译家，恐怕是极为罕见的，或者竟是绝无仅有的。

投身创作之余，博尔赫斯热情译介优秀外国文学作品，他曾将惠特曼的《草叶集》、福克纳的《野棕榈》、弗吉尼亚·吴尔夫的《一间自己的房间》和《奥兰多》、米绍的《一个野蛮人在亚洲》等作品从英、法文直接译成西班牙文。

一九三八年，阿根廷洛萨达出版社出版了奥地利著名文学怪才卡夫卡的短篇小说集的西班牙文译本，封面上赫然印着"豪尔赫·路易斯·博尔赫斯译并序"的字样。这部小说集以其中的一篇《变形记》为全书书名，是该社编辑吉列尔莫·德托雷主编的《小纸鸟丛书》的一种，出版后颇受欢迎，曾一版再版。博尔赫斯对这部小说集的评价颇高，他在序言里说："这本短篇小说集完整地衡量了一位如此奇特的作家的价值。"博尔赫斯精通德文，能够游刃有余地将德文作品译成西班牙文，然而《变形记》是否真出自他的译笔呢？

首先提出疑问的是阿根廷作家、博尔赫斯研究专家费尔南多·索伦蒂诺（1942— ）。据他回忆，一九六二年他十九岁的时候，读到了《变形记》西班牙文译本的第四版。当时，他完全被卡夫卡那种别样的天地吸引住了，惊喜交集。从此，对这本书便爱不释手，一读再读，欲罢不能。读着读着，心情渐渐冷静下来，原先在激动的时候他没有注意到用词、句法、风格等问题，这时开始察觉出异样的味道来了。

第一，《变形记》德文原文的标题为"Die Verwandlung"，直译成西班牙文，应为"La transformación"，但这本短篇小说集的西班牙文版却译作 La metamorfosis，这不符合博尔赫斯一贯提倡的直译的翻译主张和风格。因为，德文也有相应的"Die Metamorphose"一词。卡夫卡在为他短篇小说起名时，舍弃"Die Metamorphose"不用，而用"Die Verwandlung"，当然有他的用意。原来，这位文学旷世天才不愿与古罗马诗人奥维德（公元前43—公元18）的重要作品《变形记》雷同，而其相应的拉丁文恰恰就是"Metamorphoses"。显然，西译"La metamorfosis"不是直接从德文原文"Die Verwandlung"得来，而是参考了法译"la métamorphose"或英译"The metamorphosis"转化而来的。洞悉世界文学史并熟悉德文的博尔赫斯一定不会违背原作者的意旨，贸然照葫芦画瓢，跟着法译者或英译者的屁股后面跑的。索伦蒂诺还发现，《变形记》（指短篇小说）的西班牙文译文，并非出自阿根廷译家的手笔，而肯定是一位西班牙译家的作品。阿根廷和西班牙虽然都是西班牙语国家，使用的都是西班牙文，但是，由于历史、地域等的差异，两国使用的西班牙文也有所不同。例如，两国在使用非重读人称代词 lo,los；la,las；le,les 方面，就不大一样。在阿根廷，lo, los；la,las

用做句子的直接补语，而 le,les 只能用做间接补语，分得非常清楚。在西班牙，lo,los；la,las 固然可以用做直接补语，le,les 用做间接补语，但西班牙人也常常把 le，les 用做直接补语。在《变形记》西班牙文译文里，可以看到 le, les 被用做直接补语的大量例子。就此不难判断，译文并非阿根廷人所为，而出自西班牙人手笔。

　　索伦蒂诺发现译文出自西班牙人手笔的另一个有力佐证，是变过形的动词和非重读人称代词、自复代词的连写。在今天的书面文字里，西班牙人依然保留了这种用法，而阿根廷人则认为早就过时，因而废弃不用了。如译文中出现的"encontróse"（遇到，找到）、"hallábase"（在，处在）、"sentíase"（感到，觉得）、"infundióse"（引得他，激得他）等，而在阿根廷人笔下，就要把这些连写的词组拆开，把自复代词或非重读人称代词放在变过形的动词（如是原形动词，自复代词或非重读人称代词则与之连写，且放在其后，如 Quería saludarlo personalmente——我想当面问您问好—— 这在阿根廷和西班牙倒是一致的）的前面。上举数例便应分别为："se encontró"，"se hallaba"，"se sentía"，"se infundió"。

　　索伦蒂诺还发现，该小说集中所收的另外两篇短篇小说，即《饥饿艺术家》和《最初的悲痛》[1]，也有类似的情形。因此，亦可推断：同样系西班牙人所译。光凭揣测和推断，对于一个严肃的研究工作者来说，是不能作出最后的结论的，还必须拿出确凿的证据。经过长期艰难、锲而不舍的探索，终于有了满意的结果。一九九七年三月九日，索伦蒂诺在阿根廷《民族报》发表专文，公布了考证的收获：他找到了卡夫卡这三篇小说的西班牙文译文的出处。原来，三篇译文均刊登在西班牙著名文学评论家奥尔特加-加塞特（1883—1955）主编的《西方杂志》上，具体刊发的情况是这样的：

---

[1] 德文原文为"Erstes Leid"，西班牙文却译成"Un artista del trapecio"——"吊杆艺术家"了。

一、《变形记》（上），弗兰茨·卡夫卡作，《西方杂志》第8卷，1925年4—5—6月号，第24期，第273—306页。

二、《变形记》（下），弗兰茨·卡夫卡作，《西方杂志》第9卷，1925年7—8—9月号，第25期，第33—79页。

三、《饥饿艺术家》，弗兰茨·卡夫卡作，《西方杂志》第16卷，1927年4—5—6月号，第47期，第204—209页。

四、《最初的悲痛》，弗兰茨·卡夫卡作，《西方杂志》第38卷，1932年10—11—12月号，第108期，第209—213页。

经过仔细查核，这三篇译文都没有署译者姓名，但与阿根廷洛萨达出版社推出的那三篇译文一模一样，毫无二致！

何况，据索伦蒂诺回忆，他在七十年代初，就此请教过博尔赫斯本人，作家明白无误地告诉索伦蒂诺《变形记》等三篇小说不是他译的（见费尔南多·索伦蒂诺：《博尔赫斯七席谈》，1973年初版，1996年修订版，布宜诺斯艾利斯协会出版社）。至于封面上为什么只署博尔赫斯一个译者的名字，博尔赫斯回答说那是因为出版社图省事，把事情简单化了。

然而，谁也没有想到，出版社这么一省事，而且在该小说集第六页上刊登的"本书由豪尔赫·路易斯·博尔赫斯从德文直接译出并作序"一句标榜式的声明却造成了五十八年的混乱。何况，在不少地方，特别是在德语国家，这种混乱仍在继续：有数量可观的学者正在撰写、提交以及发表有关博尔赫斯译作《变形记》的学术论文。

(1999年11月27日，北京太阳宫)

外国姓名汉译的归从

　　Colón这个西班牙文化了的姓氏,按照西班牙文的发音,译成"科隆",自然是绝没有错,毋庸置疑的。查《简明不列颠百科全书》《科隆》(Colón)条,便可以发现有四条释义,曰洪都拉斯北部省份,曰古巴马坦萨斯省东部城市,曰巴拿马科隆省会。还有一项,便是西班牙裔意大利航海家克里斯托弗·哥伦布的长子迭戈·科隆(Diego Colón,1479—1526)这四个"科隆",除了其中一项有所说明之外,从字面上来看,似乎与哥伦布均无瓜葛。其实不然,因为,迭戈(名)·科隆(姓)既然是哥伦布的长子,子承父姓,"科隆"应该是哥伦布的姓;而上述三个拉美国家的地名"科隆",则不难分析断定,必是为纪念"发现"新大陆的哥伦布而命名的。据此,我们可以得出结论:这四个"科隆",都应译为"哥伦布",译成"科隆"是不妥的。这一方面固然是因为考虑到应与中国译界约定俗成的译法一致,另一方面也是为了尊重哥伦布本人恢复家族原姓的历史事实。

　　读史书资料,我们知道:原来,哥伦布的意大利原名姓为Cristóforo Colombo(克里斯托福罗·哥伦博),出身于一个来自西班牙、移居热那亚的犹太编织工家庭,古姓Columbus(哥伦布)。哥伦布到达西班牙时,既不愿叫按照意大利语语音和词尾变化而形成的Colombo(哥伦博),

也不愿叫根据西班牙语语音和词尾变化而形成的 Colomo（哥伦莫），而启用其家族古姓 Columbus（哥伦布），西班牙文相应变为哥伦布自己愿意接受的 Colón，故也应译为"哥伦布"；而译为"科隆"，我国读者会误以为是另一个人了。

西班牙及许多拉美国家，以 Colón 命名的场地颇多，除前文提到的三个地名外，如西班牙有 Colón 广场，阿根廷有 Colón 大道，Colón 剧院，应分别译为哥伦布广场、哥伦布大道和哥伦布剧院；不少人译为科隆广场、科隆大道和科隆剧院，窃以为是不可取的。

西班牙人往往把外国人的姓名西班牙化，这当然是为了他们自己的方便，无可厚非（英、法、德等国也有类似情况）。但我们切忌把西班牙文化了的别国的姓名，根据西班牙文发音转译成汉语，而一定要与根据原始语言转化的汉译保持一致，否则也会使中国读者丈二和尚摸不到头脑。日前读哥伦比亚著名作家加西亚·马尔克斯的中篇小说《迷宫中的将军》中译本，里面有这么一个句子："……五月八日，英国人射杀胡安娜·德阿尔科的日子……"心中不免嘀咕："这位胡安娜·德阿尔科何许人也？怎么没有听说过呢？"一查原文，原来是 Juana de Arco，我才恍然大悟：其实就是法国大名鼎鼎的爱国女英雄 Jeanne d'Arc（贞德）。记得萧伯纳写过一个剧本，叫作《圣女贞德》(Saint Joan of Arc)，就是歌颂这位女杰的。但是按西班牙文发音译成"胡安娜·德阿尔科"，音译虽不算错，却令人莫名其妙；归从已有汉译"贞德"，才不致发生误会。

西方语文里面，彼此相对应的名字很多，如英文名 Charles, Henry, John, Joan, Michael（汉译为查尔斯、亨利、约翰、琼、迈克尔），相应的西班牙文名分别为 Carlos, Enrique, Juan, Juana, Miguel（汉译为卡洛斯、恩里克、胡安、胡安娜、米格尔）。在决定这些名字的汉译时，应归从该名字主人的国籍。比方说，西语国家记者报道英国王子 el príncipe Carlos 参加了香港回归仪式，那么这位 Carlos 王子就是 Charles（查尔斯）。所以不能依据西班牙文的Carlos，译成卡洛斯。阿根廷作家博尔赫斯有一篇评论提到了英格兰国王EnriqueIV（1366—1413），相应的英文想系HenryIV，故应译为亨利四世。不错，西班牙历史上也有一位国王名EnriqueIV，译成恩里克四世自然是顺理成章的。反之，英人将当今西班牙国王的御名根据英语的习惯写作John Charles I（他们恐怕不用避讳），我们也不能译成约翰·查尔斯一世，而应遵循"名从主籍"的原则，译成胡安·卡洛斯一世。不过，这只是事情的一个方面；中国译界还有约定俗成特殊复杂的另一面。例如，莎翁名剧Romeo and Juliet，汉译作《罗密欧与朱丽叶》或《柔蜜欧与幽丽叶》，这是历来的莎剧汉译家们几乎无一例外地根据英文的发音译出的，如今已成为定译、通译，似乎谁也没有考虑到（今天好像也无必要了），这一对意大利情侣的意大利文原名，如果考究起来，应该是Romeo与Giulietta，而根据意大利文的发音，得译成"罗密欧与朱丽埃塔"。

　　总之，"名从主籍"和"约定俗成"这两条看似矛盾的原则，如把握得当，大体上是不会乱的。

（原载2000年6月17日《文汇读书周报》）

胆大未必艺高
——评《博尔赫斯文集》译事

作为《世界文学大师文丛》的一种,《博尔赫斯文集》(号称"三卷珍藏本",即分小说、诗歌随笔、文论自述三卷。小说卷标明王永年、陈众议等译,陈众议编;但其余两卷仅注明译者,未见编者大名,甚惑其故)于一九九六年十一月由海南国际新闻出版中心精心打扮,推上书坛,粉墨亮相。

尽管该文集自登场伊始,因双重侵权(即未取得原著作者授予的中文出版权及主译者王永年先生的译著权)而普遭非议,但后来王先生获得一定的经济赔偿,西班牙语文学翻译界人士,其中包括笔者,没有兴趣,也没有时间和精力卷入这令人头痛的版权纠纷,便把这件事撂在一边了。所以,我虽知道有这么一套文集,却始终未曾领略其风采。而早在一九九四年,为全面介绍博尔赫斯,我受浙江文艺出版社的委托,即着手主编《博尔赫斯全集》。经过多年努力,中译本终于一九九九年博尔赫斯百岁华诞出版。今年三月十日,博尔赫斯夫人玛丽亚·儿玉女士还专程来京参加首发式。她感谢中国的翻译家们"为完成这项工程所付出的爱与努力,而爱与努力,正是博尔赫斯复杂而精美的文学作品的两大基

迷宫与《百年孤独》
—— 品博尔赫斯，考《百年孤独》诸家

石"。

当我摆脱杂事的喧哗与浮躁，定下神，静下心来，摩挲着散发阵阵油墨清香的《博尔赫斯全集》，一遍又一遍地品味、校读时（目的是检查和发现有什么疏漏、失误甚至差错，一一记录下来，以便再版时修订更正，或者印制一份勘误表，将来发送读者），我不由得想起了那套也有相当读者的《文集》。我自忖，何不找来一读？见到《文集》原书，我这才得识"庐山真面目"。该《文集》大部译自西班牙文原文，此举尚令人欣慰；然《诗歌随笔卷》却出自英译家手笔，采取了博尔赫斯本人并不赞成的转译途径，而置经过近五十年的国家培养、如今已人才济济的西班牙语翻译界于不顾，实在匪夷所思。

《文集》之《小说卷》收博氏短篇小说九十三篇。其中，王永年译文二十八篇，陈众议二十八篇，陈凯先二十五篇，王央乐四篇，屠孟超四篇，未署名译者三篇，朱景冬一篇。卷中有三篇译文未署译者姓名。何故？待考。

前已点明，王永年先生实为该卷主译。编者不费吹灰之力，把王先生二十八篇译文如数拿来，然后剪刀加糨糊，便大功告成矣。如此坐收名利，岂不快哉？先生中外文功底厚实，学风严谨。其译文简约精炼，颇能传达博尔赫斯之文风。收入《文集》之二十八篇译文，系先生一九九三年前所作。现经先生允准，全部收入笔者主编之《全集》。为使译文更臻完美，又精心修订。有心的读者不妨将其修订前后之译文两相比较，定会觉察笔者此说不谬。是故，王先生的译文可作范文参考比照。

也因此，我的视线便自然而然地集中到《小说卷》中译文较多的陈凯先和陈众议两位身上。但是，拜读之余，我大吃一惊。除了叹一口气，道一声遗憾之外，我还想起了一段话。现抄录如下，愿与两位陈先生共勉。这段话是博尔赫斯在他的短篇小说《关于犹大的三种说法》中引用的《马太福音》中的："人一切的罪和亵渎的话，都可得赦免。惟独亵渎圣灵，总不得赦免。"所以,我常常用这段话来提醒自己,千万要谨慎小心,保持冷静和警惕,否则糟蹋和亵渎大师,便罪不容赦了。 对于博尔赫斯这样一位世界文学大师,陈凯先、陈众议两位,勇则勇矣,惜功力远欠火候;倘论"信达雅"翻译三要诀,则第一步还未做到,遑论其他! 现仅就两位译文中的重大问题,摆列若干,逐个剖析,并与二位及译界诸公商榷就教。

一、误译和漏译

这是因为没有认真琢磨原文,没有吃透原文,即没有准确把握原文词、词组、句子乃至语法关系中的含义,或望文生义,或想当然地信笔下来所致。其心态之浮躁,可见一斑。

例1:"*严禁在船上贩卖妇女。违令者斩。*"(《女海盗秦寡妇》,陈凯先译,《文集》《小说卷》第23页)

原文是:"El comercio con las mujeres arrebatadas en las aldeas queda prohibido sobre cubierta ; deberá limitarse a la bodega y nunca sin el permiso del sobrecargo.La violación de esta ordenanza es la muerte."

这是女海盗亲自拟定的规章。这一段,陈凯先只译了前后两句,没有全文译出:给读者端上一盘"烧头尾",最肥美的"中段"却藏去不露。类似此种漏译,《小说卷》译文中还相当不少,暂且搁下,以后再加讨论。

此段之关键词,当为 el comercio,陈译作"贩卖"。不错,在该词众多释义中,确有"商业、贸易"之意,而且也是其主要含义;但此处却不适用,应选用陈先生想必不掌握的释义:"性交"。据西班牙《用法词典》解释,意为:"cópula, trato sexual",就是"性交、性行为"。El comercio con las mujeres 即"与女人性交、交欢",陈教授居然译成"贩卖妇女",真是滑天下之大稽! 那么,与什么样的妇女发生性行为呢?

迷宫与《百年孤独》
—— 品博尔赫斯，考《百年孤独》诸家

教授没有译，编者也没有补正（可见根本没有核对原文）。其实，博尔赫斯在原作中是讲得很清楚的。即 las mujeres arrebatadas en las aldeas（村里掳掠来的妇女）。不准在哪儿与这些妇女发生性行为呢？原文交代：sobre cubierta，即在甲板上。但是这种行为也不是完全禁止，而是要有所限制，因为后面又交代了：deberá limitarse a la bodega，此事只限在底舱进行，而且，nunca sin el permiso del sobrecargo，非得主管恩准不可。

所以，这项条款准确而完整的译文应该是："严禁在甲板上与自村中掳掠之民女交欢；此事只准在底舱内进行，并征得主管准许。违反本款者斩。"

短短一段文字，比较两种译文，差别竟如此之大。陈教授不但误译，而且漏译。其译风之大胆草率，实在令人目瞪口呆！

例2："此文所说的恶棍是皇家典仪师小介之助，他是使赤穗先生行凶并死于非命的罪魁祸首。当报复来临时，他没有像武士那样自戕。他值得所有人称赞，因为他是忠诚的典范，是一个永恒事业的阴暗而必要的契机。数以百计的小说、专集、博士论文、（原标点如此——笔者按）和戏剧以此为题材（且不说瓷器、玻璃器皿和漆器图案）。甚至连变化莫测的赛璐珞也用了它。这是因为四十七个武士的神奇故事，是日本影视经常涉及的内容。凡此种种所强调的辉煌细节不仅仅是可以理解的，而且谁听了都肃然起敬。"（《皇家典仪师小介之助》，《文集》《小说卷》第27页，陈众议译）

我们来看看原文：El infame de este capítulo es el incivil maestro de ceremonias Kotsuké no Suké, aciago funcionario que motivó la degradación y la muerte del señor de la Torre de Ako y no se quiso eliminar como un caballero cuando la apropiada venganza lo conminó. Es hombre que merece la gratitud de todos los hombres porque despertó preciosas lealtades y fue la negra y necesaria ocasión de una empresa inmortal. Un centenar de novelas, de monografías, de tesis doctorales y de óperas, conmemoran el hecho para no hablar de las efusiones en porcelana, en lapislázuli veteado y en laca. Hasta el versátil celuloide lo sirve, ya que la Historia Doctrinal de los Cuarenta y Siete Capitanes——tal es su nombre——es la más repetida inspiración del cinematógrafo japonés. La minuciosa Gloria que esas ardientes atenciones afirman es algo más que justificable；es inmediatamente justa para cualquiera.

陈众议的胆子大得也可以，而且极富"想象"。套用钱锺书先生的一句话，就是：其"想像力丰富得可惊可喜以至可怕"。

先说这篇小说的标题：El incivil maestro de ceremonias Kotsuké no Suké，陈译作：皇家典议师小介之助，篇名都译错了。原文中并没有"皇家"一词，是陈根据原文 incivil 想象译出的：civil 是"民间的，平民的"之意，那么，incivil，"非民间的，非平民的"，想必是"皇家的"；再说，日本有天皇，是帝国，译成"皇家典仪师"，肯定是绝妙佳译。然而，残酷的事实恰恰与胆大艺低的人们的主观愿望相反：incivil 并无"皇家"这个释义。据《拉露斯词典》解释，意为"falto de civilidad o cultura"（没有礼貌或文化），"falto de educación o cortesía"（没有教养或礼貌），即"不文明，无礼"之意，故必须译成"无礼的"，舍此无他。

要把西班牙文化了的日本人姓名还原成汉字，只有一条路：请教有关专家。经咨询，Kotsuké no Suké 译成"小介之助"或"小冢之助"，都不确切，应译为"上野介"，即历史上真有其人的吉良上野介。西文化了的日本姓名的汉译，很复杂，似应宽容，不宜苛求。上述两译名，以后更正就是了。倒是被这个掌礼官迫害的另一位 de la Torre de Ako 先生，姓名半西半日，我们得多动动脑筋，多请教专家了。陈译为"赤穗

迷宫与《百年孤独》
—— 品博尔赫斯,考《百年孤独》诸家

先生",是的,Ako 译成汉字确是"赤穂",但此乃地名,并非姓氏,如同"北京、上海"一般。若称"赤穂先生",岂非如同称"北京先生"或"上海先生"一样令人发笑?再说,陈仅译一半,前半部西文 la Torre(意为城堡或塔)却未译出。故经过周密研究,译成"赤穂藩主",方令人信服。关于这位上野介,博尔赫斯接着介绍说:"…que motivó la degradación y la muerte del señor de la Torre de Ako…"陈译为:"……他是使赤穂先生行凶并死于非命的罪魁祸首。"这里,陈先生的丰富想象力令人又觉"可怕"了:明明是 motivó la degradación(造成……败落),他却译成"使……行凶",真是相差千里,风马牛不相及! la muerte(死亡)就是 la muerte,博翁又未加任何形容词,非"死于非命"不可吗?但是,陈先生这时又扇动想象的翅膀了,不容我们不揣测:既然行凶,则必飞来横祸,"死于非命"矣。你看,不是蛮有道理,煞有介事的吗?

接下去其实是大学一年级学生都应该而且必须掌握的词句:"…no se quiso eliminar como un caballero…"其中,quiso 的原形动词是 querer(愿意),应译为:"……不愿像武士那样结束自己的生命……"陈却译为:"……他没有像武士那样自戕……"稍有语法常识的人都拎得清:"不愿……"和"没有……"在含意上是大相径庭的。愿陈先生详察。下面还有妙文:"…porque despertó preciosas lealtades y fue la negra y necesaria ocasión de la empresa inmortal."这一句话的意思是说,上野介之所以"值得众人感激",是"因为他唤醒了(众人)可贵的忠诚之情",他本人是否"忠诚",博尔赫斯没有明说。陈非译成"他是忠诚的典范",那么直露,与原文颇有出入,也是不合作家本意的。下面这半句的关键词是 ocasión,这个词把握好了,句子就通顺可读了。陈译作:"(他,指上野介——笔者)是一个永恒事业的阴暗而又必要的契机",读来不但拗口,而且十分费解。这还是因为陈没有把 ocasión(机会、原因、目的等多种含义)搞明白,没有把原句吃透。契机,是指事物转化的关键,

胆大未必艺高
——评《博尔赫斯文集》译事

此处选用不合。还是永年先生的译文让读者一目了然:"……是一件不朽的事业的倒霉而必要的口实。"的确如此,这位无礼的掌礼官也仅仅是一种口实而已,岂有他哉!所以,他这个口实很"倒霉"(而不能译成"阴暗"),但是在"不朽的事业"中,是"必要"的。

以下一句,虽无大错,但词义翻译不确,可说这已是陈的惯病了。如 un centenar (一百来个),陈译"数以百计"(可解释为"上百成千");monografía (专著),陈译"专集";lapislázuli (条纹天青石),陈译"玻璃器皿"。天青石是一种天然珍贵石材,陈译成人工制造的玻璃,未知有何科学根据?如此奇思异想,令人大开眼界。

以下还有更令人莫名其妙的玩意儿:"……变化莫测的赛璐珞"。这是什么物件?是的,celuloide 译成"赛璐珞"并不错,但你说"甚至连变化莫测的赛璐珞也用了它",读者会明白吗?这里,译家的高低就显露出来了:"甚至多姿多彩的电影也采用了它。"此译令人茅塞顿开。赛璐珞能制电影胶片,即指影片。所以,"……电影也采用了"上述题材,就明白了。译事需达意传神,此一例也。接下去,陈先生又想当然了。请看他的译文:"……日本影视。"既然说"影视",那么就是"电影电视"。但此篇小说收在一九三五年出版的短篇小说集《恶棍列传》里,首发年份想必更早。难道日本是首先发明电视的国家?电视已在该国大行其道了?恐怕未必吧!况且,原文 el cinematógrafo japonés 也只是日本电影工作者或影人的意思,还不见电视界明星的身影。

另外,陈译"四十七个武士的神奇故事",也不妥。原文每个名词或形容词的第一个字母是大写: La Historia Doctrinal de los Cuarenta y Siete Capitanes,一看便知,这是篇名或书名(西文没有书名号),故中译亦应标明,以示区别:"《四十七武士(或译"义士"亦可)传奇》"。

最后一句,陈先生的译文还是令人一头雾水,大跌眼镜:"凡此种种所强调的辉煌细节不仅仅是可以理解的,而且谁听了都肃然起敬。"

迷宫与《百年孤独》
—— 品博尔赫斯，考《百年孤独》诸家

我们来看看原文："La minuciosa gloria que esas ardientes atenciones afirman……"这里，主副句的关系，陈先生似乎没有搞清楚。笔者不揣冒昧，班门弄斧了。主句：La minuciosa gloria es algo más que justificable, 即"那种种荣誉非但可以理解"；而 gloria（荣誉）后面，还跟有一个形容词副句"que esas ardientes atenciones afirman"，意思是"人们经久不衰的热情说明"。陈没有译出，只用"凡此种种强调"几字搪塞，自以为就过关了。最后还有一个主句，与前面提到的那个主句并列，语法上叫作"并列复合句"：es inmediatamente justa para cualquiera. 它的主语与前主句为同一个，即 la gloria。所以，两句连起来，是："那种种荣誉非但可以理解"，"而且直接适用于任何场合"，前后贯通；陈却译作"……而且谁听了都肃然起敬"。原文中根本没有表示"肃然起敬"的字词，是陈先生无中生有的臆造，这种自欺欺人的乱译，真令人不敢相信竟出自《文集》编者之手。

好了，我们还是把将博尔赫斯原作搞得面目全非的陈译撇在一边，引用永年先生的译文，尽早让读者一识作家的风采吧："本篇的恶棍是无礼的掌礼官上野介，这个不祥的官员造成了赤穗藩主的败落和死亡，当适当的报应逼近时，却不愿像武士那样结束自己的生命。但他有值得众人感激之处，因为他唤醒了可贵的忠诚之情，并且是一件不朽的事业的倒霉而必要的口实。以这个故事作为题材的有百来部小说、专著、博士论文和戏剧，更不用说大量的瓷器、条纹天青石和漆器手工艺品上的图形了。甚至多姿多彩的电影也采用了它。《四十七武士传奇》成了日本电影工作者反复改编的题材。人们经久不衰的热情说明那种种荣誉非但可以理解，而且直接适用于任何场合。"（《博尔赫斯全集》，《小说卷》第39页）

两位陈先生的译文共五十余篇，占《文集》《小说卷》之大半，比重极大，因而留给读者的遗憾也会很大。笔者可以负责任地宣告译界及读者诸君：

其译文几乎每篇、甚至每段均有程度不一之大小硬伤。读上述二例剖析，即可见端倪。限于篇幅，笔者实不可能将其和盘托出，只有留待来日了。

二陈译文，漏译不少。这也许是疏忽大意，忙中遗漏，也可能是知难而退，有意避开，或者译者认为原文中有关部分不合中国国情，特意删除……但无论什么原因，都是译事不够严肃、不够负责的行为。

二、姓名汉译归从的混乱

西班牙语国家往往把外国人的姓名西班牙文化，例如把贞德（Jeanne de' Arc）化成 Juana de Arco。这当然是为了他们自己的方便，无可厚非（英、法、德等国也有类似情况）。但我们切忌把西班牙文化了的别国的姓名，根据西班牙文的发音，转译成汉语，而一定要与根据原始语言转化的汉译保持一致，否则会使中国读者丈二和尚摸不着头脑。仍举贞德为例，如果我们根据西班牙文译成"胡安娜·德阿尔科"，大概不会有很多人知道她究竟是何方神仙的。这很麻烦，但也没有办法，为了中国读者的方便，只有多花些功夫，谁教我们吃翻译这碗饭的呢！可惜，两位陈先生硬是不肯下功夫，拿来就译，省事倒是省事了，只是苦了中国读者。请看：

例3："你相信这一切吗，阿里亚娜？"特塞奥说，"这牛头怪甚至都没有进行自卫。"（《阿斯特里昂的家》，《文集》《小说卷》第259页，陈凯先译）

阿里亚娜和特塞奥，西班牙文作 Ariadna 和 Teseo。根据希腊神话，就是克里特公主和雅典王子，故应根据汉语通译，译成：阿里阿德涅和忒修斯。

例4："戴假面具的洗染工哈金·德·梅尔夫"（同名小说，《文集》《小说卷》第32页，陈众议译）。

原文 Hakim de Merv，陈众议完全根据西班牙文的发音译成"哈金·德·梅尔夫"，俨然是一个西班牙语国家的人士。但据博尔赫斯在这篇小说中的描绘，我们知道：他"生于土耳其斯坦，他的家乡是梅尔夫古城"。据此，我们可推断，此人出身伊斯兰教国家，Hakim 译成"哈金"，不大像是那地方的人；何况，名字最后一个字母 m 的发音没译出来。只要查译名对照词典，很快便可找到相应的名字：哈基姆。遗憾的是，似乎成竹在胸的陈先生连这点起码的功夫也不肯下。陈先生的"哈金"后面还跟着"德·梅尔夫"，显然是把此人的家乡梅尔夫古城连同前置词 de（音译为"德"，表示归属的前置词，即"的"之意）统统算成名字了。西班牙、法国、意大利、葡萄牙等国确有将地名作为姓名一部分的习惯，其他国家似乎没有这种用法。再说，de 也是拉丁国家特有的前置词，怎么能直接搬来就用呢？解放以前，我国有些文人好在自己姓名前加上籍贯，如会稽周树人、侯官林琴南等等，但那仅仅是籍贯，而不是姓名的一部分。如果博翁将咱们的鲁迅先生搬进他的作品，译成 Chou Shu – ren de Kuiji（会稽周树人），我们回译，难道就得变成"周树人·德·会稽"了吗？所以，陈译"哈金·德·梅尔夫"，不妥，一定要扳过来，译成"梅尔夫的哈基姆"，方才妥贴。

三、地名的胡译

博尔赫斯在他的文学作品里，涉及各国的地名，特别是阿根廷以及拉丁美洲的地名极多，如果不熟悉，或者说懒得、不肯甚至不屑去熟悉其历史背景及地理环境，那么到头来，必自食苦果无疑。

布宜诺斯艾利斯的街名就很复杂，多以国家名、历史人物名、节假纪念日命名；更为麻烦的是，有不少街名、县名、省名彼此相同，如不仔细核查咨询，简直无从下手翻译。手头没有资料，实在译不出来，只有老实坦白声明，切不可大胆妄为，贻笑大方。请看：

例5:"这个故事,是我们在仁慈街附近的佛罗里达大街的一家古老的老鹰小吃店听到的。"(《天赐之夜》——其实篇名也译得不对,这里就不多说了,笔者——,《文集》《小说卷》第462页,陈众议译)

原文是:En la Antigua confitería del Aguila, en Florida a la altura de Piedad, oimos la historia.

位于布宜诺斯艾利斯市东部的佛罗里达大街,商店鳞次栉比,十分繁华。笔者在阿根廷期间,常去游览。该大街为南北走向,在其与另一条东西走向的大街交叉处有一个广场,矗立着一尊圣母像,即原文中所说的Piedad。西班牙文Piedad可以有"仁慈"的意思(其实也不确切),但也有圣母像之意。笔者去过那儿,也去过圣母像附近的那家咖啡馆(不是小吃店)。再说,布市根本就没有什么"仁慈街",这又是陈先生无中生有地强加给读者的。现将永年先生译文列出,以供参考:"我们在佛罗里达街靠近圣母像的古老的老鹰咖啡馆听到了下面的故事。"《奇遇之夜》,《博尔赫斯全集》《小说卷》第428页)

例6:"其时,退休警官堂何塞·奥拉维对我讲了雷蒂罗下游一些刀客的故事。"(《遭遇》,《文集》《小说卷》第336页,陈众议译)

原文是:El comisario retirado don José Olave me había contado historias de cuchilleros del bajo del Retiro。此句的关键词组是el bajo del Retiro,其中,Retiro是地名,是布宜诺斯艾利斯东北角的一个区,著名的雷蒂罗火车站就在该区。该区人员较杂,多为下层,痞子歹徒常出入其间。陈译"雷蒂罗下游",似乎雷蒂罗是一条河流,错了!是的,其东有一码头,称北码头,但流经此处拍岸激浪的是拉普拉塔河。既非河流,何来"下游"?原来,陈先生把bajo一词译错了。Bajo一词,可作形容词、副词,又可作名词。此处带冠词,显然是名词,意为"低地、浅滩、底层",没有"下游"之意。根据小说上下文及雷蒂罗本身的地理环境来分析判断,当作"低层"解。陈没有经过调查研究而得出的结论,是经不起推敲，站不住脚的。因此，此句的准确译文应是："退休的警察局局长堂何塞·奥拉韦和我谈起雷蒂罗底层社会刀客的故事。"（《全集》《小说卷》第340页，王永年译）

例7："我知道她是恩特雷里奥斯人或奥连特尔人……"（《罗森多·胡亚雷斯的故事》，《文集》《小说卷》第356页，陈众议译）

原文是：Para mí, era entreriana u oriental…

恩特雷里奥斯（Entre Ríos，原意为"河间"）是阿根廷东部的一个省份，与其东邻乌拉圭有一水之隔。oriental，陈译"奥连特尔人"，那是何方人士呢？陈未加注明，所以读者又是一头雾水。其实，oriental是个形容词，也可作名词，系"东方的、东部的"之意，此处应作"东岸人"解，干脆可径直译作"乌拉圭人"，省得啰唆。因为，乌拉圭在阿根廷东面，正式国号就是República Oriental del Uruguay（乌拉圭东岸共和国），阿根廷常常称他们为Orientales（东岸人），而不大称之为uruguayos（乌拉圭人）。陈不加注明，又替正在迷宫中晕头转向的读者平添了一道障碍。

例8："莫隆县，即阿根廷的布宜诺斯艾利斯县。"（《第三者》，《文集》《小说卷》第343页，陈凯先译注）

布宜诺斯艾利斯市郊区有许多县，莫隆县（Morón）为其中之一，位布宜诺斯艾利斯西部，并非陈教授所谓"即布宜诺斯艾利斯县"。

四、力不从心的弄巧成拙

博尔赫斯撰文，往往旁征博引。举凡《圣经》、希腊神话、阿拉伯传说，乃至中国古文古诗，无所不收。这大大增加了汉译的难度。他引述的中国古诗文，要汉译还原，极费周折。老实说，要比译成其他西方语文难得多。尽管如此，这还算有案可查，属于"只要下苦功，一定能成功"那种可以有盼头的努力。还有一种也许是博尔赫斯自撰的中国皇帝的圣旨或敕令，你到哪儿找原件去？这里就要有劳翻译家的大驾，而且也要考察翻译家的功力了。

博翁在他的短篇小说《女海盗金寡妇》里，就给我们来了一道中国嘉庆皇帝的敕令。其行文之工整飘逸，口气之威严，煞有介事，端的是一副帝王气派。请欣赏：

例9："Hombres desventurados y dañinos, hombres que pisan el pan, hombres que desatienden el clamor de los cobradores de impuestos y de los huérfanos, hombres en cuya ropa interior están figurados el fénix y el dragón, hombres que niegan la verdad de los libros impresos, hombres que dejan que sus lágrimas corran mirando el Norte, molestan la ventura de nuestros ríos y la antigua confianza de nuestros mares. En barcos averiados y deleznables afrontan noche y día la tempestad. Su objeto no es benévolo : no son ni fueron nunca los verdaderos amigos del navegante. Lejos de prestarle ayuda, lo acometen con ferocísimo impulso y lo convidan a la ruina, a la mutilación o a la muerte. Violan así las leyes naturals del Universo, de suerte que los ríos se desbordan, las riberas se anegan, los hijos se vuelven contra los padres y los principios de humedad y sequía son alterados…"

"…Por consiguiente, te encomiendo el castigo, Almirante Kuo Lang. No pongas en olvido que la clemencia es un atributo imperial y que sería presunción en un súbito intentar asumirla. Sé cruel, sé justo, sé obedecido, sé victorisoso."

应该说，西班牙文原文并不难。问题是如何转成古汉语。皇帝陛下的圣旨敕令，译成文言，更能体现当年御笔文采，自然是最佳选择。但是，译家如果有自知之明，自忖功夫不到家，弃文言而用白话，也无可厚非。当今日本天皇、英国女王、西班牙国王等的诏书、敕令就不一定都非得译成文言不可。否则，弄巧成拙，反倒出洋相。请看陈凯先教授代拟的这道敕令："尔等不遵圣教之凤子龙孙，可怜造孽，竟置官命于度外，涂炭生灵，糟践朕之江山。尔等乘坐破舟，飘荡于暴风雨之中，作为不仁不义，非徒海上使者之友，予以援手，反狂袭之，并使其罹难而亡，而且尔辈亵渎了皇天之旨，使河水泛滥，民不聊生，人伦大乱，灾荒不已。""……故，朕令郭郎率兵前往。郭郎！汝须铭记，宽恕乃崇高之美德，然过于慈善则将滋生大灾。愿汝执法如山，铁面无私，旗开得胜，马到成功。"（《文集》《小说卷》第24页，陈凯先译）

人们可以理解陈教授以文言译圣旨或敕令的良苦用心，但挥毫落笔，必谨慎小心，方可上不欺君，下不愚民，不辱使命；惜教授译事轻率，犯了译家之大忌。

嘉庆皇帝于一八〇九年年中下的这道敕令，博尔赫斯只摘引了其中首尾两段。首段列数金寡妇手下的海盗种种罪状，末段是给水师统带郭朗（陈将其官职也削去了）下的命令。为罗列海盗罪行，博翁在首段均用第三人称，但陈却用第二人称"尔等""尔辈"代之，弄得这道敕令有点不伦不类：好像海盗也有资格与水师统带一样接旨谢恩了。

此段译文不但文理欠通，而且词不达意，不明不白。如"糟践"一词，不似文言，倒像京城市井二大妈常挂在嘴边的口语，类似："你小子别糟践人了！"京片子荣登圣旨，倒是闻所未闻！又如"罹难而亡"，文倒像是文了，但不通，且画蛇添足。按"罹难"，即遇灾、遇险而死，"罹难而亡"，岂非"遇灾害而死而死"？此弄巧成拙一例也。"不遵圣教"，未知教授所指？"圣上之教诲"，抑或道教？佛教？原文中查无实据，我辈迟钝不敏，不明不白。"凤子龙孙"何意？公子王孙、皇族后人？还是平头百姓，连海盗也包括在里面？原文作 hombres en cuya ropa interior están figurados el fénix y el dragón，意"内衣带龙凤图案者"，指中国人，译成"炎黄子孙"，便不致生歧义了。另外，原文中 pisan el pan （糟

胆大未必艺高
——评《博尔赫斯文集》译事

蹋粮食），los cobradores de impuestos（税吏），los huérfanos（孤儿），los libros impresos（书籍）等，在译文中尽皆销声匿迹。是故，此段敕令之迻译，只得另请高明："无赖刁民，暴殄天物，无视税吏之忠言，不顾孤儿之哀号，身为炎黄子孙，不读圣贤之书，挥泪北望，有负江川大海之厚德。寄身破船弱舟，夙夜面临风暴。用心叵测，绝非海上行旅之良友。无扶危济困之意，有攻人不备之心，掳掠残杀，荼毒生灵，天怒人怨，江海泛滥，父子反目，兄弟阋墙，旱涝频仍……"

第二段敕令虽然比较简单，但陈译啰唆重复，拖泥带水，原文最末一句：Sé justo（你要公正），陈以两个四字成语"执法如山、铁面无私"译出，愚意择其一可也。Sé victorioso（你要获得胜利），陈又以两四字成语"旗开得胜、马到成功"推出，选其一亦足矣。故此段亦需改译："……为此，朕命水师统带郭朗前去征讨海盗，予以严惩。宽大乃皇帝之浩恩，臣子不得僭越，切记切记。务必残酷无情，克尽厥责，凯旋回朝，朕有厚望焉。"

以上剖析九例，仅二陈译文之一粟，但可记取教训良多，弥足珍贵。其实，归根结蒂，也只有极其平常的一句话，即：艺高才能胆大。技艺至高超境界，即便面对大师作品，亦能游刃有余，应付裕如；而与之相反，胆大未必艺高。

（原载 2000 年 8 月 16 日《中华读书报》）

拉美文学的介绍与翻译

许钧：一九九九年《中华读书报》"国际文化"专刊组织了一次读者调查活动，评选"我心目中的二十世纪文学"，在同年九月十五日公布的调查结果中，我们看到前百部作品里，哥伦比亚的加西亚·马尔克斯和阿根廷的博尔赫斯各占两部，前者有《百年孤独》和《霍乱时期的爱情》，后者有《小径分岔的花园》和《布宜诺斯艾利斯激情》。据编辑手记，参加投票的读者有半数以上把鲁迅的《阿Q正传》和加西亚·马尔克斯的《百年孤独》列为百部入选作品的第一和第二席。《百年孤独》的席位超过法国普鲁斯特的《追忆似水年华》和爱尔兰乔伊斯的《尤利西斯》。林一安先生，您是拉美文学的研究专家，对读者的这种选择，您是怎么看的？

林一安：据我所知，参加这次评选活动的，都是文化层次很高的读者，其中有不少外国文学的专家、翻译家，还有相当数量的作家。以加西亚·马尔克斯和博尔赫斯为代表的拉美文学在中国之所以能产生影响，并引起读者的共鸣，特别是许多作家对拉美文学感到亲切、贴近，很重要的一个原因是，新中国成立以前的中国在遭受殖民统治以及外国的渗透和掠夺方面，和当年的拉丁美洲有着几乎相同的命运。在反对外来压迫和剥削、维护民族权益的斗争中，中国和拉丁美洲人民有着共同的语言，因此，中国作家和拉丁美洲作家对文学所起的作用以及作家的使命的认识，观点很容易接近，甚至完全一致。

拉丁美洲作家使中国同行敬佩的另一个重要的原因，是他们感知和认识现实世界的新的角度，他们运用各种流派的艺术手法的大胆尝试以及他们在作品中所一贯追求并保持的浓郁的民族特色。中国的中青年作家发现，拉美作家经常运用的魔幻现实主义、结构现实主义等表现手法也可以适当地在自己的作品中加以借用。我国文学创作界曾在二十世纪八九十年代激扬起一股从来没过的开拓艺术空间的热情，一大批引人注目的作品所展示的，不仅是作品涵盖性的增加，而且还是另一艺术世界的开辟，如冯骥才的《神鞭》、莫言的《红高粱》、丛维熙的《酒魂西行》、韩少功的《爸爸爸》、郑万隆的《异乡异闻》、陈忠实的《白鹿原》、邱华栋的《黑暗河流上的闪光》等等，多取诸拉美当代文学。

许钧：相对于英国文学、法国文学等，我国对拉美文学的译介历史不长。从我所掌握的一些资料看，我国对拉美文学的译介工作主要是在近二十年来做的。上面我们谈到加西亚·马尔克斯的《百年孤独》，听说当初对这部书的译介还存在不同看法。

林一安：的确是这样。二十世纪七十年代末，国内对加西亚·马尔克斯的评价尚有很大、甚至是对立的分歧。一些人认为，他是跟在苏修后面跑的反华作家，他的所谓魔术现实主义（该术语后由我改译为"魔幻现实主义"），不过是腐朽堕落文化的一种表现形式而已。我当时认为，恐怕不能这么看，但也没有十分把握。随着研究的深入以及国内大环境的不断完善，大家逐渐调整认识。这时我适时地提出，魔幻现实主义是拉丁美洲作家的一种文学创作手法。他们把触目惊心的现实和迷离惝恍的幻觉结合在一起，通过极端夸张和虚实交错的艺术笔触来网罗人事、编织情节，以达到抨击社会的黑暗、污秽和混乱的目的。如果说现实主义是社会的一面镜子，那么魔幻现实主义可以比喻为社会的一面哈哈镜。虽然它蒙着一层神秘的魔幻色彩，但通过它的折射，也能在一定程度上，有时甚至更为巧妙地反映光怪陆离的现实世界。

许钧：当时您在《世界文学》工作，在《百年孤独》正式出版前，你们杂志率先选编了其中的六章。能不能请您谈谈当时编发的一些情况。

林一安：当时由我们负责编加西亚·马尔克斯的《百年孤独》的六章译文，同时，我还配合译文，写了一篇评论，叫作《拉丁美洲的魔幻现实主义及其代表作＜百年孤独＞》。译文、评论经过校对及反复修改后，即送编辑部领导审阅。这时候，我的心情真如十五个吊桶打水，七上八下，忐忑不安。当时的领导是陈冰夷，陈冰夷先生的严格在编辑部是出了名的。改稿时下笔毫不留情。一篇稿子有时会被他改得一片红。我配合译文写的评论是我到《世界文学》编辑部工作后写的第一篇评论，说不定会给他改得面目全非，那样我就无地自容了。不料，稿件退下来，竟一字未改，批"可发"，经校对的译文也全部"照发"。我大受鼓舞，深深感到前辈编辑家对晚辈工作的信任、理解、肯定和鼓励。我从此下定决心，一定要加倍努力，深入研究，决不辱使命。稿件的一校出来的时候，瑞典发布诺贝尔奖得主名单，其中，获文学奖的，正是加西亚·马尔克斯。我欣喜若狂，立即在我写的前言中补上一笔。我当然不是把获诺贝尔文学奖看成是对作品最高的、绝对的或最后的评价，但我承认这是一项重要的世界文学奖项，至少是对作家地位的确认和认同，而我们的眼光和看法也算得体，介绍了一位有世界性代表意义的作家。

许钧：从某种程度上讲，《百年孤独》在中国的翻译，是具有重要意义的，它为中国的外国文学研究界、文学界和外国文学爱好者打开了一扇新的大门，扩大了文学的视界。在这之后，中国的拉美文学研究界做了很多的工作，并组织力量，对拉美文学进行了系统的研究和译介，跟云南人民出版社合作,翻译出版了一套《拉丁美洲文学丛书》,在中国产生了广泛的影响。

林一安:这套丛书的翻译出版,是我国拉美文学界的研究专家和翻译家通力合作的结果。我认为,在作品和作家的研究和介绍方面,跟我国的英美文学和法国文学界相比,不仅我个人,而且还包括其他同行,起步是比较晚的。这里有着不可否认的历史事实。因为在新中国成立之后我国才开始对西班牙语人才的培养,而对于西班牙语文学人才的培养则是"文革"之后了。所以,中国造成了这样一个局面:王央乐、王永年、祝庆英等一些较早介绍西班牙语文学的人才,居然无一不是改行或半路出家的;而我,竟是国内权威的外国文学刊物《世界文学》的第一个西班牙文编辑,因为以前无一专人介绍西班牙语文学。面对这种现实,我清醒地认识到,如果要与别的语种文学的介绍同步或并驾齐驱,不能单枪匹马,一定要发挥集体的力量,众人的智慧,才能迎头赶上。重要的是要把握历史的机遇,这个机遇就是:二十世纪四十年代,拉丁美洲文学再也不是人们旅途劳顿或酒余饭后的消遣品或猎奇对象了,终于得到了世界的确认,出现了像博尔赫斯、阿斯图里亚斯等世界级文学大师;二十世纪六十年代,拉美文学爆炸震动世界文坛,涌现了一大批生气勃勃、才华横溢的作家;二十世纪八十年代,拉美爆炸后文学兴起,更有活力的年轻一代作家已经快步跟上,这意味着,有一大片未经开垦的沃土,正等待着我们去开拓。

为了在短时期内,比较集中、全面地介绍这一群星璀璨的文学景观,除了在全国文学翻译界各个出击之外,还必须制定一个空前宏伟的长期计划,以便系统地、有步骤地、全方位地介绍优秀的拉美作家。

中国西葡拉美文学研究会(我曾长期担任该会的常务副会长)便于一九八七年与云南人民出版社合作,制定了一个十年计划,出版你刚才谈到的《拉丁美洲文学丛书》。至一九九七年底,我们翻译出版了近五十

迷宫与《百年孤独》
—— 品博尔赫斯，考《百年孤独》诸家

部拉美作家的代表作品，几乎囊括了当代拉美作家最优秀的创作成果。如博尔赫斯的《巴比伦彩票》、科塔萨尔的《跳房子》、鲁尔福的《人鬼之间》和《烈火平原》、加西亚·马尔克斯的《百年孤独》、富恩特斯的《最明净的地区》、巴尔加斯·略萨的《酒吧长谈》、聂鲁达的《漫歌》、帕斯的诗歌、亚马多的《堂娜弗洛尔和她的两个丈夫》、德尔帕索的《帝国铁闻》、伊萨贝尔·阿连德的《爱情与阴影》等等。可以说，二十世纪八十年代在中国形成的"拉美文学热"，与这些作品的介绍，有着密不可分的关系。我在这套丛书里，起了一点联系和组织的作用，尽了一点绵薄之力。

许钧：对于近年来国内文学界流行的"拉丁美洲文学爆炸"之说，就我所了解的情况，好像对这一术语的所指范围有不同的看法，认识上有分歧。

林一安：对，谈到拉美文学的爆炸，我想借此机会澄清一下某些模糊观念。实际上，"拉丁美洲文学爆炸"，是翻译过来的一种文学术语，西班牙文原文是 El boom de la novela hispanoamericana，原文的字面意思是"西班牙语美洲长篇小说的爆炸"。Boom 是英文，原指商业上的繁荣或轰动效应，译成"爆炸"也无不可。西班牙语美洲，指讲西班牙语的拉美国家，不包括讲葡萄牙语的巴西、讲法语的海地，以及讲英语的其他拉美地区，原文中的语言界限很明确。明白这一点，就不会把巴西葡语作家亚马多包括进来，另外，原文说"长篇小说"，不包括其他的文学样式，如短篇小说、诗歌、戏剧、散文等。所以，了解这一点，就不会把博尔赫斯、聂鲁达、帕斯等算在里面。这一术语译成"拉丁美洲文学爆炸"，自然也通得过，因为毕竟拉美大多数国家都讲西班牙语，但总有点含混，容易产生歧义。

许钧：在《拉丁美洲文学丛书》的具体译介过程中，您认为遇到的最大困难是什么？

林一安：我觉得在翻译的过程中，最难把握的，最难表达的，是作家的风格，这是翻译界面对的一个普遍的疑难问题，不要说我们相对稚嫩的西葡语翻译界，就连具有长期丰富经验、成熟老练的英、法、俄等语翻译界，同样也存在这一个难题。读原文，我们看得出来，博尔赫斯、科塔萨尔、加西亚·马尔克斯、巴尔加斯·略萨的文字风格是不一样的，但是这种只能意会不可言传的文字风格，要准确把握传达，难度极大。不过，也不是绝对不可能。重要的是，我们首先要知道作家创作某一部作品时运用什么样的文字或语言风格。例如，加西亚·马尔克斯写《百年孤独》时，运用一种童稚的眼光和口吻来陈述故事，所以，在翻译时，文字应该是浅显通俗的，而文绉绉的艰涩的书面语言，显然不合适，因为那不是作家的创作初衷。又如，博尔赫斯的文字经济、简约、干净、利落，译文就不能啰唆，拖泥带水。当然，这里指的是一种大体上的把握，要真正做到实际上是很难的。但是，一定要努力去做，吃力不讨好也要去做，"明知山有虎，偏向虎山行"。博尔赫斯说："把莎士比亚译成英文也是不可能的。"这是说翻译的艰难，把古英语译成现代英语尚且不可能，遑论其他。但是他又说："即使是蹩脚的翻译也能让人感动得热泪盈眶。"这里又指翻译的可能性，能传达原作信息的译文，只要是严肃的，都有一定的功劳。我国也有生动的例子，例如，旧时林纾的翻译，虽然走样很多，应该说还是功不可没的。又例如博尔赫斯的一篇著名短篇小说《小径分岔的花园》(El jardín de senderos que se bifurcan)，最早是由王央乐翻译的，篇名翻译成《交叉小径的花园》。他是在二十世纪八十年代初介绍过来的，连篇名都翻错了，翻拧了，但是先入为主，这个译名一直被沿用至今，甚至去年《中华读书报》发表外国文学作品排行榜时，仍用这一译名。后来，我打了电话，编辑才纠正过来。更不可理解的是，去年《外国文学评论》发表纪念博尔赫斯的一篇评论，提到这篇小说时，仍用这一不准确的译名。另外，这篇小说的不少关键性语句也都被误译了。不过，话也得说回来，即便如此，它也还影响了不少中国中青年作家。这说明，读者往往能拨开枝蔓，抓住主干。我不是在这里鼓励错译，而是指在特殊情况下，一个烂苹果也能让人尝到一点苹果味，尽管只是一口，只是局部。我们不妨设想，准确到位的译文，又该会起多大的影响！

许钧：从您个人的情况看，您研究的重点作家，应该是博尔赫斯。您不仅主持《博尔赫斯全集》的汉译工作，而且还翻译了索伦蒂诺采访博尔赫斯的七次长谈《博尔赫斯七席谈》。作为主编，您在保证译文的质量方面，有没有采取比较可行的措施？

林一安：组织《博尔赫斯全集》的翻译，确实不容易。首先是译者众多，又天各一方，不可能随时探讨磋商。不过，我们在事先曾约法三章：一、全部作品均从原文译出，绝不转译；二、关于博氏的语言文字风格，达成共识：即经济简约、干净利落，总体上要把握住；三、全部译文均需根据原文仔细审校。

许钧：我比较过您主编的《博尔赫斯全集》中的一些作品，特别是后期作品，发现译文的用词是非常讲究的，有的还比较华丽，我的感觉也许不对，但据博尔赫斯自己说，他的"后期作品里面，文风简练利落，辞藻尽量朴素，或者说用词经济"。您在《全集》总序中对他的评价是："文体干净利落，文笔'像数学一样简约'；构思新颖独特，结构巧妙，'像钟表一样精确'。"您刚才还强调了这一点。在表现博尔赫斯的语言特色方面，您认为翻译上有什么大的障碍吗？

林一安：读博氏的作品，我们总的感受是：他的文字在早期与晚期的确不大一样，晚期更加简练朴素，但也不尽然，也有变化或者反复。关于这一点，应该说我们还是努力去把握的，译博尔赫斯，可以说我们是战战兢兢，如履薄冰，但过后又会有一种异样愉悦的感受。博氏的文风虽说简约，但腾挪翻越，也变化多端，不是轻易能译好的。为表现他的风格，我们确实耗费了不少心血。参加《博尔赫斯全集》翻译的诸位先生都表示，这是他们所遇到的难度最大的翻译工作，这块骨头最难啃。但是谁都认为很值得，因为"靠近骨头的肉味道最鲜美"。对于博尔赫斯这样一位宇宙性的文学大师，我的评价是很谨慎的，没有把握我决不下断语，说他文笔"像数学一样简约"，我引用的是法国著名文学传记作家莫洛亚的话，而说他的作品"结构巧妙，像钟表一样准确"，我引的又是阿根廷著名作家萨瓦托的话。我当然不是人云亦云，而是非常赞赏这两位作家对博尔赫斯的评价。我觉得这也有助于我们更好地理解和翻译博尔赫斯。

我们在翻译上遇到的另一大难点，就是我们要面对博尔赫斯渊博的知识。博尔赫斯在他的作品里，文学、艺术、历史、地理、哲学、宗教、天文、物理、数学，无所不谈。如果不具备一定水准的知识，不下功夫去查阅各种辞书，不向有关专家咨询，根本无法下手翻译。

如见到西班牙文 El Unicornio（独角兽），要是没有相当功力的中国文学素养，决不会联想到原来就是《诗经》中的《麟之趾》。又如他在论及数学、物理或天文的时候，不下功夫去请教、查找、咨询，译出来的东西，一定贻笑大方。而且，由于博尔赫斯眼力不济，晚年又失明，他作品中引用的许多英、法、德、葡等文字的词句，拼写错误往往没有校正过来，害得我们走了不少冤枉路，吃了许多苦头，才查对清楚译出，如此等等。就我本人而言，我热爱博氏作品，但在我译他的作品时，又恨死了他。

许钧：博尔赫斯是个世界级的文学大家，他的作品被译成多种文字，在国际文坛广为流传。他也是一个优秀的翻译家，据说他很小的时候就表现出了杰出的翻译天才，九岁时将英国作家王尔德的《快乐王子》译成西班牙文。发表在布宜诺斯艾利斯的《国家报》上。后来，他还翻译过奥地利作家卡夫卡的多篇短篇小说、美国作家福克纳的《野棕榈》、英国作家吴尔夫的《一间自己的房间》和《奥兰多》，还有法国诗人米肖的《一个野蛮人在亚洲》等文学名篇，不知博尔赫斯对文学翻译有什么主张？

林一安：除了本人的文学天赋，我认为博尔赫斯的家庭条件和环境以及他自己的执着努力都是造就他成为翻译大家的不可或缺的因素。他既承认文学的不可译性，又认可翻译的必要性；既主张从原文直译，又容纳转译；既赞赏翻译忠于原文，又体谅译者的苦衷，用"原作不忠实于译作"这样一种带有调侃色彩的话来慰己慰人。人说博尔赫斯是矛盾的，那么，他这种翻译主张也可算是一种吧！

一般来说，博尔赫斯是不赞成转译的，主张从原文直译，因为这样，失去的东西"有可能减少到最低限度"。他掌握英、德、法等多种外国文字，他译卡夫卡、福克纳、吴尔夫和米肖的作品，可以说是游刃有余，应付自如。但是，对于他特别喜爱的中国古典文学，他说他挡不住这种东方美的吸引，禁不住技痒，不懂中文也大着胆子从德文或英文转译了《诗经》《红楼梦》等部分章节，"迫不及待"地介绍给本国读者，以分享阅读的乐趣。我对过博尔赫斯所译《诗经》中的《祈父》和《麟之趾》的译文，觉得他译得忠实、流畅、简练、贴切，不愧是大泽家手笔。但是，他所据文本是英译本，不是中文原文。所以，英译本中的理解错误，他也全部照搬了。如《祈父》，用现代汉语来理解是司马将军，是一个区域掌管军事的官员，而不是什么全国性的兵部大臣；但他却译成 ministro de la guerra（兵部大臣或兵部尚书，即现在的国防部长或作战部长）了。麟之趾，即麟（独角兽）的脚或脚趾，他却译成了 los cascos（头颅）。尽管如此，中国古代士兵因受长官欺压而大胆抗议的愤懑情绪以及天降祥瑞、祈祷祖宗福佑的心情，博尔赫斯还是活灵活现地表述了出来。另外，据《博尔赫斯七席谈》的访者索伦蒂诺先生对我说，博尔赫斯从德文原文译的卡夫卡短篇小说，是"十全十美"的。我想，如果从英、德、法、葡文，来对照博尔赫斯的西班牙语译文。从而进行分析、评估，一定是很有意思的，我国的文学翻译界一定会从中得到有益的启迪。

许钧：要是博尔赫斯活到现在，不知他对他的作品被译成中文并产生巨大影响会有何感想？

林一安：博尔赫斯对中国非常友好，对中国文化有强烈的兴趣。他虽然不懂中文，但借助其他文字，读过《诗经》《红楼梦》《水浒传》《聊斋志异》，还读过韩愈的名篇《获麟解》、冯友兰的《中国哲学简史》，甚至《老子》《庄子》和《易经》等。他生前表示一定要到中国来看看长城，可惜这一夙愿未能实现。好在《博尔赫斯全集》在中国出版之际，他的夫人玛丽亚·儿玉女士来到了中国。博尔赫斯夫人访华期间，记者问她如何评价《全集》的质量，她实事求是地回答，因为她不懂中文，无法判断和评估，但是她说她了解《全集》的翻译过程，和译者探讨过对博尔赫斯作品的理解。如 El hacedor，有人译为"创造者"，我们译为"诗人"；又如 artificios，有人译为"手工艺品"，我们译为"杜撰集"。她说前者只从字面或表面上理解，后者则吃透原意，而后者才是准确的，所以她说对中文版有一种信任感。夫人在离华前，在上海虹桥机场，为《全集》中文版给我们写下了这样的几句话：

"感谢中国以真挚的爱和锲而不舍的精神出版了出色而又富有魅力的《博尔赫斯全集》中译本。"我把这几句话看成是对我们的一种认可、鼓励和鞭策。

许钧：我想提最后一个问题，听说《世界文学》对编辑要求很严格，强调要在研究的基础上对外国文学进行翻译和介绍。对此，您怎么看？您本人又是怎么做的？

林一安：我认为，这是一个行之有效的好办法，我一直以此来指导和勉励自己的研究和译介工作。外国文学的研究和介绍，非常重要的一条，就是要占有和把握第一手材料，然后加以分析和评估。切忌空穴来

迷宫与《百年孤独》
—— 品博尔赫斯，考《百年孤独》诸家

风，凭空想象。有时候，一位作家的生年，都要阅读大量资料才能准确断定。例如加西亚·马尔克斯的出生年份，几乎所有的外国辞书都说他是一九二八年，但我在翻译加西亚·马尔克斯的访谈录《番石榴飘香》时，看到一份重要资料，说是据加西亚·马尔克斯当年受洗的记录簿记载，作家出生于一九二七年，并附有照片作证。我便断定：作家生年为一九二七年，后来，权威的作家传记证实了这一结论。哥伦比亚现任驻华大使格鲁宾先生是作家的挚友，也曾向我肯定了这个年份。又如博氏夫人的生年的确定更富有戏剧性，几乎所有的博尔赫斯的传记，在提及这位夫人的生年时，不是避而不谈，语焉不详，便是捕风捉影，胡乱猜测，即使较好的博氏传记也令人对此真假难辨，如阿根廷作家巴纳丹所著的《博尔赫斯全传》中所附博尔赫斯年谱中说，玛丽亚·儿玉生于一九四六年，这使我国的研究人员无所适从。后来，我读到一九九九年版的一本博氏传记，是博尔赫斯在国立图书馆的助手、作家玛丽亚·埃斯特尔·巴斯克斯女士写的，又得知夫人生于一九三七年三月十日。但面对这么多的说法，也无法确定。凑巧机会来了，博氏夫人今年三月访华，我们从她的护照上看到，她的出生日期是一九三七年三月十日。至此，我才算有了完全的把握。我不是在这里提倡这类繁琐的追踪，而是说，我们要对我们所写的每一句话负责，千方百计地做到准确，对得起读者。更为重要的是，要不断地发现新材料，不断地修正，直至确凿无误。也许，因为我长期从事编辑工作，养成一种"较真"，或者北京人所说的"认死理儿"的令人不快的习惯，但我至今"死不悔改"，冒犯失礼之处，只能请读者诸君包涵原谅了。

(原载 2000 年第 5 期《译林》)

与博尔赫斯夫人谈文学翻译

新千年阳春三月,陪博尔赫斯夫人玛丽亚·儿玉女士从北京启程,辗转西安、杭州,到她心仪已久的上海访问,我才有时间与夫人单独长谈。在新锦江的旋转餐厅,在去浦东观光乘坐的出租车里,在车水马龙、灯火辉煌的南京路上,甚至在雁荡路街头的咖啡雅座,我们谈天说地,论古道今;自然,也离不开博氏作品移译这个双方都十分关注的话题。其实,在一九九八年我再访阿根廷时,夫人就曾和我探讨过这一问题。那是在该年八月二十四日博尔赫斯九十九岁诞辰的当天晚上。我们参加完庆祝活动之后,夫人邀请我出席她特意举行的答谢晚宴。除了儿玉女士本人之外,在主桌与我同席的还有阿根廷著名英美文学翻译家罗兰多·科斯达先生和夫人。得知我们正在从事博氏全集的中译工作,他们自然很兴奋,同时也肃然起敬,令我感到作为一个中国人,掌握历史悠久的中国文字,真是无尚的光荣。科斯塔先生是名噪一时的美国黑人作家亚历克斯·哈莱的长篇小说《根》的西班牙文译者,当然深知译事三昧。他像开玩笑又不像开玩笑地对我说:"你们中国人译博尔赫斯的作品最妙!中国字本身就像一座座迷宫,恐怕正好符合博尔赫斯的创作初衷!"我感谢翻译家的好意与鼓励,但是心想,事情恐怕并不那么简单、轻而易举。儿玉女士是文学博士,且通晓英、法、希腊等多种文字,译事的艰辛她也是感同身受的。特别是她是半个日本人,东西方文化的差异一定也有所了解。她取下披在肩上一条从日本买来的真丝头巾,指着上面的汉字,说:"林,请你说说这些字都是什么意思。"我定睛细看,原来是"福、禄、寿、佛"等字,便一一译出,一面说:"汉字有的一个字用一个词便能译出,有的就需要一两个字,两三个词,甚至一个句子。"夫人含笑点点头:"这就是了,仅仅字词就有这么大的差别,东西文化更深层次的差异就可想而知了!不过,如果翻译家能了解和把握这种差异,了解和把握原文和译入语的区别,翻译工作才有可能做好。"她关切地问我:"林,坦白地告诉我,你们译博尔赫斯的作品,觉得难不难?"

我不假思索地冲口回答,因为我国一位资深翻译家的一句名言一直萦绕在我脑际:"难,难于上青天!"接着,我又套用了我国一句民间俗语:"明知山有虎,偏向虎山行!"大人赞许地说:"是啊,是得有这股冲劲。没有献身精神是成不了事的!"那次,我们关于翻译的话题,大致上只是这么简单、表面。

这次,在上海,虽然只有短短一天半的时间,但是我却抓紧机会向她请教了好几个博氏作品翻译中的疑难问题。我们在翻译博尔赫斯先生一九六〇年出版的诗歌散文集《诗人》的篇名时,就曾经斟酌再三。篇名亦即集中一篇散文名,西班牙文原文为 El hacedor,按字面意思,是"制作的人,创造的人",所以,国内有人将其译为"创造者"。我们经过琢磨原文全篇,查找有关资料,觉得不太妥当,便译成"诗人",因为文中指的就是罗马大诗人荷马;而"创造者"意思似乎含混不清,甚至会让人以为是指圣经中所说创造世界的上帝了。

儿玉女士说:"我欣赏吃透原作含意的翻译态度。"她说她记得博尔赫斯先生曾告诉她,《诗人》这篇散文完稿于一九五九年,翌年结集出版。当时,埃梅塞出版社社长卡洛斯·弗里亚先生打电话给先生约稿出书,先生回答说手头什么稿子也没有了，十分抱歉。凭着职业的直觉，弗里亚紧追不舍："您费心再在抽屉里找找，只要肯找，作家都会找出一本书来的。"先生依计行事，找呀找的，再补写了几篇，果然又成了一本书，而且，据博尔赫斯自称，还是他生平最得意的一本呢。

据先生说，el hacedor 这个词的确有点怪，但是专指荷马，又何尝不可呢？夫人还介绍说，该词是先生从英文 maker 亲自翻译过来的，而英国，又是从希腊文 poiein（制造，创造）转译而来。英国在中世纪，该词专指诗人。"所以，"夫人认为，"你们译成诗人是可取的，有助于读者的理解。"她还说，"美国翻译家在翻译这本集子时，也曾遇到跟你们一样的困惑。可见，理解和吃透原文，是摆在任何一位翻译家面前的严肃而重要的先期工作。"

记得博尔赫斯夫人在北京时曾经说过博氏全集的英译本很不错，法译本很糟糕，我便问她："如果我们从你认为很不错的英译本转译博尔赫斯，你会有什么想法？"儿玉女士连连摇头摆手，一连串的"不不不"，她说："你们又不是没有人。我在北京、上海，见到许多很棒的西班牙文翻译家；何况，通过和你们的交流，我觉得你们是可以信赖的。翻译是吃力不讨好的苦差事，翻译不可能十全十美，水平再高，也会从原文走样。转译，就会走得更多一些。你们从原文直译，我很高兴。"

我追问："博尔赫斯先生也是一位大翻译家，他虽然主张直译，不是也转译过一些中国文学作品吗？"

夫人有点苦笑道："那是万不得已呀，林！他从英、德、法直译的作品，都是无懈可击的，但是转译的中国作品，只有等你们中国学者去评判了！先生当时是不得已而为之，是急着要把他喜爱的中国文学作品介绍给西班牙语读者嘛……"

博尔赫斯作品里，有关镜子的描绘，比比皆是。作家对镜子情有独钟，因为能激起他一种神秘、怪谲、惧怕的感觉。他还特别欣赏曹雪芹笔下

迷宫与《百年孤独》
—— 品博尔赫斯，考《百年孤独》诸家

的风月宝镜，认为真能醒世惊俗，教人正视残酷而现实的自我，千万别沉醉美好而虚幻的迷梦。博尔赫斯独特的镜像世界也是观照人生的一种创作意图。在表面上，文字上，博尔赫斯作品中这种镜像应该说还是不难理解，不难翻译的。但是，由于中西文字的差异，作家的镜像隐喻手法，汉译就显得捉襟见肘，无能为力了。随便举个例子，博氏的短篇小说《埃玛·宗兹》里提到两个人物，一是女主人公纺织女工埃玛·宗兹，另一个是逼死埃玛父亲的纺织厂老板艾伦，从汉字的字体上看，两人的名字被施过什么镜像隐喻手法，中国读者根本无法去寻找探索其内在奥秘。只有从原文加以分析，才能揣测作家的良苦用心。这两人的原文名分别为：Emma Zunz 和 Aaron。先来解析 Emma。这个名字由四个字母组成，两个元音 E 和 a 分列左右两侧。E 是 Emma 的父亲伊曼纽尔·宗兹 (Emanuel) 的名字的第一个字母，a 是意第绪语母亲 mame (Emma 是犹太人) 中的第一个字母，所以，暗含 Emanuel 和 mame 所生之女之意。Emma 名中尚有两个辅音 m，而根据西方宗教文化习俗，M 这个字母是最神圣的，既表示阳性又表示阴性，因为它象征着水、生命和世界的诞生。有了这些象征性的隐喻，应该说博尔赫斯对他笔下的这个女孩寄予了美好的期望。

再来看 Zunz 这个姓。它同样由四个字母组成：一前一后由几乎所有的西方文字的字母表中最后一个字母 Z 分列，表示低下、卑微；而居中的是元音字母 u 和辅音字母 n，合成 un，恰好是西班牙文"一"这个数字。据说，在西文中，"一"象征生命，象征最基本的事物，象征精神的统一。这里，博尔赫斯暗示的是，犹太人是一个地位卑微、然而有着一致精神的民族，寄予着作家无限的同情。

最后再分析该篇小说中另一个人物艾伦。原文作 Aaron，他虽逼死了埃玛的父亲，后来又被埃玛开枪结束了性命，但前者的复仇之箭并不真正射向他。在整篇小说中，他也只充当个第三者的角色。所以，如果我们用一面镜子观照 Aaron 这个外文名字，我们就会惊奇地发现，我们在镜中看到的竟是 norah（即 Norah，诺拉）这个名字。诺拉何人？原来就是博尔赫斯的亲妹妹诺拉！而这位妹妹，常常在作家的日常生活中扮演第三者的角色，博氏厌之嫌之，故借机极尽镜像技法之能事，刺她一刺。

带着这些问题，我向儿玉女士请教。她很坦率地说："不好译，译不了，唯一的办法就是翻译家和研究家加注，写解读文章。有条件的干脆就读原文，读背景材料，你看，这里就有文学的不可译性了，"说着，她话锋一转，竟反守为攻了："其实，你们中国人的姓名才真正有象征或隐喻意义呢！你叫 Lin Yi an，在我们看来，只是三个音节，没有任何意思，可听你说，你的名字是'森林中的和平'，或者说'林中一片安宁'，还挺有诗意的。我父亲的名字叫 Yosaburo，我原来也不知道是什么意思。到中国听你说汉字应是洋三郎，可以解释成海洋中的第三个男子，你猜测我父亲排行第三，果然不差！而我的日本姓 Kodama，译成西方文字，除了声音之外，也没有什么意思，写成汉字儿玉，同样也很美，是不是？不过，话还得说回来，如果不写成 Kodama，那么，那天我们住进西安城堡大酒店，你就不能开玩笑地对我说：'卡夫卡的 K 先生没进入城堡，可博尔赫斯的 K 夫人却住进了城堡'，幽了一默了。哈哈！"

说得有理。博尔赫斯笔下可以有埃玛·宗兹、伊曼纽尔·宗兹、艾伦等扑朔迷离的人物，就像我们的曹雪芹先生笔下也可以有甄士隐、贾雨村等匪夷所思的人物一样，都是巧夺天工的文学创造，因而都不无道理。

我们当然还谈到许多其他问题。因限于篇幅，这次只能就此打住了。

（原载《外国文学》2001 年第 2 期）

博尔赫斯译事一班

中国的读书界可能已经知道,作为大作家的博尔赫斯还是一位学风严谨的翻译家。他很小的时候就表现出了杰出的翻译天才。九岁时,他将英国作家王尔德的短篇童话《快乐王子》译成西班牙文,发表在布宜诺斯艾利斯的《国家报》上,震惊阿根廷文坛。稍长,他留学欧洲,掌握了法、德、拉丁等多种文字,为日后移译外国文学打下了坚实的基础。

根据笔者掌握的资料,博尔赫斯曾经译过:爱尔兰作家乔伊斯的长篇小说《尤利西斯》的最后两页(1925),奥地利作家梅林克的一篇短篇小说(1929),英国女作家吴尔夫的《一间自己的房间》(1936)和《奥兰多》(1937),中国古诗《麟之趾》、《祈父》和《终风》(1938),比利时作家亨利·米绍的《一个野蛮人在亚洲》(1941),美国作家福克纳的《野棕榈》(1941),奥地利作家卡夫卡的多篇短篇小说(1943),美国作家梅尔维尔的《代笔者巴特》(1944),美国诗人惠特曼的《草叶集》(1969)。此外,博尔赫斯还译过不少德国表现主义诗人的作品,可能也译过中国古典文学名著《红楼梦》以及《聊斋》的部分章节。博氏译作的数量不是很大,但是如果我们考虑到作家高度近视、后又双目失明的身体残缺状况,我们恐怕不会不对他致力文学翻译的献身精神感到由衷的敬佩。

还应该指出的是，上述所有这些外国文学作品，博尔赫斯都是从英、法、德等文字直接翻译的。面对他特别喜爱的中国文学，他说他实在挡不住这种东方美的吸引，禁不住技痒，不懂中文也大着胆子从英文或德文转译了。

博尔赫斯的各种译作以及他从事翻译的详细情况，我国可以说基本上不了解，这一点非常遗憾。我想，如果从中、英、德、法文来对照博尔赫斯的西班牙文译文，从而进行分析、评估，一定是很有意思的，我国的文学翻译界也一定会从中得到有益的启迪。

关于博氏整篇或成本的译品，由于条件所限，我们一时还不掌握情况，但是，笔者在有关博尔赫斯的各种资料里，还是搜寻到了一鳞半爪，不妨透露出来，或者可博对作家感兴趣的读者一乐。

一九九九年，我在翻译阿根廷作家费尔南多·索伦蒂诺与博尔赫斯的访谈录《博尔赫斯七席谈》时，注意到关于莎士比亚，博氏是这么说的："……除了《麦克白》和《哈姆雷特》之外，他作品的语言魅力远比故事情节和人物刻画对我的影响要大。比方说，莎士比亚作品里，我反复阅读的是其中的十四行诗。我甚至可以背诵一段又一段的诗句……当然，我也可以背诵他剧本里一段又一段的对白……不过，我首先把莎士比亚看作是一位语言巨匠。跟一些小说大家比较起来，我觉得他更接近乔伊斯，因为小说家注重的大抵是人物性格的刻画。所以，莎士比亚作品的译文，我是不敢恭维的；因为他最本质的、最美好的东西就是他的语言，而语言又能译成什么样子呢？前不久，有人对我说，要把莎士比亚译成西班牙文简直不可能，我回答他说，译成英文也同样不可能。因为，如果我们把莎士比亚译成一种不是莎士比亚英文的英文，很多东西就会丧失殆尽。何况，莎士比亚的许多词句只能是这么说，只能是这种语序，也只能是这种韵律。"

博尔赫斯很喜欢莎士比亚的诗句，但他总是用原文，而绝不用另一

迷宫与《百年孤独》
—— 品博尔赫斯，考《百年孤独》诸家

种文字背诵。偶尔，他兴之所至，也会亲自把某些章节、段落译成西班牙文，与二三同好把玩。但是，什么时候能见到博氏的莎诗译文呢？

也是在一九九九年，我又读到博氏在阿根廷国立图书馆的同事、女作家玛丽娅·埃斯特尔·巴斯克斯（1941—）的《博尔赫斯的辉煌与失败》（1996）一书，惊喜地发现了博尔赫斯亲自执译的莎剧中的一节诗，觉得清新、洗练、简洁，又很口语化，令人好之、乐之。那是哈姆雷特与父王幽灵会见前和他的好友贺拉旭讲的一番话（见莎剧《哈姆雷特》第一幕第四场）。父王的鬼魂向哈姆雷特招手，叫他前去，贺拉旭劝王子不要跟它去，但哈姆雷特无所畏惧，于是就有了下面一节诗。

巴斯克斯回忆道，这节诗，是她在一九五八年左右第一次去博尔赫斯家时听到作家朗诵的。当时博尔赫斯高高地昂着头，声音十分洪亮，忘情地背诵着这节诗。后来，巴斯克斯在阿根廷国立图书馆工作期间，又常常听到作家在小办公室里朗诵。最后一次是一九六四年她陪同博尔赫斯访问哥本哈根，在丹麦艾尔西诺城堡前的平台上，听到作家朗诵此诗。博氏其时神情严肃凛然，声音苍凉高亢：

¿Qué habré de temer ?
No le doy a mi vida más valor que el de un alfiler.
En cuanto a mi alma, ¿ qué podrá hacerle ?
Si es inmortal.

赶紧找中国译家的相关译文来对照，朱生豪先生的译文是：

怕什么呢？
我把我的生命看得不值一枚针；

至于我的灵魂,那是跟它自己同样永生不灭的,
它能够加害它吗?

朱先生的译文是散文体,不是诗;莎诗译成汉诗,又该是怎样的呢?好在卞之琳先生的译文不难找到,是现成的:

为什么,有什么可怕?
我把生命看得不值一枚针;
至于我的灵魂,既同它自己
一样是不朽的,它又能伤它什么?

卞先生是莎诗汉译以顿代步的杰出代表。此诗汉译也做到了以顿代步,虽然最后两句,为了凑顿,硬把"既同它自己,一样是不朽的"拆成两半,各分一半给第三和第四句。对比汉西两种译文,笔者发现,两种汉译的最后一句(原文当为第三句),均有"伤"或"害"一词,西译却无此词。另外,两种汉译中的指物的代词"它"似嫌过多,此"它"与彼"它",中国读者或观众,特别是观众亦即听众)恐怕会搞不大明白(当然,仔细分析,朱译"它能够加害它吗?"以及卞译"它又能伤它什么?"中的第一个"它"是指先王的阴魂,第二个"它"则是指哈姆雷特自己的灵魂。)英文原文是怎样的呢?笔者倒有兴趣找来读读了。承莎氏学者郑土生先生见告,是这样的:

Why, what should be the fear?
I do not set my life at a pin's fee,
and for my soul, what can it do to that,
being a thing inmortal as itself?

迷宫与《百年孤独》
—— 品博尔赫斯，考《百年孤独》诸家

英文原文中，笔者没有见到"伤"或"害"这类词。再回过头看博尔赫斯的西班牙文译文，也没有"伤"或"害"的字样，当然，朱、卞两位是成就卓著的前辈翻译家，他们这么译自有他们的道理。不过，我想，汉译能不能像博译那样，做到"亦步亦趋"，做到像莎翁一样"这么说，这么个语序，这么个韵律"呢？再说，此"它"与彼"它"，实在也搞得人七晕八素，糊里糊涂。笔者冒昧地问一声：难道汉译不可以再想想法子，精益求精，更上一层楼吗？蒙英诗翻译家屠岸先生告示，另一位莎剧名译家方平先生有了新的译法。我欣喜异常地读到，方先生是这么处理的：

> 哎哟，有什么好怕的？
> 我早把这条命看得还不如一枚针；
> 至于我的灵魂呢，它能拿我怎么样？
> 我那灵魂跟这阴魂不同样是不灭的吗？

方平先生的译文解决了我的两个疑点。第一，原文中没有的"伤"与"害"，汉译中也没有了。原文"What can it do to that？"方先生译为"它能拿我怎么样？"博尔赫斯的西班牙译文作"¿Qué podrá hacerle？"当然是完全与英文对照的。如此，英、西、汉文字上大体都一致了。诚然，为了避免"它"的重复出现，为了照顾中国读者的接受逻辑，方译改换了人称代词，把"我"替代了"它"。其次，代词"它"，方先生十分谨慎但恰到好处地只用了一个，令读者拎不清的此"它"与彼"它"也不见了，译文虽增加了一些词，但显然是替读者着想。方先生弃此"它"与彼"它"不用，而代之以所指身份十分明确的一句诗："我那灵魂跟这阴魂不同样是不灭的吗？"起着承上的作用。这样，令读者或听众顿时犹如醍醐灌顶，痛快淋漓。

方先生译诗，也遵循以顿代步的办法，原诗的五音步基本上化作了五个顿,同样美不胜收,与卞之琳先生的译诗有异曲同工之妙。

笔者前文已经提到,莎翁这四句诗,博翁译得清新、洗练、简洁,又很口语化;当然最重要的还是忠实,而且还尽量与原文对应。但是,我还发现,博翁显然也考虑到译文要符合译入语读者(此处是西班牙语读者)的语言习惯。例如,第四句诗中原文用了"being"这一"ing"形式,西班牙文里虽也有形式上相对应的词类 gerundio(副动词),但不常用,特别是博尔赫斯极不爱用。而且,西班牙文里没有的反身代词 itself,博氏也毫不犹豫地剔除不用,此句以简练的条件句"Si es inmortal"译出,显示出博氏特有的文风。

译诗的语序基本上与原诗一致,词类也大体相同。由于原诗是素体诗,译诗也不用韵。应该说,博尔赫斯译此诗,既遵循了他主张的"亦步亦趋"的翻译原则,又照顾到译入语的习惯,同时还体现了自己的译文风格。

如果参照上述三种汉译,把博译莎诗再转译成中文,也是蛮有趣的,读者也许会从中砸摸出一点别样的滋味:

我怕什么呢:
我早把这条命看得还不如一枚针;
至于我的灵魂呢,那阴魂能拿它怎么样?
既然它永生不灭。

还是在一九九九年,我读到博尔赫斯《自传随笔》的西班牙文新译本(原文为英文),又惊喜地发现了博氏所译的另一段莎诗,他在《自传随笔》里是这么回忆的:"……一九六九年初,应以色列政府的邀请,我在特拉维夫和耶路撒冷度过了激动万分的十天……我在那里,沿着加利利海湖畔,想起了莎士比亚的诗句……"博尔赫斯认为以色列既古老又年轻,充满活力,所以他想起了莎士比亚的诗句,作家动情地默默念诵:

> Sobre cuyos terrenos caminaron pies benditos,
> que, mil cuatrocientos años, fueron clavados
> para nuestro beneficio, sobre la amarga cruz.

这是莎剧《亨利四世》上篇第一幕第一场亨利王对其臣下讲的一段话。亨利四世即位伊始,因篡位而良心不安,准备派兵前去耶路撒冷,为保卫圣地而战。他冠冕堂皇地慷慨陈词:

"……朋友们,我将要立即征集一支纯粹英格兰土著的军人,开往基督的圣陵;在他那神圣的十字架之下,我是立誓为他作战的兵士,我们英国人生来的使命就是要用武器把那些异教徒从那曾经被救主宝足所践踏的圣地上驱逐出去,在一千四百年以前,他为了我们的缘故,曾经被钉在痛苦的十字架……"(朱生豪译,吴兴华校)

这段话的最后三句,即莎翁这三句诗的汉译。但朱生豪先生的汉译是散文,西汉译文的两相比较,有一定的困难。幸亏吴兴华先生的新译由方平先生校订已经问世了:

> 我主的两脚会行遍圣地的前亩,
> 一千四百年以前,
> 为拯救我们,
> 被钉在伤心惨目的十字架上面。

吴先生采用的显然也是以顿代步的卞氏译法,诗是以诗的形式译出来了,应该说比朱译有了明显的进步;但若要挑挑刺,我们会发现,吴译似乎少了一点儿东西。赶快找英文原文来看:

> Over whose acres walk'd those blessed feet,

which, fourteen hundred years ago, were mail'd
for our advantage, on the bitter across.

"those blessed feet", 吴译"我主的两脚", 朱译"救主的宝足", 吴译显然舍弃了 blessed（有福的，圣洁的）一词，再回过头来，看博尔赫斯的西班牙文译文。这个词组他译成"pies bendidos", 完全对应。由于英西两种文字十分接近（与汉语比较），更由于博氏遵循莎翁西译应"亦步亦趋"的翻译主张，这三句诗的西译，不但语序，而且连词类、语态都几乎一模一样，这是我们汉语不可能做到的。现试将博氏译诗的语序排列如下：

第一句：前置词——关系形容词——名词——动词——名词——形容词

西班牙文与英文虽说十分接近，但当然也有区别。例如，在西班牙文里，音节较多的形容词常常放在名词后面，他们说"pies benditos", 而不说"benditos pies"；恰恰相反，英文往往把形容词放在名词之前，所以说"those blessed feet", 而不说"those feet blessed"。

第二句：关系代词——形容词（数词）——名词——副词——被动语态

在数词的表达方面，西英两种文字也有所差别，如数词"千"，英文虽有单独的词 thousand, 但此诗中的"一千四百年"不用 one thousand four hundred years，却用 fourteen hundred（十四个百）years 来表示；而西班牙文这方面倒与中文一样，只能老老实实地说 mil（一千）cuatrocientos（四百）años（年），绝不能套用英语的 fourteen hundred（十四个百），直译成 catorce cientos（十四个百）。被动语态在西班牙文里尽管用得不多（西文常用英文没有的自复被动句），但是有，依样搬过来简直是举手之劳。

第三句：前置词——物主形容词——名词——前置词——形容词——名词

如果让不懂西班牙文的读者看得更明白，不妨将博译莎诗按照上述语序译成中文：

在他的（指耶稣——译者按）土地上，
行走过宝足，
它们，一千四百年以前，为了我们的好处，在痛苦的十字架上。

而这一语序，几乎是与英文原诗毫厘不爽的。莎诗的汉译有办法以顿代步，中国读者欣赏起来有滋有味，乐在其中，这自然是中国翻译家历经数代高手而作出的巨大贡献。而莎诗的博译虽然有办法"亦步亦趋"，不乱原诗语序，然而终因英、西两种文字有别，原诗的音步却保留不住了。不过，博翁也有办法，他将每句诗译成两个语调群（grupos melódicos），十五个音节，不但朗朗上口，声调铿锵，而且严谨齐整，同样也达到令西语读者乐在其中得到美的享受的目的。

博尔赫斯有言："如果人们读博尔赫斯的作品，有如欣赏一支乐曲或者品尝一杯咖啡，那么我也就心满意足了。"

我相信，他的译诗也同样做到了这一点。

(原载2001年8月15日《中华读书报》)

错译与漏译的误导
——再评《博尔赫斯文集》译事

请读者诸君先仔细读一读《博尔赫斯文集》（以下简称《文集》）中的一段文字：

例1：

那时我父亲豪尔赫·吉列尔莫·博尔赫斯从事律师职业。他是无政府主义哲学家斯宾塞的门徒，在现行语言师范学校兼教心理学课，用英文讲授，课本是威廉·詹姆斯写的心理学小册子。我父亲懂英文是因为他母亲弗朗西斯·哈斯拉姆出生在属于古老的诺森布里亚家族的斯塔福德郡。一系列稀奇的机遇使她来到南美洲，和一位名叫豪尔赫·苏亚雷斯的意大利犹太工程师结为夫妻。就是这位工程师把第一辆马拉的街车带到了阿根廷。他们定居到阿根廷，并派人去找弗朗西斯·哈斯拉姆的妹妹范妮·哈斯拉姆。(《我的生活》，朱景冬译，《博尔赫斯文集》《文论自述卷》，第96页，海南国际新闻出版中心，1996年11月)

迷宫与《百年孤独》

—— 品博尔赫斯，考《百年孤独》诸家

这里稍作一下解释：引文摘自作家的自传，其中的"我"，是指阿根廷著名作家豪尔赫·路易斯·博尔赫斯（1899—1986）。看了这段译文，不掌握原文资料的读者大概会梳理出作家博尔赫斯这样一幅家谱图：

父亲，豪尔赫·吉列尔莫·博尔赫斯；

他（指父亲）母亲（即作家的祖母），弗朗西斯·哈斯拉姆；

她（指作家祖母）"和一位名叫豪尔赫·苏亚雷斯的意大利犹太工程师结为夫妻"，祖母的配偶顺理成章应该是祖父，那么祖父即豪尔赫·苏亚雷斯；"他们（按译文，想必指作家的祖父母）派人去找弗朗西斯·哈斯拉姆的妹妹范妮·哈斯拉姆"，就是说，弗朗西斯有一位妹妹，名叫范妮。

其实，对这一段译文，细心的读者（尽管不懂西班牙文）我估计也会产生疑问：作家博尔赫斯的父亲姓博尔赫斯，没错；怎么祖父倒改了姓，叫苏亚雷斯了呢？其他的错，一般的读者恐怕就看不出来了，只能被译者牵着鼻子走了。

的确，正如细心的读者可能会察觉的那样，译文出了纰漏。原来是漏译了一个关键语句，以致鸳鸯乱点、张冠李戴了。原文是：La hermana mayor de Fanny Haslam（Calorina Haslam de Suárez）se casó con un ingeniero italo-judío llamado Jorge Suárez……意为"范妮·哈斯拉姆的姐姐（卡罗琳·哈斯拉姆·德·苏亚雷斯）和一位名叫豪尔赫·苏亚雷斯的意大利犹太工程师结了婚"。原来如此！这一句话的前半句"……范妮·哈斯拉姆的姐姐……"朱景冬也许是因为疏忽，没有译出，而将下句与上句衔接，变成弗朗西斯·哈斯拉姆与工程师成了亲，关系搞乱了。其实，原文明确地告诉读者：作家博尔赫斯的祖母弗朗西斯·哈斯拉姆并没有和豪尔赫·苏亚雷斯结婚，和这位工程师结婚的是她的姐姐卡罗琳·哈斯拉姆（朱把她的名字也漏译了）。所以，卡罗琳·哈斯拉姆是博尔赫斯的姨祖母，其丈夫豪尔赫·苏亚雷斯自然就是作家的姨祖父，而不是祖父。弗朗西斯的丈夫即作家的祖父是谁呢？博尔赫斯在后文交代了：弗朗西

错译与漏译的误导
——再评《博尔赫斯文集》译事

斯科·博尔赫斯上校。弗朗西斯和上校是在恩特雷里奥斯省首府巴拉那的一次舞会上相识后结为伉俪的。

朱景冬的那段译文说：

……他们（据此译文，当指弗朗西斯·哈斯拉姆和豪尔赫·苏亚雷斯——林按）定居到阿根廷并派人去找弗朗西斯·哈斯拉姆的妹妹范妮·哈斯拉姆。

这就是说，作家的祖母弗朗西斯有一个妹妹，叫范妮；而笔者引用的原文却说，哈斯拉姆姐妹二人，姐名卡罗琳，妹名范妮（即博尔赫斯祖母）。但是，那位弗朗西斯·哈斯拉姆，据朱景冬译文，是博氏祖母，笔者所引原文说，范妮·哈斯拉姆也是博氏祖母，这到底是怎么回事呢？而且，上段朱译还说"……（他们）派人去找弗朗西斯·哈斯拉姆的妹妹范妮·哈斯拉姆"，译文意思很明确：弗朗西斯是姐姐，范妮是妹妹。然而，这么一来，读者却越读越不明白了。没有别的解疑途径，只有核查原文。一读原文，才恍然大悟：...él y su esposa se instalaron en el país y mandaron buscar a Fanny...

可译为：

……他（指豪尔赫·苏亚雷斯工程师——林按）和他妻子（指卡罗琳·哈斯拉姆，即范妮的姐姐——林按）在该国（指阿根廷——林按）定居下来，并派人去找范妮……

此句原文，并没有朱译文中"……（派人去找）弗朗西斯·哈斯拉姆的妹妹"这些字，是朱自己没有搞懂又怕别人不明白加上去的。这么一来，反倒弄巧成拙，把哈氏姐妹的关系越搞越糊涂了。

其实，读博氏有关资料，博氏的英裔祖母名弗朗西斯（一译弗朗西丝）·哈斯拉姆（Frances Haslam），范妮（Fanny）是家人对她的爱称。也就是说，弗朗西斯就是范妮，是同一个人，而朱译却把她一分为二了。

对于家人和亲戚，西方国家不大讲究分别幼长伯仲，不像咱们中国，

迷宫与《百年孤独》
—— 品博尔赫斯，考《百年孤独》诸家

兄弟姐妹，叔伯姑姨，非得验明正身，分得清清楚楚不可。所以，在外译汉时，光这类称谓，就足可使译家大伤脑筋，苦不堪言。笔者年前译博尔赫斯散文，就吃足了苦头。我在译他的散文集《序言集成》中《何塞·埃尔南德斯〈马丁·菲耶罗〉》一文时，一开头就卡了壳。

博氏写道：

到目前为止，何塞·埃尔南德斯的所有传记，都来源自收在《佩华霍》这本书里的那篇传记。该书由作家的 hermano 拉裴尔于一八九六年出版。

引文中的 hermano 一词（意为兄或弟）简单得不能再简单，我却迟迟不敢下笔，不知该译成哥哥还是弟弟。查遍我所掌握或者有办法查询的一切资料，问遍我所认识的所有西语国家友人，都无济于事。有人劝我译成含糊其词的"兄弟"算了，反正也不算什么错。但我认死理儿，不肯就此交差。因为照汉语习惯，没有这么说的，况且，译成"兄弟"也容易产生歧义。万般无奈，我便一份求救"伊妹儿"发到我的阿根廷友人、博氏作品研究专家、《博尔赫斯七席谈》一书采访者费尔南多·索伦蒂诺先生的办公室。第三天，我便接到回复。索伦蒂诺告诉我：拉裴尔生一八四○年，卒于一九○三年。我大喜若狂，因为何塞·埃尔南德斯生于一八三四年，卒于一八八六年，我是知道的。于是，我大笔一挥，立即将 hermano 译成"弟弟"。然而，谁能想到，这短短的几秒钟就能译出的两个字，竟让我伤了一个多月的脑筋！

笔者坦陈自己这段狼狈的译事，决非王婆卖瓜，只是想说，搞翻译，一要打破砂锅问到底；二是必有柳暗花明又一村的时日。目的是让中国读者看得明白，对他们负责。

《我的生活》一文，是博尔赫斯的自传，是认识和研究作家十分宝贵的资料。其中涉及家人及亲戚情况必多，译时一定要下苦功，下大力气咨询查问，否则会让对博氏生平感兴趣的读者失望。笔者不揣冒昧，谨再举几例，愿与朱景冬先生商榷：

错译与漏译的误导
——再评《博尔赫斯文集》译事

例2：

……我只记得我漫长而懒散的假期是在我伯父弗朗西斯科·阿埃多的别墅里度过的。(《文集》《文论自述卷》第95页，朱景冬译)

译文中的"伯父"，原文为 tio，不错，tio 可译作"伯父"，但也可译作"叔父、舅父、姨父、姑父……"，这要视"我"与"他"的关系才能确定身份。

据查，作家博尔赫斯的祖父弗朗西斯科·博尔赫斯上校生有二子，长名弗朗西斯科，即作家伯父；幼名豪尔赫·吉列尔莫，即作家父亲。

作家伯父与作家祖父同名，若要使两人身份明确，可在其姓氏后面，加上两人各自的母姓：

弗朗西斯科·博尔赫斯·拉菲努尔（祖父）

弗朗西斯科·博尔赫斯·哈斯拉姆（伯父）

由此可见，朱译"伯父弗朗西斯科·阿埃多"，并非"伯父"，是不确切的，要改译。既然这位弗朗西斯科·阿埃多先生并非博氏父系亲戚，不是"伯父"，那就从作家母系方面去查，定能水落石出显真身。查询，可先将博氏母亲姓氏排列：

莱昂诺尔（名）·阿塞韦多（父姓）·苏亚雷斯（母姓）

从这个姓氏看，还什么都瞧不出来，再往上查，顺藤摸瓜。试排列其母亦即博氏外祖母的姓氏：

莱昂诺尔（名）·苏亚雷斯（父姓）·阿埃多（母姓）

西班牙语国家人士的姓名虽长，虽啰唆，但既有父姓，又有母姓，亲眷关系容易查清。这回倒帮了我这个被讥为有"由来已久的人名、地名翻译情结"的人的大忙了。瞧，阿埃多这个姓，在博氏外祖母身上出现了！

由此不难判断，她必弗朗西斯科·阿埃多表亲无疑。但这位先生的称谓怎么译，似乎还要下点功夫。读博氏有关资料，我们得知：博氏的外祖母是乌拉圭人，阿埃多是她的母姓，也就是她的外祖父的姓，传到弗朗西斯科·阿埃多这一代，与博氏母亲平辈，称 primos，即表兄妹或表姐弟。博氏称弗朗西斯科 tío，故据其母与其之关系，可译为"表舅"。博氏儿时，常去这位表舅在乌拉圭的乡间别墅度夏。未审景冬先生尊意以为然否？

例 3：

我父亲的家庭是个文学世家。他的叔祖父胡安·克里索斯托莫·拉菲努尔是阿根廷最早的诗人之一。（《文集》《文论自述卷》第 102 页，朱景冬译）

还是因为查询不力、不深或竟无门，才造成称谓的错译，令读者莫名所以。查原文，朱译"叔祖父"原文作 tío-abuelo。是的，读词组可译作"叔祖父"，但也可译作"舅祖父"，亦需视情行事。咱们还是照老办法，把博氏祖父的姓氏排列开来：

弗朗西斯科（名）·博尔赫斯（父姓）·拉菲努尔（母姓）

而这位"阿根廷最早的一位诗人"胡安·克里索斯托莫·拉菲努尔，与博氏祖父的母亲即曾祖母同姓，可见非兄妹即姐弟，无论长幼，博氏祖父均应称之为"舅父"，因此，博氏父亲就得称之为"舅祖父或舅公"，而不能称之为"叔祖父"。

例 4：

我表兄吉列尔莫·胡安·（博尔赫斯）（文集《文论自述卷》第 117 页，朱景冬译）

译文中的"表兄"，原文称 primo，应译为"堂弟"，因为吉列尔莫·胡安是博氏伯父弗朗西斯科·博尔赫斯之子。

例 5：

她（按朱译，当为博氏之母——林按）祖父是伊西多罗·苏亚雷

错译与漏译的误导
——再评《博尔赫斯文集》译事

斯上校。(《文集》《文论自述卷》,第99页)

　　这里,朱景冬把 abuelo 译成"祖父"。不对,应译为"外祖父"。因为博氏母亲父姓阿塞韦多,母姓苏亚雷斯,外祖父也必姓苏亚雷斯无疑。

　　实际上,上举五例,除第一例因漏译若干词句而造成一些关系梳理的困难之外,其余各例中称谓的汉译,并不很费周折;因为,译者可从该称谓人的父母姓氏中去寻找蛛丝马迹。何况,作家在读篇自传里对其主要亲属大都做了相当详细的交代,只要反复阅读原文,不草率下笔,称谓的确切汉译,应该是能够做到的。

　　笔者前文已经提到,《我的生活》一文系博氏自传。实际上,这篇自传是由作家用英语口授,经博氏作品的英译者意大利裔美国人诺曼·托马斯·迪乔瓦尼笔录,于一九七〇年九月十九日在《纽约客》杂志上首发的,英文篇名 Autobiographical Notes(汉译《自传随笔》)。博尔赫斯当时声明,在他有生之年,不准发表西班牙文全译本(作家身后则先在刊物上发表,题 Mis Memorias《我的生活》,直译可作《我的回忆》,后又出版单行本,名 Un ensayo autobiográfico,即《自传随笔》)。

　　由于此篇自传系博氏亲自改定,篇幅虽不长,却享有极高的权威性,被各国博氏研究专家撰文著书时广泛引用,成为认识作家、解读其作品的可靠而重要的参考;何况,其西班牙文译本又出自名家手笔,且得到博氏夫人玛丽亚·儿玉女士的首肯,认为一如其夫之文风。因此,对其汉译的要求,中国读者有理由期盼译者做到简约、忠实、准确、完美。我想,这总不至于失之偏颇和苛刻罢。

　　附:博尔赫斯家谱梳理(近年,我国出版之博尔赫斯传记文字渐多,然其中作家之亲属称谓,常见误译。现据有关资料,梳理博氏家谱如次,以便读者研究参照。)

　　豪尔赫·路易斯·博尔赫斯·阿塞韦多(作家)

　　玛丽亚·儿玉·施魏策(妻)

迷宫与《百年孤独》
—— 品博尔赫斯,考《百年孤独》诸家

埃尔萨·阿斯泰特·米连(前妻)

诺拉·博尔赫斯·阿塞韦多(妹)

吉列尔莫·德托雷(妹夫)

路易斯·德托雷·博尔赫斯(大外甥)

安赫利卡·德托雷(路易斯之女,甥孙女)

米格尔·德托雷·博尔赫斯(二外甥)

豪尔赫·吉列尔莫·博尔赫斯·哈斯拉姆(父)

莱昂诺尔·阿塞韦多·苏亚雷斯(母)

弗朗西斯科·博尔赫斯·哈斯拉姆(伯父)

吉列尔莫·胡安·博尔赫斯(堂弟,1906 — 1965)

儿玉洋三郎(岳父)

玛丽亚·安东妮亚·康塞普西翁·施魏策(岳母)

弗朗西斯科·博尔赫斯·拉菲努尔(祖父)

弗朗西丝(范妮)·哈斯拉姆(祖母)

伊西多罗,阿塞韦多·拉普里达(外祖父)

莱昂诺尔·苏亚雷斯,阿埃多(外祖母)

卡罗琳·哈斯拉姆(姨祖母)

豪尔赫·苏亚雷斯(姨祖父)

弗朗西斯科·博尔赫斯(曾祖父)

玛丽亚·德尔·卡门·拉菲努尔(曾祖母)

爱德华·扬·哈斯拉姆(曾外祖父,父亲的外祖父)

简·阿尔内特(曾外祖母,父亲的外祖母)

曼努埃尔,伊西多罗·苏亚雷斯(曾外祖父,母亲的外祖父)

哈辛塔·阿埃多(曾外祖母,母亲的外祖母)

(原载《中国翻译》2001 年第 4 期)

堂吉诃德及其坐骑译名小议

塞万提斯给堂吉诃德的坐骑———匹瘦马起了一个名字：Rocinante。这是由两个词组成的：rocín（西班牙文意为"瘦马、劣马"）和 ante（意为"从前、在……之前"）。据说，这个名字高雅、响亮，而且还富有意义，表明它过去是一匹劣马，现在成了世界上最好的马了。词意贴切且结构精巧，"塞"翁好不得意。

西班牙语国家的读者自然也十分得意，因为他们对此无不心领神会，可以毫无困难地欣赏塞翁起名之高妙。

可惜，不识西班牙语的读者就没有此等幸运了：如果不加解释，他们只能聆听这"响亮"的西班牙文语音而不解其意，莫名所以。

翻译家们似乎拿不出什么高明的办法。若干个世纪以来，《堂吉诃德》各种文字的译本据说已逾一千，但是对这匹瘦马大号的移译，众译家还是一筹莫展，可见天下译事之难。据查中国社会科学院图书馆馆藏三种英文本，我们发现，三位英译者采取的都是"照搬加注释"的办法，反正西英两种文字都是拉丁字母构筑而成的。依样画瓢，不但原汁原味，还省得劳动译家的大驾。又查法译本，法译者与他们的英译同行如出一辙，也只有如法炮制这一招。再来看看咱们中国诸译家有什么高招。《堂吉诃德》的第一位译者林纾采用的是音译，他译为"鲁林安替"，接着他还译道，"'鲁林'，常马也；'安替'者，前日也。言前日是常马，至今日异也。"（《魔侠传》，林纾译，1922年，商务印书馆）这一段虽译得不甚确切，倒也还能自圆其说。根据"rocinante"的西班牙文发音，汉译可作"罗西南傣"，发音虽与原文较接近，只是这个"傣"字，用作名字，实在太中国地方化，只能用别的字来代替。林译"鲁林安替"，似与原文发音相去较远，但如根据当时的历史环境细加分析，倒会发现林公也决非胡来的。笔者估计，林氏是把堂吉诃德坐骑的名称拆成两个词来音译的：rocín 译成"鲁林"，真不知这个"林"字从哪儿搬来的，与原音不着边际。Ante 译成"安替"，倒好像歪打正着，几乎与西班牙文发音一模一样了。林是福州人，常常用他的闽县方言来译音。An 译成"安"，人们自然没有什么疑问；te 译成"替"，福州人读若"逮"或"歹"（dǎi），倒很到位，与西班牙文"te"的发音几近一致。只是林氏不知道西班牙文字母之间可以连音，ante 之前有一个辅音字母 n，和 an 结合，便应读 nan（"南"），而不能不管前面的辅音，光秃秃的自己读成 an（"安"）。

　　林纾的局限不仅在于他不懂英文，还在于他太相信只懂英文而不懂西班牙文的合作者。浙江文艺出版社的舒建华先生曾在一篇谈《堂吉诃德》中译本的文章里提到《堂吉诃德》的译名，他说："周作人在一篇散文中就提到一些怪七怪八的译名：'块克苏替'……"据舒先生考证，"块克苏替"就是林氏的发明。

　　不错，林氏在翻译时的确用了一些闽县方言，但是过分苛求他，恐怕也有失公允。据查，今译"堂吉诃德"，他译成"当瑰克苏替"，而不是被舒建华冤枉指责的"块克苏替"，否则真是"怪七怪八"了。不过，林是一位不懂外文的译家，自有他的苦衷。"当瑰克苏替"是他的英文合作者根据英文而不是西班牙文的发音译出的。其实，Don Quixote 按照英文的发音，译成"当瑰克苏替"并无大错。笔者反倒要说，这最后一个"替",按照福州方言的发音来读,还很接近西班牙文原文发音呢!

二十世纪初叶我国译界前辈,可能多为南方才俊。Canada译成"加拿大",Holmes译成"福尔摩斯"(译者可能也是一位闽籍人士,因为福建人把"福"读若"霍"),而且一直沿用至今,也不见有什么人受到"怪七怪八"的嘲笑。再说,这种情形,至今在我国的一些地区,如港台仍在延续。哥伦比亚作家加西亚·马尔克斯(García Márquez)不仅被腰斩,而且还被根据英文发音译成"马奎斯"。学术面前,人人平等。为什么只打林纾一个人的板子呢?

我们暂且把受人摆布的林纾撇在一边。那么,精通外语的其他诸译家又是怎么处理这一令人头痛的译名的呢?据查,其中的绝大多数都采取了音译:洛稷喃提(傅东华译)、洛西南特(董燕生译)、罗西纳特(屠孟超译)、罗西南多(刘京胜译)、罗西南特(孙家孟译)。译名大同小异,虽比英语译者多费了点功夫,但也没有累到哪里去,好像没有经历"一名之立,旬月踟蹰"的阶段。当然,音译也是一个可以接受的办法。我们不能要求译家把文化差异极大的两种文字统统划一。中国古典小说人物的名字,如贾雨村、甄士隐等,译成外文,恐怕也会让洋译家急得跳脚的。

到目前为止,经过冥思苦想采用"音义兼顾"译法的有两人。一是前辈翻译家杨绛先生。她译作"驽骍难得"。这四个汉字的发音与西班牙原文相近,含义又与原意相合,堪称绝妙佳译。另一位音义兼顾的译者是张广森先生。他译为"若昔难得"。这自然也不失为一种经过推敲的译法。"若昔难得",意思是"像从前那样难得"。"难得"是沿用"驽骍难得"中后半部分的译法,"若昔"才出自张先生自己的手笔。从发音上来判断,似尚到位;但就"义"来分析,则稍逊一筹,因为张先生并没有把rocín原意中的"瘦马、劣马"之意传达出来,与原文整体含义尚有差距。当然,"驽骍难得"虽然做到了"音义兼顾",但稍嫌文气。不过,我辈实在江郎才尽，再也想不出别的出彩的高招了。可话还得说回来，只要整篇译文得体，若个把译名差强人意，也大可不必多伤脑筋。

(原载 2003 年 3 月 5 日《中华读书报》)

加西亚还是马尔克斯

自二十世纪八十年代初,哥伦比亚作家加西亚·马尔克斯(García Márquez, 1927—)被介绍到中国伊始,即横遭中国的学者、媒体腰斩:马尔克斯(无独有偶,港台与内地似犯有通病,只是他们根据英文发音译作"马奎斯"),而且数十年来竟"马尔克斯"满天飞,时至今日,更大有愈演愈烈,愈烈便好像愈"正确",强行造成所谓"约定俗成"之势。有的人甚至还搬出一套讨好读者的歪理,并自我辩解说:

"……埃利西奥·加西亚(指加西亚·马尔克斯的父亲——笔者注)首先使用的是母姓。加西亚和马尔克斯加在一起,就成了双重的母姓。而我国读者又惯于把加西亚·马尔克斯称作马尔克斯,也就进一步加深了他头上的这个双重母姓的'母性'因素。这也是歪打正着……"(陈众议:《加西亚·马尔克斯评传》,第9页,浙江文艺出版社)

事情果如其说吗?不明就里的读者恐怕是一头雾水。笔者虽曾多次撰文指出个中道理,但毕竟孤军作战,收效甚微。但如果不再三据理力辩,"腰斩"势必殃及其他西班牙语国家的作家,而且有进一步扩大化的危险。不信请读下文。为照顾不明真相的读者,这里有必要先再介绍一下西班牙语国家使用姓名的习惯。他们的姓名虽然长,但只要了解他们的习惯,其实也不难掌握。他们姓名的排列方式是：名（有时可有多个）—父姓—母姓。

在一般的情况下，只称父姓就可以了，如卡斯特罗、博尔赫斯等；亲友熟人之间只称名字，如称卡斯特罗为菲德尔，称博尔赫斯为乔琪或豪尔赫；在正式的场合，则除名字加父姓外，还要加上母姓，如菲德尔·卡斯特罗·鲁斯主席，豪尔赫·路易斯·博尔赫斯·阿塞韦多教授；但是不能光称母姓，如不能把卡斯特罗称作鲁斯，把博尔赫斯称作阿塞韦多，等等。

加西亚·马尔克斯的情况有些特殊。他的全名为加夫列尔（名）·加西亚（父姓，祖母姓）·马尔克斯（母姓）。原来，作家的父亲是祖母阿尔赫米拉·加西亚十四岁时和一个名叫加夫列尔·马丁内斯的小学老师生的私生子。加西亚让她儿子姓了自己的姓，儿子又把这个姓传给了孙子即今日享誉世界文坛的大作家。作家的父亲加夫列尔·埃利希奥·加西亚·马丁内斯和路易莎·圣地亚加·马尔克斯·伊瓜兰结婚，生子即作家，起名加夫列尔·何塞·加西亚·马尔克斯，可见子袭父姓，这父姓永远是世袭的，而不管来由如何。

因为是私生子而把母姓放在前面而父姓反倒跟在后面，可以说是拉美国家一条不成文的习惯。再说，也不是只有作家父亲一个例子。作家的外祖父马尔克斯上校就有九个私生子。而分析这些私生子的姓名，不难看出，上校的姓氏几乎无一例外地放在他不同情妇的姓氏之后。如作家的一个姨妈埃尔薇拉（名）·卡里略（母姓）·马尔克斯（父姓）即属此例。所以，父姓和母姓是轻易替代不得的，要特别慎重，否则，极易引起误会。

近读二〇〇二年十月出版的加西亚·马尔克斯的长篇回忆录《沧桑历尽话人生》，更加明白了作家姓名的来龙去脉。本来，作家像西班牙语国家一般人一样，是一直只使用加西亚这个姓的，他的正式称呼是加夫列尔（这是作家父亲、也是作家祖父的名字，长子一般袭用父名）·何塞（这是作家第二个名字，用来纪念耶稣的父亲约瑟——英文作 Joseph，西班牙文作 José，汉译分别为约瑟和何塞，一般省略不用）·加西亚，母姓省去不用，据作家自称，他大概到了十三四岁的时候，要去参加"祖国之声"电台举办的歌咏比赛，他母亲急盼儿子获奖出名，便要他在父姓之后加上母姓，以便儿子身份更加明确，因为姓加西亚的人实在太多了。用了双姓，大家便会很容易知道是谁了，等于上了双保险。从此，作家便使用起加西亚·马尔克斯这个双姓来。但是从来就没有单独使用过母姓（别人叫错的除外）。

那么，加西亚·马尔克斯怎么会在中国被斩去一半，变成光秃秃的马尔克斯了呢？客观地加以分析，不外乎是因为：

一、我国从事西班牙语文学的某些翻译家、研究家和编辑家没有经过细致深入的研究，在介绍在中国尚鲜为人知的新的西语人物或作家的时候，贪图省事，便轻率仓促地把他们的母姓一推了事，造成先入为主的局面；之后，又将错就错，一错再错，而又不屑接受批评，便一错到底。笔者认为，这种错误的主要责任应由这些人来承担。

二、由于我国西班牙语文学的研究和翻译起步较晚，早期的人才多由英语转行。受英语的影响，他们往往根据英美人的习惯来称呼西语国家人士的姓氏（笔者发现，加西亚·马尔克斯有时也被英美人士腰斩为马尔克斯），即称他们姓氏最后一个部分，而这部分常常就是母姓。

三、我国的读者嫌西班牙语国家人士姓氏太长，为图省事，他们往往把前面那个姓即父姓省略了，只称母姓，如把加西亚·马尔克斯称作马尔克斯，把巴尔加斯·略萨称作略萨等等。其实，平心而论，这个责任也应由专业人员来负，因为他们在介绍这些作家时，如果考虑到中国人的习惯，如果不误导，只称他们为加西亚或巴尔加斯，也许什么事也没有了。

令人十分遗憾的是，这种误导还在继续蔓延，而且还是相当专业的人员的误导。近读由吴元迈主编的《获国际著名文学奖作家作品丛书》

中的一种：《获西班牙塞万提斯奖作家作品选》（陈众议主编，漓江出版社，1996），我惊讶地发现，在这本比较集中介绍西班牙语国家作家的作品选里，除了加西亚·马尔克斯（他因婉拒评奖，故不在入选之列，但编者在前言里提到了作家的名字）依然被腰斩之外，重要作家被腰斩者竟有三四位之多。这就不是一时疏忽的错误，而是在西班牙语姓名处理上真正的一窍不通了。现列名单如下：

秘鲁作家马里奥（名）·巴尔加斯（父姓）·略萨（母姓），被腰斩为"略萨"。

这位在中国也享有盛名的作家其实称为巴尔加斯即可。作家前妻即著名的"胡莉娅姨妈"曾写过一本书，名"Lo que no dijo Varguitas"，中文直译可作"小巴尔加斯没说的话"（中文出版时译为《作家与胡莉娅姨妈》），可见姨妈没有称作家为略萨，他们是分得清的。作家现任妻子倒可称略萨，因为她是作家舅父的女儿即表妹，称 Patricia Llosa，帕特莉西娅·略萨。笔者撰文写稿，凡提及这位我有幸结识的作家，一概称巴尔加斯·略萨，或干脆就称巴尔加斯，以正视听。

阿根廷作家阿道弗（名）·比奥伊（父姓）·卡萨雷斯（母姓）被腰斩为"卡萨雷斯"。

比奥伊是博尔赫斯挚友兼合作撰稿人，笔者有幸于一九九四年在布宜诺斯艾利斯结识。博尔赫斯在他多篇文章里提及这位作家时均称他为比奥伊或比奥伊·卡萨雷斯。笔者亲耳听见他的作家朋友们根据关系的亲疏称他为"堂阿道弗"、"比奥伊先生"或"比奥伊·卡萨雷斯先生"，除了我们中国人写的文章，从未听到或看到有人只称他为卡萨雷斯的。

巴拉圭作家奥古斯托（名）·罗亚（父姓）·巴斯托斯（母姓）被腰斩为"巴斯托斯"。

另外，西班牙作家安东尼奥（名）·布埃罗（父姓）·巴列霍（母姓），也曾被腰斩为"巴列霍"，因此次未有作品入选，故幸免于难。

如果说，把加西亚·马尔克斯称为马尔克斯只是"歪打正着"的个案，那么只称如此众多的西班牙语作家的母姓，而砍去父姓不用，恐怕就不能再用"歪打正着"来搪塞了。如果为了省事，为什么不可以依次称这些作家为加西亚、巴尔加斯、比奥伊、罗亚、布埃罗……呢？由此，读者就不难判断，这种误导的责任究竟应该由谁来承担了。这虽然不是什么学术上的重大问题，然而却至关重要；况且由小见大，真正的严肃的学术研究或探讨应该是一丝不苟的，笔者愿与有志者共勉。笔者还衷心希望，以后给中国读者介绍新的西班牙语作家，再也不要犯诸如此类的低级错误了。

莫把错译当经典

从全面的角度来考量,我们西班牙语文学翻译界有一位堪称大师级的翻译家,那便是年逾九秩的杨绛先生。杨先生从西班牙文原文译的两部西班牙文学名著《小癞子》和《堂吉诃德》至今依然受到业内人士的尊重。杨先生原本即精通英、法等多国文字,年近天命又以极其坚强的毅力始学西班牙文,志在攻下《堂吉诃德》这一文学堡垒,精神可敬可佩。据中国社会科学院外文所德语文学研究专家张黎先生回忆,杨绛先生的《堂吉诃德》直译本部分原稿在十年动乱时期遗弃在所内一无人问津的办公室里。不经意间,被心地善良、爱护知识财富的张黎先生发现,他便立即将这一险遭埋没的译稿交呈人事处。于是,这一稀世瑰宝才得以完整地保存下来,几经磨难于一九七八年顺利面世,开创了我国由原文翻译《堂吉诃德》的先河,成为我国西班牙语文学翻译界的一件大事,也是中西文化交流史上的一件大事。杨绛先生也因此获得了西班牙国王胡安·卡洛斯一世颁发的"智者阿丰索十世大十字勋章"。

杨先生的译本,我国西班牙语文学翻译界也极为重视,当时几乎人手一部,作为教材范本恭读学习。应该承认,其历史功绩是不可磨灭的。然而,不可否认的是,像李健吾先生等前辈翻译家一样,杨先生的译本也难免若干缺憾或漏洞，也需要有人民文学出版社那样的编辑家加以补苴罅漏，使之更臻完美。

恕笔者斗胆直言，若论汉语功底，迄今为止，《堂吉诃德》的译者尚无一人可与杨先生比肩；但倘论对原文的理解，则后起之秀中已有多人超越。应当认为，这是我国译界的可喜现象。因为经过四十余年的国家培养，毕竟出了一批高质量的宝贵的西班牙语人才。

近日，有人撰文引用了杨绛先生在《堂吉诃德》中的一段译文，将之与另一位译者的译文进行比较，要得出"翻译彼此殊异可能性"的结果。（陈众议：《背叛之背叛》，2003年6月11日《中华读书报》）不错，翻译的确可能会彼此殊异的，即所谓"一千个译者，就有一千个莎士比亚"。但大前提是对原文的理解必须正确，否则就没有可比性。

杨先生那段被引用的译文是："我可以告诉您，她会掷铁棒，比村子里最壮的大汉还来得。天哪，她多结实啊，身子粗粗壮壮的，胸口还长着毛呢！"（《堂吉诃德》第25章，第212页，人民文学出版社，1987年第2版）据陈众议称，这是"杨绛先生……'原汁原味'地移植了桑丘对堂吉诃德'意中人'的不屑"。但笔者认为，恰恰是杨译的最后一句话"胸口还长着毛呢"扭曲了原文的本意，因而是一处败笔。

注意，"胸口还长着毛呢"的原文是"de pelo en pecho"。查词典，"de pelo en pecho"乃一句习语，作"dícese de la persona fuerte y valiente"解，即指"结实而勇敢的人"。原来，这是西班牙极其普通的一句习语，我们千万不能望文生义。

咱们中国也有一句成语，叫作"胸有成竹"。跟西班牙文的"de pelo en pecho"一样，也失去了原有的词意，或典故意义，仅有成语意义，作"有把握"解。此成语西文可译成"tener bien pensado un plan"，但切不可按字面直译，成"tener bambúes en el pecho"，闹出外国人看了会莫名其妙的大笑话。诸如此类的习语还有一个，曰"tomar el pelo"。这一习语，就曾被一位相当知名的译家按字面意思译成"抓头发"，其实它的正确习语意义是"取笑，开玩笑"。

我们再来看看其他几位译家是如何处理"de pelo en pecho"这一习语的。北京外国语大学西班牙语教授董燕生先生译为："告诉您说吧，玩起扔铁棒来，她敢跟村上最壮的小伙子比试比试。真是个难得的姑娘，堂堂正正，有股丈夫气。"（《堂吉诃德》，董燕生译，浙江文艺出版社，1995）《新西汉辞典》主编、新华社西班牙语译审张广森先生译为："我知道，掷铁棒比得上村里最壮的小伙子。上帝保佑，她是个有主意的女人，没得可说，有股子男子气概……"（《堂吉诃德》，张广森译，上海译文出版社，2001）这里，"de pelo en pecho"被分别译为"有股丈夫气"，"有股子男子气概"，词殊意同，几位译家是按习语意义译出的。

当然，也有一些译家是与杨绛先生的译法接近的。如南京大学西班牙语系教授孙家孟先生就译为："……我可以告诉您，她玩掷棒游戏就跟村里最棒的小伙子一样。天啊，那可是个结实的姑娘，长得粗粗壮壮，胸口上都长着毛……"（《堂吉诃德》，孙家孟译，北京十月文艺出版社，2001）

该大学另一位西班牙语教授屠孟超先生的译笔也大同小异，他译为："……我告诉您，她会掷铁棒，掷得和全村最棒的小伙子一样远。好家伙，她可是个货真价实的铁姑娘，胸口还长毛呢。"（《堂吉诃德》，屠孟超译，译林出版社，1995）和杨先生一样，上述两位教授都犯了望文生义的毛病，把"de pelo en pecho"译成"胸口长毛"了，笔者不敢苟同。其实，"de pelo en pecho"只用来形容一个人的禀性脾气，不指具体的形体，不是真的胸口一定就长毛。就语感而言，这是任何一位西语读者一看便知的。笔者以为，名家译作中的失误乃至败笔，是应该而必须指出并加以改正的，这是对名家更大的尊重和爱护，也是对读者的高度负责。否则，任其蔓延和流传，影响将不会是有益的和积极的，甚至会是负面的。

二十世纪八十年代初期,博尔赫斯的著名短篇小说《小径分岔的花园》(El jardín de senderos que se bifurcan)曾被一位知名翻译家误译为《交叉小径的花园》。不但小说篇名被译错,博氏在小说里借人物之口说的一句话:"……时间永远分岔,通向无数的将来",也被误译为:"……时间是永远交叉着的,直到无可数计的将来……"分岔,才能通向无数;交叉,只能通向一个,如何通向无数呢?很明显,译者根本没有吃透原文,意思满拧了。此篇小说后来虽经西班牙文功底深厚的王永年先生重译,但是先入为主,误译影响了一大批博尔赫斯读者,特别是热切向博氏学习借鉴的中国中青年作家。时至今日,甚至还有人撰文著书,大谈博氏的时间"交叉"理论呢!无奈何似!

(原载2003年8月6日《中华读书报》)

"胸毛"与"瘸腿"
——试谈译文与原文的抵牾

对于"de peIo en pecho"这句西班牙文习语的汉译,笔者认为"千万不能望文生义","切不可按字面直译",译成"胸口还长着毛呢",因为这是西班牙极其普通的一句习语,仅有习语意义,而失却了原有词"pelo"(毛)和"pecho"(胸)的词意,作"结实而勇敢的人"解(见拙文《莫把错译当经典》,2003年8月6日《中华读书报》)。而且,这句话没有任何的冠词和形容词,无定指,更是泛指的习语无疑。

杨绛先生与鄙意截然相反,认为"按字面直译不失原意,而在桑丘嘴里,会显得更现成,更自然,也更合适"。(《向林一安先生请教》,2003年8月27日《中华读书报》)

笔者与杨先生的分歧是由杨译《堂吉诃德》的一段话引起的。为了分析与判断的方便,现将这段译文照录如下,好在还不算太长:

"我可以告诉您,她会掷铁棒,比村子里最壮的大汉还来得。天哪,她多结实啊,身子粗粗壮壮,胸口还长着毛呢!"《堂吉诃德》第25章,第212页,人民文学出版社,1987年第2版)

既然是译文,为琢磨作者原意,当然要读读西班牙文原文:

"胸毛"与"瘸腿"
——试谈译文与原文的抵牾

"...y sé decir que tira tan bien una barra como el más forzado zagal de todo el pueblo. Vive el Dador, que es moza de chapa, hecha y derecha y de pelo en pecho..."（Don Quijote, Ediciones Cátedra S.A., Madrid, 1994, p.310）

这里，"de pelo en pecho"被杨先生按字面直译成"胸口还长着毛呢"了。笔者坚持认为，此译为一处败笔，不宜学习借鉴，理由是译者扭曲了原文的本意；而杨先生则自认为佳译，道理是"更切合桑丘的口吻"。那么，究竟谁是谁非呢？笔者无意与杨先生一争西班牙文水平的高低，重要的是要探讨文学翻译的质量。

根据西班牙习语的用法惯例，"de pelo en pecho"只用来形容一个人的秉性脾气，不指具体的形体，不是真的胸口一定就长毛。我们不能把一个女子的性格特征变成她的体貌特征。试想，如若端庄正派的闺秀杜尔西内亚小姐真的"胸口长着毛"，还不把堂吉诃德老爷吓得倒抽冷气，晕了过去？再试想，难道一个姑娘家，会当众袒胸敞怀，被桑丘窥个正着，让他瞧见小姐"胸口长着毛"不成？从简单的情理来推断，人们是不会感到这么说"更现成、更自然、更合适"的，反倒会感到逻辑上的可笑！再说，"de pelo en pecho"是一句固定不变的习语，不管什么性格的人（粗俗的桑丘也好，荒唐的堂吉诃德也罢，桑丘也并不拥有专利）都可使用，其西班牙文原意都是相同的，决不会因为从不同性格特征的人口中说出而原意会有所变更。就跟咱们中国的成语"胸有成竹"一样，不管出自谁人之口，都是"有把握"之意。所以，杨先生所译"胸口长毛"是她自己对原文误解的表述，而并非塞万提斯的本意，当然也不是桑丘的口吻。窃以为，翻译家的任务是老老实实地把作者的原意传达给语言输入国的读者，而绝不能越俎代庖，自作主张。钱锺书先生曾经说过："其为译笔，不啻自道。"大概诟病的就是译者妄自作主。而且，"胸口还长着毛呢"这句译文，在不懂外文的中国读者看来，会真的认为这位小姐胸口长毛了,我们的翻译家怎么就一定有把握让读者从中得出"男子汉的抽象概念"呢?何况,"胸口长毛"的人不一定都很勇敢、有男子气概。我们常常在影视作品里见到古时的刽子手,他们胸口倒一个个地都长着浓密的黑毛,但劫法场的好汉们一到,他们不是又都一个个地胆小如鼠、吓得屁滚尿流了吗?因此,笔者认为,董燕生等诸位先生把"de pelo en pecho"译成"有股丈夫气"或"有股男子气概"是确切的,可取的。如若嫌之稍显文气,则似可译为"跟老爷们似的",末审诸位译家尊意若何?

杨先生还说,她曾核对英法译文,确有译者译作"胸口长毛"。不错,外国也有多派译家,当然水平也有所高低。不过,这样的译文我无缘拜读,倒是在中国社会科学院图书馆馆藏英法译本中看到了另一种译法。读读英语和法语的译家对这一习语的处理,该是非常有趣的:

英译者彼得·莫托克斯是这样译这一段话的:

"...'tis a strapping Wench.I'faith, and pitches the Bar with e'er a lusky young Fellow in our Parish. By the Mass,'tis a notable, strongbuilt, sizable, sturdy, manly Lass..."(Don Quixote, translation of Peter Motteux, Airmont Publishing Co., Inc., New York, 1967, p.175)

通过西英这两段文字的比较,我们可以看出,莫托克斯的译文虽不似原文词组整齐,简练且朗朗上口,稍嫌啰唆,但他把"de pelo en pecho"这句习语译成了一个词:manly(男子气概)。虽太过简单,且味道不足,但译者倒没有望文生义,所以译文无碍大局,不致产生歧义;读者亦一目了然,可谓到位。

法语与西班牙语同属拉丁语系,文字比较接近。法译者又是如何显神通的呢?我们不妨也找来读一读。法译者莫里斯·巴东是这么处理的:

...et je puis dire qu'elle jette aussi bien la barre que le plus vigoureux garcon de tout le village. Tudieu! c'est une fille de

"胸毛"与"瘸腿"
——试谈译文与原文的抵牾

tete,faite et parfait, et de poil a l'estomac… (Don Quichotte de la Manche, traduction de Maurice Bardon, Editiones Garnie Freres, Paris, p.221)

从中我们可以知道,巴东把我们关心的西班牙习语"de pelo en pecho"译成"de Poil a l'estomac"("胃里长毛",意勇敢,有男子气)了。不难判断,第一,法译者也没有望文生义,把这个习语按字面直译;第二,为了符合法语读者的习惯,采取了不失词意、略作变通而保留韵味的译法。应该说,这样的译法是可以被读者接受的。

从上面介绍的英法两位译家的处理办法来分析,我们大概可以得出这样的结论:译文必须忠于原文,不能与原文相抵触,而且要让本国或本语种的读者看得明白。试想,如果我们从法译本转译《堂吉诃德》,把"de Poil a l'estomac"按字面汉译成"胃里长毛",岂非又要让读者一头雾水了吗?

杨先生对《堂吉诃德》中俯拾皆是的西班牙文习语的处理,好像偏爱直译的办法。用什么办法,杨先生自有她自己的"道理",读者无权过问;但是,他们有权要求译家提供忠于原意的产品。这里,不妨顺手再举一个例子。

《堂吉诃德》第一部第五章里写到,堂吉诃德碰到一群去穆尔西亚购买丝绸的商人,可他因中了骑士小说的邪,却认为这帮人是对他心上人杜尔西内亚不敬的坏蛋。于是,他怒火中烧,端起长矛就向这帮人群冲去,结果不仅一败涂地,还挨了一顿痛打,之后,他狼狈回家。管家婆见了,就嚷嚷着说了这么一段话:

"Mirá, en hora maza…si me decía a mí bien mi corazón del pie que cojeaba mi señor!" (Don Quijote, Ediciones Cátedra S.A., Madrid,1994, p.128)

杨绛先生译为:"瞧,真倒霉!我早看透我们东家瘸了哪一条腿!"(《堂

吉诃德》第 39 页，人民文学出版社，1987 年第 2 版）

这里，杨先生故技重演，把西班牙文习语"cojear el pie"按字面直译为"瘸腿"了。据查原文词典，该词语有两个主要的含意，一是"andar inclinado el cuerpo más a un lado que a otro por no poder sentar con regularidad ambos pies"，即"由于身体不能正常支撑双腿而一侧倾向另一侧地行走"，也就是说"瘸腿"；但另一个含义却是"adolecer de algún vicio o defecto"，即"有恶习或有缺点"。

面对一词多义的现象，译家应该根据上下文提供的信息作出正确的判断，决定取舍，这是最起码的翻译准则，任何望文生义的举措，可以说都犯了译事的大忌。从《堂吉诃德》所介绍的情况来分析，堂吉诃德虽然挨了一顿打，甚至可能鼻青脸肿，但还没有达到给打断或打瘸一条腿的严重程度。我们不妨设想，塞万提斯如果真的把堂吉诃德描绘成打瘸了一条腿，后文必有所表述交代，但是关于这件事，后文却一字未提。何况，紧接着，杨先生还译道："……他们随即抬他上床，检点他身上的伤痕，可是一点没找着……"（见杨译《堂吉诃德》第 39 页）如果东家的腿都给打瘸了，难道会不留下伤痕？岂非前后矛盾？由此足见，塞万提斯想要批评的，就是堂吉诃德迷恋骑士小说这个毛病，作家通过管家婆之口说出来了。在管家婆眼里，这是他真正的"病根儿"，而并非如杨绛先生错误地传达的信息那样，让人打"瘸了一条腿"，这是显而易见的，因为"伤痕……一点没找着"嘛！

笔者高兴地注意到杨译之后的其他诸译家对这段话的正确处理。董燕生先生译为："你们瞧瞧，真是晦气透了。叫我一下子说准了老爷的毛病出在哪儿……"（《堂吉诃德》第 41 页，浙江文艺出版社，1995）张广森先生译为："你们瞧，巧了吧，我这心里还真把老爷的病根儿给说准啦！"（《堂吉诃德》，第 35 页，上海译文出版社，2001）孙家孟先生译为："你们瞧，真是倒了大霉！我家老爷病在何处，不幸被我言中了。"（《堂吉诃德》，

"胸毛"与"瘸腿"
——试谈译文与原文的抵牾

第50页,北京十月文艺出版社,2001)屠孟超先生译为:"啊,真糟糕!我早就预感到我家老爷要出事……"(《堂吉诃德》,第33页,译林出版社,1995)

可见,诸译家词殊意同,而且几乎众口一词。他们把"cojear eI pie"均意译为"出了毛病"。应该认为,他们认真汲取了前辈的教训,从而大大地向前进了一步,这是后浪超前浪的又一有力佐证。

加西亚·马尔克斯曾经说过:"对于一切先辈大师,我尊敬、学习、借鉴,甚至模仿,但我更敢于超越。"笔者认为,对于前辈翻译家,我们当然要学习求教,但不能一味地恭维赞颂,甚至不辨真伪,把他们的败笔或谬误当作经典来盲目吹捧;重要的倒是借鉴他们的经验,特别是失败的经验,从而少走歪路,进而超越,以求译事整体的提高。

(原载《外国文学》2004年第3期)

难译的"姨妈"

西班牙文"tía"一词,根据西班牙文权威词典(《拉露斯百科词典》,阿根廷拉露斯出版社,2002)的解释,主要有两个含义。一是:Con respecto a una persona, hermana o prima de su padre o madre 中文的意思是"父母的姐妹或堂(表)姐妹"。因此,该词可译为"姑妈"、"堂姑"、"表姑"(根据与父亲的关系)或"姨妈"、"堂姨"、"表姨"(根据与母亲的关系)。而父母兄弟的配偶,根据西班牙语国家的习俗,他们也称为"tía",所以,该词又可译为"伯母、婶母"或"舅母"。一词多义,这是我们在翻译时要特别审慎,非视情而定不可的。一个关系笼统的词要译成身份确定的词,实在苦煞了与西方习俗大相径庭的中国译家。

"tía"一词还有另一种解释:En algunos lugares, tratamiento que se da a la persona casada, o de cierta edad, anteponiéndole al nombre。意思是说,在某些地区,是对已婚的女性或有一定年纪的女性的称谓,这倒有点像我们中国的"阿姨";而该词应置于此人的名字之前,如此人名 Julia(胡莉娅),即可称此人为 tía JuIia(胡莉娅阿姨)。

行文至此,很自然地,我想起了著名西班牙-秘鲁作家马里奥·巴尔加斯·略萨(1936—)的一部结构现实主义长篇小说"La tía Julia y el

难译的"姨妈"

escribidor",此书在中国出版时被译为《胡莉娅姨妈与作家》。译者将"La tía Julia"译为"胡莉娅姨妈"。此译法虽行世有年,其实却不甚确切。因为此书叙述的是"作家"(隐指巴尔加斯本人)与他前妻胡莉娅相恋、结合后又劳燕分飞的悲喜剧。而这位大名鼎鼎的胡莉娅却是作家舅妈的妹妹胡莉娅·乌尔吉蒂,与作家并无血缘关系。译为"姨妈",似乎是指母亲的姐妹了。而作家称之为"姨妈",好像有点肉麻。所以,根据词典的第二种释义,应该译为"阿姨",恐更贴切,但稍带吾国南方色彩,仍不能令人满意。其实,前辈翻译家傅雷先生早就有一个现成的范例摆在我们面前:巴尔扎克的《贝姨》(La Cousine Bette,虽然,法文cousine的西班牙文对应词不是tía,而是prima,但似亦可举一反三)。比照傅译,我们不妨将"胡莉娅"简译为"胡",删去"姨妈"中的"妈",或抹掉"阿姨"中的"阿",得"胡姨"。

这一称谓,不但得体,而且礼貌,又不失身份。故此书似可译为《胡姨与作家》,又决不至于涉嫌"抄袭"。未审原译者尊意如何?

笔者在一九八四年翻译哥伦比亚作家加西亚·马尔克斯的访谈录《番石榴飘香》一书时,也曾遇到过类似的尴尬。由于当时资料匮乏所限制,我还没有理顺加西亚·马尔克斯家人的关系,把作家提及的所有的"tía",统统译成了"姨妈",根本没有照顾到这些"tía"们年庚的幼长和辈分的高低。如la tía Petra, la tía Elvira, la tía Margarita 和 la tía Francisca Simodosea,被我分别译成了"佩特拉姨妈"、"埃尔维拉姨妈"、"玛加丽塔姨妈"和"弗兰西斯卡·西蒙多塞娅姨妈",彼此毫无差别。如果不了解这些家人的身份,tía一词的汉译的确无从下手,而只能"含糊其词",一概译为"姨妈"。

一九八八年,我在译巴尔加斯·略萨的《加西亚·马尔克斯:一个弑神者的故事》一书时,又碰到了这些"tía"。但当时仍没有找到详尽的资料,只能如法炮制,一如既往。自己虽感忐忑不安,却实在无计可施,无

迷宫与《百年孤独》
——品博尔赫斯，考《百年孤独》诸家

能为力。现在回想起来，当时笔者一面暗暗在心底深感不安，觉得愧对读者；一面在耐心等待并搜索着各种有关资料。一九九八年我在西班牙做学术访问时，终于有一本书映入了我的眼帘。那就是哥伦比亚作家达索·萨尔迪瓦尔，（1951— ）于一九九七年推出的加西亚·马尔克斯传"El viaje a la semilla"（中译《回归本源》，卞双成、胡真才译，外国文学出版社，2001）一书。此书不仅有大量详尽的资料，而且更为可贵的是，还附有马尔克斯家族以及加西亚家族的关系清晰的图表，把家人彼此之间的关系交代得清清楚楚。

近读加西亚·马尔克斯亲自撰写的长篇回忆录《沧桑历尽话人生》一书，令我惊喜的是，作家似乎了解我们中国人爱论年辈幼长的习惯，在介绍一个家人时，常常补充说，此人是谁谁的哥哥、弟弟、姐姐或妹妹，此人多大岁数，那人多少年纪，这大大地方便了我们的汉译，我们真是喜出望外了。这真应了中国的一句话："踏破铁鞋无觅处，得来全不费功夫。"

据此，上述四位"tía"的汉译，缕清了关系，她们各自的身份，就不都统统是模糊不清的"姨妈"了。La tía Petra 笔者旧译"佩特拉姨妈"。原来这位"tía"是作家外祖父马尔克斯上校的姐姐，是作家母亲的"姑妈"，作家应称之为"姑姥姥"，故应译为"佩特拉姑妈"，或"佩特拉姑姥姥"（顺便提一句，按西语国家的习俗，孙子辈亦可称祖父母的姐妹为 tía）。La tía Elvira, 旧译"埃尔维拉姨妈"。据查，这位"tía"是马尔克斯上校的私生女，全名埃尔维拉·卡里略·马尔克斯（因非嫡出，所以她的母姓放前，而父姓置后），乃作家的姨妈，故可维持原译不改。La tía Margarita, 旧译"玛加丽塔姨妈"，全名玛加丽塔·玛丽娅·米尼亚塔·马尔克斯·伊瓜兰，是年长作家母亲路易莎·圣地亚加·马尔克斯·伊瓜兰十四岁的亲姐姐，故也可维持原译不动。而 la tía Francisca Simodosea，旧译"弗兰西斯卡·西莫多塞娅姨妈"。这位 tía 在加西亚·马尔克斯一生中极为重要，她不仅是作家母亲的贴心人，而且还目睹了作家诞生，是在作家母亲难产时帮了大忙的大功臣。她原来是马尔克斯上校的表姐,作家母亲称之为"表姑",作家应称之为"表姑姥姥",所以,根据相应的关系,应改译为"弗朗西斯卡·西莫多塞娅表姑"或"弗朗西斯卡·西莫多塞娅表姑姥姥"。不光是西班牙文,其他的西方文字,比如说英文,也有类似的麻烦。

一九九八年,笔者在翻译博尔赫斯评价英国历史学家爱德华·吉本(1737—1794)的散文《历史与自传的篇章》时,曾查阅有关吉本的资料,看到权威的《简明不列颠百科全书》中文版(中国大百科全书出版社,北京·上海,1985)有一段这样的文字:"……吉本少时多病,多次濒临死亡。一七四七年母亲去世,他由姑母哺育成人……"再查原文,中译"姑母",英文原来是"aunt"。而"aunt"一词,西班牙文就是"tía",译成"姑母",究竟对不对呢?笔者发现,博尔赫斯倒说得很明白,因为他把影响吉本一生的两大女性的姓名都说出来了:"Su madre, Judith Porten, parece haberlo desatendido durante los años azarosos de su niñez. La devoción de una tía soltera, Catherine Porten, le permitió sobreponerse a diversas y tenaces enfermedades..."笔者又发现,这两位女性同姓,都姓Porten,必姐妹无疑,所以,这个"tía"或"aunt",与父亲毫无血缘关系,不能译成"姑母",而一定要译为"姨妈"。据此,博尔赫斯这段介绍文字,笔者放心大胆地很快就译出来了:"……他童年时代多舛多病,母亲朱迪斯·波坦对他似乎漠不关心;但他单身的姨妈凯瑟琳·波坦对他却关怀备至,使他得以战胜种种痼疾病魔……"

译事如此艰难曲折,远远超过了"一名之立,旬月踟躇"的范围。不意小小一个"tía"(或"aunt")一词,从初译、犹豫、怀疑、搜索、研究,到问题的迎刃而解,历时竟长达十余年,甚至数十年。不过这种磨难过程也告诉笔者,只要锲而不舍,只要不忘记读者,自己的心灵最终会感到欣慰的。

(原载《外国文学动态》2005年第1期)

呼喊西风凋碧树
——读博尔赫斯传记中译有感

许渊冲先生根据王国维在《人间词话》中提出的"境界说",主张文学翻译也应该达到"知之、好之、乐之"三种境界。他进一步阐释道,所谓"知之,就像晏殊《蝶恋花》中说的:"昨夜西风凋碧树,独上高楼,望尽天涯路。"西风扫清了落叶,使人登高望远,一览无遗,就像译者清除了原文语言的障碍,使读者对原作的内容可以了如指掌一样。所谓"好之",犹如柳永《凤栖梧》中说的:"衣带渐宽终不悔,为伊消得人憔悴。"译者如能废寝忘食,流连忘返,即使日渐消瘦,也无怨言,那自然是爱好成癖了。所谓"乐之",好比辛弃疾《青玉案》中说的:"众里寻他千百度。蓦然回首,那人却在灯火阑珊处。"这说出了译者"山重水复疑无路,柳暗花明又一村"的乐趣。许先生认为,使读者"知之",是第一种境界或者叫翻译的低标准;使读者理智上"好之",是第二种境界或者中标准;使读者感觉上"乐之",是第三种境界或高标准。

以这三种诗一般的境界譬喻文学翻译,诚可谓形象、贴切而且深刻,令人绝倒,笔者深表赞同。窃以为,许先生独创的这一境界说,既可以作译家律己的尺度,又可以是读者衡量译家及其译品的标准。如译家均

呼喊西风凋碧树
——读博尔赫斯传记中译有感

如此身体力行,则吾国译界普遍繁荣的局面为期不远矣。

自然,这三种境界里面,最为紧要和关键的,当首推第一种亦即"知之"境界。无此一"之",遑论其余二"之",这是显而易见的。但是这西风何时来?怎么来?请来?借来?呼来?还是"昨夜"不请自来?这关系重大,因为不刮西风,何以"凋碧树"?又何以"望尽天涯路"?

笔者大胆揣测引申,这"西风"指的恐怕就是译家认真严肃的工作态度,就是细致充分的先期准备,就是雄厚扎实的学术功力;也是编辑出版部门的严格把关,还是评家实事求是但决不姑息迁就的批评。只要译家、编家和评家拧成一股绳,形成一阵强大的风力,西风劲吹,那么,"望尽天涯路"就指日可待了。

应该承认,就大体而言,我国译界,无论是哪个语种,尽管参差不齐,成绩还是喜人的,得到了广大读者的认同。然而,近年来,由于学术心态浮躁,急功近利,粗制滥造、不负责任的译作也常常瞒天过海,蒙混过关,大量充斥市场,我们应该认识到这也是可悲而又不争的事实。早在二十世纪三十年代,鲁迅先生就曾经告诫我们,翻译界出问题,出了不好的翻译,"大半的责任固然在翻译家,但读书界和出版界,尤其是批评家,也应该分负若干责任。要救治这颓运,必须有正确的批评。"

时隔七十余年的今天,我们还是缺乏勇敢的批评,甚至批评的缺席;还是"你好我好大家都好"那种无原则的、庸俗的一团"和气"。因为是同事、同学、同行、同乡、熟人、友人、老关系或新关系,谁都抹不开面子,因而导致译界每每止步不前甚至倒退的严重现象。

我国西班牙语文学翻译界的情况尤其令人担忧,因为粗制滥造的不良习气已经侵蚀到该语种译界的"高层",因而就不可避免地带有影响力更大的误导色彩。

在此关键时刻,笔者认为,只有译家、编家和评家齐心协力,巧借西风,才能把落叶一扫而净,到达"望尽天涯路"的境界,虽然这只是"低标准"

迷宫与《百年孤独》
—— 品博尔赫斯，考《百年孤独》诸家

的境界；不过有了第一，就会有第二、第三，谁敢说，以后就不会像刘过《西江月》中说的"大家齐唱大风歌，不日四方来贺"呢？

最近读到从西班牙文直接翻译的博尔赫斯两种传记：一是作家的自传（《我的回忆》，朱景冬译，《外国文艺》1986 年第 4 期；后收入《我承认，我历尽沧桑》，中国社会科学出版社，1993 年 7 月；又收入《拉丁美洲的孤独》，时代文艺出版社，1995 年 7 月；又收入《博尔赫斯文集·文论自述卷》，海南国际新闻出版中心，1996 年 11 月）；一是作家的全传选译《博尔赫斯全传》选译，凡十章。赵德明译，分别载《世界文学》1997 年第 6 期和《外国文艺》1998 年第 4 期）。读毕，不禁掩卷叹息：两者误译，比比皆是，国人何时才得以望尽拉普拉塔河畔的大师真容？

笔者认为，从事文学翻译工作，犹如打仗冲锋，事先必做好充分的准备。孔明曰：为将而不通天文，不识地利，不晓历史，不看阵图，不明兵势，仓促上阵，必败无疑。诸葛丞相的这番话似乎也可以用来指导当今的译事。

一、不通天文

此处"天文"，笔者借指博尔赫斯提到的作家、政治家、哲学家、外交家、翻译家等各色人等，将之喻为天上众星，似亦无不妥。对于这些"文曲星"，千万不可怠慢，一定要仔仔细细验明正身，方可如实介绍；否则，贻笑大方事小，对不起读者，对不起作者，对不起被介绍者本人，可就责任重大了。

例 1

我还指望能够看见摩门教徒们的犹他州。我小时候就通过马克·吐温的《过艰苦生活》和舍洛克·赫姆士的传记《红字的研究》知道它了。(《博尔赫斯文集·文论自述卷》以下简称《文论卷》，第 143 页，

呼喊西风凋碧树
——读博尔赫斯传记中译有感

朱景冬译)。

此处的"我",系博尔赫斯自称。博尔赫斯晚年,深感壮志未酬,很想再去美国的犹他州看看,但是他提到的两位作家之一舍洛克·赫姆士(据朱译),我从来不曾听说过。《红字》我是知道的,那是另一位美国作家霍桑的作品,而《红字的研究》却没有见到过,倒是有一本《血字的研究》,英国作家柯南道尔写的,会不会与他笔下的大侦探有什么瓜葛呢?赶紧找原文,一看,原来如此:

Todavía espero ver la Utah de los mormones, a la cual me introdujeron, cuando niño, Roughing it de Mark Twain y el primer libro de la saga de Sherlock Holmes, Un estudio en escarlata.

原来是大名鼎鼎、妇孺皆知的 Sherlock Holmes(歇洛克·福尔摩斯)!是的,Holmes 中的 Ho 确实发"霍"或"赫"音,与"福"音相差甚远。但敝乡福州发"福"即如"霍"(Ho)。首先将 Holmes 译成"福尔摩斯"者,非侯官林琴南,必笔者同乡无疑。"福尔摩斯"虽与普通话发音不符,但一直沿用至今。朱不知不为过,但他偏偏又弄巧成拙,居然把他译成的赫姆士视为作家,还加了一个注说:"舍洛克·赫姆士(1809—1894),英格兰作家。"真不知从哪儿弄来的,令人越发摸不着头脑了。既是福尔摩斯,那么有关他的一部小说,肯定是《血字的研究》,而不是《红字的研究》。而且,马克·吐温的 Roughing it 已有定译,是《艰苦岁月》,现成的,不必再费力译成《过艰苦生活》,吃力不讨好。其实,只要勤查辞书,是不会闹这个笑话的。此段必须改译:

我还盼望去看看摩门教徒的犹他州。这地方,是马克·吐温的《艰苦岁月》和关于歇洛克·福尔摩斯的第一部侦探作品《血字的研究》在我童年时代就把我引导过来的。

例 2

不久后，应我的瑞典出版者邦尼之邀和该国驻阿根廷大使的邀请，我们去了斯德哥尔摩。(《文论卷》第 142 页，朱景冬译)

相信此段不会产生原文任何理解上的障碍，是译者草率马虎的工作态度所致，所以张冠李戴，把"阿根廷大使"译成"该国驻阿根廷大使"了。不需多费口舌，只要读原文就够了：

Luego fuimos a Estocolmo, invitados por mi editor sueco, Bonnier, y por el embajador de Argentina.

这段话，任何粗通西班牙文而心态不浮躁的人都译得出来：

之后，应我的瑞典出版人鲍尼埃和阿根廷大使的邀请，我们到了斯德哥尔摩。

例 3

路易斯（1855—1916），美国哲学家。(《文论卷》第 98 页，朱景冬译并注)

外国人士姓名的汉译，必须尊重我国译界的通译，决不可随意，否则会令读者无所适从，并造成混乱。朱译"路易斯"，原文为 Royce，是美国唯心主义哲学家，应从通译，作"罗伊斯"。

例 4

赵德明也犯有同样错误，他把英国著名科幻小说作家 Wells（威尔斯）译成"韦尔斯"。请看：

她反复阅读狄更斯的作品，但是也看韦尔斯和阿诺德·本涅特的书。(《世界文学》1997 年第 6 期第 75 页，赵德明译)

不管怎么说，我更喜欢阿诺德·本涅特、高尔斯华绥和韦尔斯。(同

呼喊西风凋碧树
——读博尔赫斯传记中译有感

刊同期第 81 页，赵德明译）

赵还加了一条注：

查尔斯·韦尔斯（1800？—1879），英国作家。（同刊同期第 78 页）

第一句中的"她"，指博氏祖母范妮，第二句中的"我"，是范妮的自称。上引两段译文中的"韦尔斯"，原文均作 Wells，译作"韦尔斯"或"威尔斯"似均无可厚非。但问题是要确定 Wells 的身份。其实，博尔赫斯虽然没有点明 Wells 的名字（Wells 仅为姓），但我们可以从有关的上下文中得知，这位 Wells 原来是《隐身人》《月球上的第一批人》等小说的作者。况且，《博尔赫斯全传》原书卷末附有详尽的人名索引，不难查找。第 519 页即列出：

Wells, H·G·

这样，身份就确定了：威尔斯，英国科幻小说作家，而不是赵译并注的查尔斯·韦尔斯。

再说，连赵自己在他后来的译文中也译成"威尔斯"了。(《世界文学》1997 年第 6 期第 96 页）此"威尔斯"即彼"韦尔斯"，为什么译者不细细核对，不给读者添麻烦，方便他们阅读呢？

另外，外国人姓名汉译的归从，似乎在赵译中也未能体现出来。比方说，法国女英雄贞德，西班牙文作 Juana de Arco，我们不能按西文发音译成"胡安娜·德·阿尔科"。若如此，中国读者恐怕看懂的不会有几个。又如，莎翁名剧《亨利四世》，西班牙文作"EnriqueIV"，我们同样也不能译成"恩里克四世"，而一定要还原，作"亨利四世"。这一原则，同样适用于普通人士，对他们须一视同仁。博尔赫斯的姨祖母即其祖母的姐姐卡罗琳，当然也与其祖母一样，是英国人，虽然她的西班牙文名字成了 Carolina。赵根据西文发音译成"卡罗莱娜"(《世界文学》1997 年第 6 期第 26 页，赵德明译），但笔者以为不妥，是不敢苟同的。

笔者也曾上过当，犯过类似错误，如将博氏西班牙语笔下的法国神学家 Juan Calvino（应译：让·加尔文）译成卡尔维诺了，让人觉得像意大利作家卡尔维诺。笔者愿借此机会,作自我批评,并愿与译界同仁互相提醒。

例5

博尔赫斯在"瓦尔特·司各特先生的作品影响下"……(《世界文学》1997年第6期第75页,赵德明译)

受瓦尔特·司各特大师的作品影响……(同刊同期第81页,赵德明译)

瓦尔特·司各特(1771—1832)是英国小说家、诗人。生于苏格兰古老家族。其历史小说多取材苏格兰历史。享有Sir(爵士)爵位。稍懂英文的读者光看译文就可以知道,译文中所谓的"先生"和"大师"必Sir(爵士)无疑:

…bajo el influjo de la obra de sir Walter Scott…(《博尔赫斯全传》原文版第30页)

…bajo el influjo de la obra de Sir Walter Scott…(同书第35页)

这两段原文,几乎一模一样,不过细心的读者可能会发现其中一个小小的差别。前句sir一词的第一个字母为小写,后句Sir一词第一个字母为大写。外国也有印刷错误,译家必须有辨别的眼光和能力。第一句中的sir排成小写,他们搞错了。按英文sir一词,若小写,是"先生"、"老爷"之意,Sir若大写,则是"爵士"之意,是一种封号,用在名前,而不能用在姓前,如Sir Walter,绝不能说Sir Scott。这倒有点像西班牙文中的"don"。(译成"堂",这是西班牙语国家对男子的尊称,也是"先生"之意)也用在名之前,如don Juan(堂胡安)、don Quijote(堂吉诃德)。也不可用在姓之前,不能说don Li。如要称李先生,就要用另一个词:señor,如señor Li(李先生)、Señor Borges(博尔赫斯先生)。不过,西班牙文的don远没有英文的Sir那么金贵,笔者在西班牙语国

呼喊西风凋碧树
——读博尔赫斯传记中译有感

家常常被称作 el señor don Lin Yi An，倒还没有受宠若惊。赵前译"先生"，后译"大师"，不知道是否考虑到 Sir 一词前后小、大写的缘故？不过无此必要，敝意还是照英国的规矩，统一译成"爵士"为好。

二、不识地利

没想到，译博尔赫斯传记，还真离不开地图。有例为证，请看：

例 6

我出生在布宜诺斯艾利斯市中心苏伊帕查街和埃斯梅拉尔达街之间的图库曼街一所住宅里。(《文论卷》，第 95 页，朱景冬译)

译文中的"我"，是博尔赫斯的自称。根据朱译，读者肯定会这样理解："我"出生在图库曼街，而这条街"在市中心"。在"苏伊帕查街和埃斯梅拉尔达街之间"。这就是说。这三条街是平行的。情况果真如此吗？我们来看看原文：

Nací en el mismo corazón de esa ciudad, en la calle Tucumán, entre Suipacha y Esmeralda, en una casa... 这句话极其普通，没有任何原文理解上的障碍，但是，也可以说搞不太懂，因为三条街之间的关系，弄不明白。如果不熟悉布宜诺斯艾利斯的地形，不下功夫去查询打听，就是译不出来，只能像朱译那样不明不白，含糊其事。原来，博氏确实出生在图库曼大街，不过他的家坐落在该大街的 840 号，这个街段(西班牙文叫 cuadra，布市一个街段编号为 100，因此，该街段编号当为 800—900) 在市中心，而不能说图库曼大街在市中心，因为图街为东西走向，编号近四千，即近四十个街段，不可能都在市中心。也不能说图街在苏街和埃街之间，因为这后两条街为南北走向，不与图街平行。老实说，如果手里没有地图，谁翻译都会感到棘手、费劲。

不过，只要根据这三条街的走向，画三条线，就清楚了。准确的译文应该是：

> 我出生在市中心，在图库曼大街位于苏伊帕恰大街和埃斯梅拉达大街之间的那个街段……

例 7

> 他身材瘦小，头戴蘑菇帽，在北达尔塞纳区等我们到来。(《文论卷》第 118 页，朱景冬译)

译文中的"他"，是指博尔赫斯与父亲两人的好友马塞多尼奥·费尔南德斯。一九二一年，博氏全家从欧洲回国，此公在布宜诺斯艾利斯 la dársena norte（即朱译北达尔塞纳区）等他们。

此处为误译，应意译为"北码头"，因为这确实是一个码头，而不是什么市区。再说，布市也没有这个市区。布宜诺斯艾利斯为一港口（"布宜诺斯艾利斯人"西班牙文作 porteño，即"港口人"之意），水路交通极其发达，有南北码头（分别位布市东南和东北），以及位该市北部的 A、B、C、D、E、F 等各个码头。笔者访阿期间，曾在南码头乘坐气垫船赴乌拉圭考察，故略知一二。译"北码头"，方能与博氏一家坐邮轮回国的情形呼应。

例 8

> 我们常常在星期六晚上到十一广场的"珍珠咖啡馆"相聚。(《文论卷》第 118 页，朱景冬译)

"十一广场"，西班牙文原文作"la plaza del Once"，直译的确是"十一广场"，但是这"十一"是什么意思？有何来历？读者有知情权，译者应该明白交待。原来，布市东部有一个区，称巴尔巴内拉区，老百姓惯称"十一（日）区"，或干脆就称"十一"，越简单越好。区内有一火车站，称九月十一日车站，车站之南的广场即称九月十一日广场，简称十一日广场（其实,正式的称呼应该是米塞雷雷广场)。十一日区现为犹太人杂居和卖便宜货的地方。而这"九月十一日"则是阿根廷政治家、文学家、教育家萨缅托(1811—1888)的忌日,为纪念萨氏,故名。

例9

第二次讲座的两天前,晚上我带着母亲去阿德罗格街散步。(《文论卷》第134页,朱景冬译)

"Adrogué"(阿德罗格)位于布宜诺斯艾利斯南部,是布朗海军上将县西北的一个小镇,《博尔赫斯全传》的作者巴纳坦将其称为"ciudad",即"城",阿根廷国内是有异议的,博氏一家常去那儿的别墅度假。朱译为"阿德罗格街"是不妥的,因为布市没有这么一条街,原文里也没有"街"这个字:

Dos noches antes de mi segunda conferencia, llevé a mi madre a dar un largo paseo, caminando por Adrogué.

喔,原文里其实已经说了:dar un largo paseo(作一次长长的散步),显然离市内较远,要到郊区去了。所以,该句似可译为:

第二次讲座之前的两个晚上,我把母亲带出来作了一次长途郊游,漫步在阿德罗格街头。

三、不晓历史

例10

我母亲的这种感情起因于何塞·埃尔南德斯曾经支持过罗萨斯,当然也就是我那些统一派的祖先的敌人了。(《世界文学》1997年第6期第95页,赵德明译)

博氏在青年时代,他母亲不准其读阿根廷诗人何塞·埃尔南德斯的名著《马丁·菲耶罗》，因为据说诗人站在独裁者罗萨斯一边，是博氏家族的"敌人"。博氏家族属什么派，原文说"nuestros antepasados unitarios，赵译"我那些统一派的祖先"。不对，此处"统一派"（unitarios）应译为"集权派"。考察阿根廷历史，我们知道，阿根廷自 1816 年独立后，政治上分为"集权派"（unitarios）和"联邦派"（federales）两大对立的派别。罗萨斯属"联邦派"，博氏家族的政治属向是 unitarios，应译为"集权派"，应从通译。而且，作为译者，还有责任加注，把这一历史事实告示读者。

例 11

失明的烙印是博氏家族从英国祖先继承下来的不幸遗产。乔治的外曾祖爱德华·杨·哈斯兰的名字曾经在伦敦一家著名的医学杂志《刺血针》上出现过，文章描写了他的双眼是如何接受了一次新奇的手术。（《世界文学》1997 年第 6 期第 103 页，赵德明译）

这段译文的优劣暂且不去管它，我们只来看看那家著名的医学杂志的译名，原名"Lancet"，赵译"刺血针"。不妥。按，该词为英语，应译为"柳叶刀"。据《牛津高阶英汉双解词典》（商务印书馆、牛津大学出版社，1997 年第 4 版）lancet 一词的释义："柳叶刀（外科手术用的）。"不错，据《新西汉词典》（商务印书馆）和《简明西汉词典》（上海译文出版社）相应的词条 lanceta 的说明，确有"刺血针"、"柳叶刀"等多种释义，但"刺血针"一说应舍去，采"柳叶刀"。因为，据《简明不列颠百科全书》"柳叶刀"（lancet）条的释义，是"英国的一份医学杂志。1823 年创刊……为一份在全世界极有威信的医学杂志"。可见，博氏先祖的名字是在这家叫作《柳叶刀》的杂志上出现的。"刺血针"也许符合拉美医界情况，但这里讨论的是确有其事的英国历史掌故。

呼喊西风凋碧树
——读博尔赫斯传记中译有感

四、不看阵图

笔者此处借用孔明的话，专指博氏家族的人事，也就是说，博氏的家谱图。译博氏自传和传记，其中涉及家人及亲戚情况必多，译时一定要下苦功，并下大力气咨询查问，才能搞清。如果说20世纪80年代因资料匮乏，误译错译尚可原谅（其实也是不应该的），但赵手头掌握1995年出版的、长达五百余页、书末附有博氏详细年谱的《博尔赫斯全传》原书，再出现此类差错，就说不大过去了。

然而，此种情事，还是令人遗憾地呈现在读者面前了，虽然，事先只要好好排一排家谱，是决不会露头的。请看：

例12

我记不清那是在巴勒莫或是阿托洛盖，或许是我叔叔弗朗西斯科·阿埃多在蒙得维的亚的莫利诺峡谷的庄园。（《世界文学》1997年第6期第84页，赵德明译）

赵译"我叔叔"的原文是"un tío mío"。不确，因博尔赫斯只有一个伯父，没有叔叔。经梳理博氏家谱，应译为"表舅"。

例13

……父亲的祖叔父胡安·克里索斯托莫·拉菲努是阿根廷第一批诗人之一……我父亲的一位堂兄弟，名叫阿尔瓦罗·麦里安·拉菲努……（《外国文艺》1998年第4期第206页，赵德明译）

赵仍然吃了事先没有充分准备的亏。还是没有理顺博氏家族的相互关系，想当然大笔一挥便译将起来。赵译"祖叔父"（中国有这般说法吗？存疑）原文为"tío-abuelo"，"堂兄弟"为"primo"，译得都不对。前者应译为"舅祖父"，因为拉菲努是博氏祖父的舅父，博氏父亲应称"舅祖父"或"舅公"，而不是什么"祖叔父"或"叔祖父"。后者则应译为"远房表弟",不能译为"堂……"因为他是博氏母系的一位亲戚。关于博氏家族关系,笔者已撰有专文论述,这里因限于篇幅,就不复赘言了(见《中国翻译》2001 年第 4 期拙文)。

五、不明兵势

如果说,上述四项译事,还仅仅涉及"雕虫小技"而不足道的话,那么,这一项,就该是真刀实枪,短兵相接,甚至刺刀见血,要看真功夫了。因为,"不明兵势"是笔者借来专指对原文的正确理解的。译家的学术功力,绝对可以显示出来。俗谓:"是骡子是马,拉出来遛遛。"那么,且看:

例 14

我们班上的同学事先不通知我就联名上书校长,要求命令我用法文学习全部课程,就是说我必须掌握这门语言。他们请求校长考虑这个意见。校长好心地照办了。(《世界文学》1997 年第 6 期第 109 页,赵德明译)

博氏这段话的历史背景是:少年时期,作家赴瑞士留学,在加尔文创办的一家中学读书。初时,法语不及格。出于好心,同学们上书校长,提出一项合理的要求。要求什么呢?赵译道:"要求命令我用法文学习全部课程,就是说我必须掌握这门语言。"这就奇了,因为上文明明说过:"……所有其他课程都要用法文学习……"这是所有的学生都必须照办的,那么为什么又要求校长"命令我用法文学习全部课程"呢?岂非多此一举?细读原文,我们才恍然大悟。请看:

Sin decirme palabra, mis compañeros de clase hicieron llegar al director una petición firmada por todos. Señalaban que yo tenía que estudiar todas las materias en francés, un idioma que también debía aprender. Le pedían al director que tuviera esto en cuenta y él, muy bondadosamente así lo hizo.

原来，同学们要求校长考虑的是：博尔赫斯既要用法文学习全部课程，又得掌握法文这门语言，太过劳累，所以大家提请校长体谅博氏的难处，放他一马，宽大为怀，校长答应了。因此不应该如赵译所说的那样，"要求命令我用法文学习全部课程"，而应该是：

我的同学们没有向我透露一字，便联名上书校长。他们指出，我又得用法语学习全部课程，同时又得学习法语这门语言。他们请求校长考虑这一点，他宽容地答应了。

例 15

……我自己多次直接从德文读过他的书。我父亲和友人马塞多尼奥·费尔南德斯还翻译过叔本华的著作。(《世界文学》1997 年第 6 期第 117 页，赵德明译)

译文中的"我"，是博尔赫斯自称，"他"指德国哲学家叔本华。读者从这段译文获得的信息是：博氏不但从德文直接读过叔本华的书，而且他的父亲和友人还译过叔本华的书。但是不！这是一条错误的信息！这段话，朱景冬也犯了同样的错误。他译道：

……我读过许多遍叔本华的德语作品，并跟我父亲和他的朋友马塞多尼奥·费尔南德斯一起翻译过叔本华的作品。(《文论卷》第 108 页，朱景冬译)

朱译走得更远，说是博氏也译过叔本华的作品了，而且是和他父亲及友人一起译的。两位译家传递一条同样的错误信息，我们不得不细对原文了：

...lo he leído muchas veces en alemán, por mi cuenta, y con mi padre y su amigo Mecedonio Fernández, traducido.

原文中的"lo"，是非重读人称代词，指 Schopenhauer（叔本华），西班牙文可以说 leer a Schopenhauer（读叔本华，即读叔本华的作品）。原文的意思是说，"我"不但多次用德文自己读叔本华，还和"我父亲和友人"一起读过翻译了的叔本华，亦即叔本华作品的译文，而绝不是如赵朱所说的，"翻译过叔本华的作品"。另一版本的西班牙文译文（博氏自传原为英文），虽句式有所差别，但意思是一致的：

Lo he leído una y otra vez, junto a mi padre y su gran amigo Macedonio Fernández, tanto en alemán como en traducción.

所以，这句话的译文应该是：

……我和我父亲以及他的好友马塞多尼奥·费尔南德斯一遍又一遍地阅读叔本华的德文原著和他的作品的译本。

例 16

所有这些书全是用英文写的。后来我读了西班牙文的《堂吉诃德》后，觉得英文版译文太乏味了。(《文论卷》第 101 页，朱景冬译)

这又是一条错误的信息，仍是对原文不理解所致。请看原文：

Todos los libros que he mencionado los leí en inglés. Cuando después leí Don Quijote en su lengua original, me sonó como una mala traducción.

博尔赫斯儿时，读的都是英文书籍，甚至连西班牙古典文学名著《堂吉诃德》也毫不例外地先读了英文版。他先入为主，所以，当他后来读了原文版的《堂吉诃德》，竟觉得是从英文移译的蹩脚的西班牙文了，恰恰与朱译"觉得英文版译文太乏味了"相反。这段话，我们不妨如是译出：

我提到的所有这些书，我读的全是英文版。后来我阅读《堂吉诃德》原文时，竟觉得读的是一种蹩脚的译本。

例 17

我记得，有一天，母亲从外面回来，发现诺拉（博氏之妹——林按）躲在红色长毛绒窗帘后面害怕得直哭，嘴里不停地说道："Une mouche！Une mouche！"（"一只苍蝇，一只苍蝇！"——法语，林按）看来她还真的接受了法国观念，苍蝇是危险的，会传染疾病。（《世界文学》1997年第6期第110页，赵德明译）

看来，跟上面几个误译一样，这段文字中意思的扭曲也是望文生义、主观臆断的后果。还是让原文来说话吧：

Recuerdo a mi madre regresando a casa un día y encontrando a Norah escondida detrás de una roja cortina de felpa llorando de miedo, "Une mouche!" "Un mouche!" Parece que se había contagiado de la idea francesa de que las moscas son peligrosas.

果然，在原文里，我们找到了 se había contagiado（"传染上了"）这个词组。但是谁传染上了呢？原文说是诺拉"传染上了"。传染上了什么？她传染上了"认为苍蝇是危险的"这样一种法国观念。原来如此！

原文中根本没有说"苍蝇会传染疾病"。是的，苍蝇确会传染疾病，但人家并没有这么说，是赵德明想当然地引申的，与原文不符，所以要改译（前几句姑且保留）：

看样子，她传染上法国人认为苍蝇是危险的这么一个概念了。

例 18

……另一本书的题目是《红色的圣诗》或《红色的旋律》。是一本赞颂俄国革命与和平主义博爱的自由诗的诗集——可能有二十首，其中的三、四首发表在《布尔什维克史诗》、《战壕》和《俄罗斯》杂志上。（《文论卷》第115页，朱景冬译）

博尔赫斯青年时代在西班牙写了两本书，一是散文集《赌徒的纸牌》，另一本书就是上引译文提到的《红色的旋律》。译文最后一句令人生疑：西班牙当时（二十世纪二十年代）竟如此革命，居然有《布尔什维克史诗》《战壕》《俄罗斯》这样的杂志了？带着疑惑，去读原文：

El segundo libro se titulaba algo así como Los salmos rojos o Los rítmos rojos. Era una colección de poemas——alrededor de veinte en verso libre, y en elogio a la revolución rusa, a la hermandad del hombre, al pacifismo. Tres o cuatro de ellos se abrieron paso en las revistas：Epica Bolchevique, Trincheras y Rusia.

呵，原来是张冠李戴了：《布尔什维克史诗》、《战壕》和《俄罗斯》是博尔赫斯写的三首诗，不是什么杂志。这最后一段话可译成：

……其中三四首，即《布尔什维克史诗》、《战壕》和《俄罗斯》等，曾在杂志上打开局面披露。

例19

……把拉瓦锡送上断头台的可怕法令也不如乔治的大清洗，但是那两本书并没有被毁坏，只是被改头换面而已。（《世界文学》1997年第6期第148页，赵德明译）

赵这段译文正好与上段朱译有关，放在一起分析似更顺理成章。刚才提到，博尔赫斯曾在西班牙写了两本书，但他很不满意，在回国前销毁了，这就是《博氏全传》作者巴纳坦所谓的"un acto de purificación extrema"（赵译"大清洗"）。按赵的译法，乔治（即博尔赫斯，是其爱称）的大清洗比把法国化学家拉瓦锡送上断头台的法令还要可怕。但是后面又说："但是那两本书并没有被毁坏，只是被改头换面而已。"多疑的笔者面前又形成一个疑团：既然乔治大清洗比让人上断头台的法令还严厉，怎么话锋突然变软，那两本书逃过清洗，完好如初，虽然"改头换面"？

呼喊西风凋碧树
——读博尔赫斯传记中译有感

不得已，还是要看原文：

Fue más fuerte la terrible ley del guillotinado Lavoisier y aquellos libros no se destruyeron sino que simplemente se transformaron.

掌握西班牙文的读者马上就明白了，还是那条可怕的法令更厉害，因此，"那两本书并没有被毁坏"；否则，不是被付之一炬，就是给"撕成碎片"（赵译）了。究之所以如此翻译的原委，可能是赵没有把第一句话"Fue más fuerte la terrible ley del guillotinado Lavoisier"分析清楚（此句之主语为 la terrible ley，全句应理解为"可怕的法令是更厉害的"），也可能是看成"fue más fuerte que..."比可怕的法令更厉害了。总而言之，是粗心马虎，没有仔细推敲。此句，笔者建议改译：

还是把拉瓦锡送上断头台的可怕法令更为严酷，那两本书没有毁掉，只是改了改。

例 20

马塞多尼奥还写了一些小说和诗歌，写得很惊人，但是很难读。一部二十章的小说比五十六篇序言更可取。（《文论卷》第 120 页，朱景冬译）

这段译文真是如朱译所说，"……很惊人，但是很难读"。"一部二十章的小说比五十六篇序言更可取"，究竟是什么意思呢？写了一部二十章的小说就惊人了？就更可取了？还是写了五十六篇序言更令人惊讶了？实在不得要领。只有读原文，恐怕还能搞明白：

Macedonio también escribió novelas y poemas, todos sorprendentes, pero apenas legibles. Una novela de veinte capítulos lleva cincuenta y seis prefacios diferentes.

其实，原文说得很明白：一部二十章的小说居然有五十六篇序言，倒是闻所未闻，难怪博尔赫斯要说马塞多尼奥的作品"sorprendentes"（出人意料，令人惊讶）了。这就是马塞多尼奥的"惊人"之处。所以，朱译"一部二十章的小说比五十六篇序言更可取"，便"不可取"了，而要改译：

> 马塞多尼奥还写过长篇小说和诗歌。写得都出人意料，然而也都难以卒读。他的一部长篇小说共二十章，却倒有五十六个不同的前言。

博尔赫斯传记中的其他错译还相当多，如把冰岛（Islandia）译成爱尔兰（Irlandia，仅一字之差，见《文论卷》第134页），把"证券交易所"（Las bolsas de papel）译成"钞票"《文论卷》第140页）等等，不一而足。因限于篇幅，不能一一列出，只有留待读者自己（特别是喜爱博氏作品的读者）仔细、小心去研读了。

细析以上所举二十例（仅为错译之一小部分）。笔者得出的结论其实很简单：译家不负责任。对原作者不负责，对发表译作的出版部门不负责，对读者不负责，更是对自己不负责。而长期在出版界、文学界享有崇高威信的出版部门，如《世界文学》、《外国文艺》、中国社会科学出版社等，近年来没有严格把关，因而也不够负责称职。因此，造成的后果是有目共睹的：远没有达到让读者"知之"的第一种境界。有鉴于此，笔者愿与所有关注、喜爱博尔赫斯的读者一起，呼唤西风凋碧树，盼早日望尽天涯路！

（原载《中国翻译》2005年第4期）

我译博尔赫斯时的尴尬

西班牙人往往把外国人的姓名西班牙化,这当然是为了他们自己的方便,无可厚非(英、法、德等国也有类似情况)。但我们切忌把西班牙文化了的别国人士的姓名,根据西班牙文发音转译成汉语,而一定要与根据原始语言转化的汉译保持一致,否则会使中国读者丈二和尚摸不着头脑。比如,法国女英雄贞德,西班牙文作 Juana de Arco,我们不能按西文发音译成"胡安娜·德·阿尔科"。若如此,中国读者恐怕看懂的不会有几个。又如莎翁名剧《亨利四世》,西班牙文作 "Enrique IV",我们同样也不能译成《恩里克四世》,而一定要还原,作《亨利四世》。这一原则,我虽然铭记在心,但在译博尔赫斯时也上过当,闹过笑话。博尔赫斯于1970年发表的《自传随笔》里有这么一句话:

Ese primer otoño comencé la escuela en el colegio de Ginebra, que fuera fundado por Juan Calvino.

意思是:"第一年秋天,我开始在 Juan Calvino 创办的日内瓦中学上学了。"西班牙文中的 Juan Calvino,按照西班牙文的发音,可译作胡安·卡尔维诺。这句话,在别的场合往往只称此人的姓 Calvino,而略去了名 Juan。在不掌握更多背景材料的情况下,我一开始竟译为"卡尔维诺",

迷宫与《百年孤独》
—— 品博尔赫斯，考《百年孤独》诸家

这不仅不符合上述"一定要与根据原始语言转化的汉译保持一致"的原则，而且还极易与意大利著名作家意大洛·卡尔维诺（1923—1985）相混淆，显然是不妥当的。

后来，经我调查研究，终于确定了此人的身份，原来是大名鼎鼎的十六世纪法国神学家（Jean Calvin, 1509—1564），西班牙文作 Juan Calvino，汉译归化还原，应译作"让·加尔文"。

在博尔赫斯的文学作品里，涉及各国的地名，特别是阿根廷以及拉丁美洲的地名极多，如果不熟悉，或者说懒得、不肯甚至不屑去熟悉其历史背景及地理环境，那么到头来必自食苦果无疑。

布宜诺斯艾利斯的街名就很复杂，多以国家名、历史人物名、节假纪念日命名；更为麻烦的是，有不少街名、县名、省名彼此相同，如不仔细检查咨询，简直无从下手翻译。笔者在翻译过程中，由于手头有一本极为详尽的布宜诺斯艾利斯导游地图，虽然碰到了不少困难和麻烦，倒还能涉险过关。

博尔赫斯的《自传随笔》中第一段就有这样一句话：

Nací en el mismo corazón de esa ciudad, en la calle Tucumán, entre Suipacha y Esmeralda...

这句话极其普通，没有任何原文理解上的障碍。逐字翻译的意思是："我出生在市中心，在图库曼大街，在苏伊帕恰大街和埃斯梅拉达大街之间……"这样译，细心的读者肯定搞不太懂，因为这三条街之间的关系，弄不明白。如译成："我出生在市中心苏伊帕恰大街和埃斯梅拉达大街的图库曼大街……"还是不明不白，含糊其词，因为译者不熟悉布宜诺斯艾利斯的地形，又没有下功夫去查询打听，三条街之间的关系硬是弄不清楚。

笔者曾长期旅居阿根廷，博尔赫斯故居也曾去过多次，但如不认真回忆核实，也难免犯错。原来，博氏确实出生在图库曼大街，不过他的家坐落在该大街的 840 号。这个街段（西班牙文叫 cuadra，布市一个街段编号为 100，因此，该街段编号当为 800-900）在市中心，而不能说图库曼大街在市中心，因为图街为东西走向，编号近 4000，即近 40 个街段，不可能都在市中心。也不能说图街在苏街和埃街之间，因为这后两条街为南北走向，不与图街平行。再经过核对地图，这句话才能准确无误地译出来，让读者一目了然："我出生在市中心，在图库曼大街位于苏伊帕恰大街和埃斯梅拉达大街之间的那个街段……"

博尔赫斯在他的作品里，常常提到布市的一个地方"十一"。这就给不熟悉布市史地背景的外国人出了一个大难题：究竟是区名，街名，还是别的什么名？因为光译成"十一"，文字读起来有点秃，而且交代得也不清楚。《自传随笔》里有这么一句：

Solíamos reunirnos los sábados en un café La Perla, en la plaza del Once.

译文应该是：

"我们经常在星期六到九月十一日广场的珍珠咖啡馆去聚会。"

原文中的 la Plaza del Once，直译应为"十一广场"。但是我几经周折，多方查询，译成了"九月十一日广场"。原来，布市东部有一个区，称巴尔巴内拉区，老百姓惯称十一日区，或干脆就称"十一"，越简单越好。区内有一火车站，称九月十一日车站，车站之南的广场即称九月十一日广场，简称十一日广场（其实，正式的称呼应该是米塞雷雷广场）。十一日区现为犹太人杂居和卖便宜货的地方。而这"九月十一日"则是阿根廷政治家、文学家、教育家萨缅托（1811—1888）的忌日，为纪念萨氏，故名。

博尔赫斯在青年时代，他母亲不准其读阿根廷十九世纪著名诗人何塞·埃尔南德斯（1834—1886）的名著史诗《马丁·菲耶罗》，因为据说诗人站在独裁者罗萨斯（1793—1877）一边，是博氏家族的"敌人"。博尔赫斯在他的《自传随笔》里说：

迷宫与《百年孤独》
—— 品博尔赫斯,考《百年孤独》诸家

Mi madre me prohibió la lectura del Martín Fierro...el sentir de mi madre se basaba en el hecho de que Hernández había sido un partidario de Rosas, y por lo tanto un enemigo de nuestros ancestros unitarios.

译博尔赫斯,必先熟捻博氏家族史。据史料记载,阿根廷自1816年独立后,分为集权派和联邦派两大对立的政治派别。罗萨斯是联邦派;而博氏的曾外祖父苏亚雷斯上校(1789—1846)则属反对罗萨斯独裁、主张中央集权的集权派。原文中 unitarios 一词,不能译成"统一派",而应根据史实译成"集权派"。所以,这一段原文可译成:"我母亲不让我读《马丁·菲耶罗》……我母亲之所以这么认为,是因为埃尔南德斯曾经拥护过罗萨斯,所以,他也就是我们集权派先辈的敌人……"

译博尔赫斯自传和传记,其中涉及家人及亲戚情况必然错综复杂,译时一定要下苦功,并下大力气咨询查问,才能搞清。如博氏原文中的"hermano"(兄弟)、"primo"(表兄弟、堂兄弟)、"tío"(伯父、叔父、舅父、姑父、姨父……)等,如不查清背景,是不可能准确汉译的。对于家人和亲戚,西方国家不大讲究分别幼长伯仲,不像咱们中国,兄弟姐妹,叔伯姑姨,非得验明正身,分得清清楚楚不可。所以,在外译汉时,这类称谓,就足可使译家大伤脑筋,苦不堪言。博尔赫斯儿时,常去其表舅的乡间别墅度假。他回忆道:"在蒙得维的亚,我们曾在表舅弗朗西斯科·阿埃多的乡间别墅度过漫长而懒散的假期……"

原文中"tío"一词,可译为伯父、叔父、舅父等,我怎么译为"表舅"的呢?原来,我颇下了一番功夫。我首先排除了"伯父"的译法,因为博氏父亲哥儿俩,他父亲行二,故博氏有一伯父;而这位 tío 名弗朗西斯科·阿埃多,非博尔赫斯父亲家族。既然不是"伯父",那就从作家母亲方面去查,定能水落石出显真身。我将博氏母亲姓氏排列出来:

莱昂诺尔(名)·阿塞韦多(父姓)·苏亚雷斯(母姓)

从这个姓氏看,还什么都瞧不出来。但我不泄气,再往上查,顺藤摸瓜。

后又将其母即博氏外祖母的姓氏排列出来：

莱昂诺尔（名）·苏亚雷斯（父姓）·阿埃多（母姓）

阿埃多这个姓，在博氏外祖母身上出现了。由此不难判断，他必弗朗西斯科·阿埃多表亲无疑。但这位先生的称谓怎么译，似乎还要下点功夫。读博氏有关资料，我得知：博氏的外祖母是乌拉圭人，阿埃多是她的母姓，也就是她的外祖父的姓。传到弗朗西斯科·阿埃多这一代，与博氏母亲平辈，彼此称primos，即表兄妹或表姐弟。博氏称弗朗西斯科为tío，故据其母与其之关系，译为"表舅"。

如果说，上述译事，还仅仅涉及"雕虫小技"而不足道的话，那么，译者对原文是否正确理解，绝对可以显示译家的学术功力。

例如，我们在翻译博尔赫斯一九六〇年出版的诗歌散文集《诗人》的篇名时，就曾经斟酌再三。篇名亦即集中一篇散文名，西班牙文原文为El hacedor。按字面的意思，是"制作的人，创造的人"。所以，国内有人将其译为"创造者"。我们经过琢磨原文全篇，查找有关资料，觉得译为"诗人"更贴切，因为文中指的就是罗马大诗人荷马；而"创造者"意思似乎含混不清，甚至会让人误认为是指圣经中所说创造世界的上帝了。再说，该词是博尔赫斯从英文maker亲自翻译过来的。而英文，又是从希腊文Poiein（制造、创造）转译过来的。英国在中世纪，该词专指诗人。译成"诗人"，有助于读者的理解。

博尔赫斯在青少年时期，曾旅居瑞士。除了法语，他还自学德语。很快，作家就开始读叔本华了，并认为是他唯一敬佩的哲学家。《自传随笔》里有这么一段叙述：

...lo he leído muchas veces en alemán, por mi cuenta, y con mi padre y su amigo Mecedonio Fernández, traducido.

这一段的原文并不复杂，但如不弄清句中主要动词he leído（阅读）和用作形容词的过去分词traducido（翻译了的）之间的关系，或者竟将traducido也当成动词，就要发生理解上的错误，会把句子译成："……

我读过许多遍叔本华（非重读人称代词 lo 确指叔本华），并跟我父亲和他的朋友马塞多尼奥·费尔南德斯一起翻译过叔本华的作品。"译文前半句没错，但后半句因对原文理解有误，错了。原文的意思是说，"我"（指博氏自己）不但多次用德文读叔本华，还和"我父亲和友人"一起读翻译了的叔本华，亦即叔本华作品的译文，而绝不是"翻译过叔本华的作品"。弄清了该句各种词类的关系，我译成：

"……我和我父亲以及他的好友马塞多尼奥·费尔南德斯一遍又一遍地阅读叔本华的德文原著和他的作品的译本。"笔者认为，熟悉和理解原文，是顺利而成功进行文学翻译事业的必要和可靠的保证。

博尔赫斯有言："如果人们读博尔赫斯的作品，有如欣赏一支乐曲或者品尝一杯咖啡，那么我也就心满意足了。"我愿为此付出努力。

补苴罅漏,成人之美
——《堂吉诃德》杨绛译本之争断想

笔者十分钦佩人民文学出版社的壮举:他们精益求精,把已故著名法语文学翻译家李健吾先生译笔原本就很高明的《包法利夫人》认真细致地重新校订了一遍。"责编克尽厥职……顺应李译文风,略去微瑕小疵,个别改动处天衣无缝,使旧译焕发新的光彩。"(罗新璋:《喜看爱玛倚新妆》,2003年4月16日《中华读书报》)李先生的旧译我是细细拜读过的,敬服不已。先生身后的新译,尚无缘晋谒,但既有汉法两种文字功力俱佳的罗新璋先生的赞词,想必是锦上添花,笔者深信不疑。笔者完全赞同罗先生的高见:"……对有定评的译本,旧译新订,补苴罅漏,发扬光大……"所谓"补苴罅漏",说说容易,但那是要有火眼金睛般的真功夫的,要在珍品中找出缺憾和漏洞,再将其天衣无缝地补正,去芜取精,去伪存真,把最完美的精品献诸读者,真是非技艺高超的工匠莫能为,非有胆识、有魄力、有高度敬业精神的编辑家莫能为!窃以为,这也正是实事求是地对待名家名译的正确态度。

然而,恕笔者直言,近年来引起我国译界关注的《堂吉诃德》杨绛中译本之争还是颇多值得思考之处。笔者曾多次表示,而且至今仍然认为,

迷宫与《百年孤独》
—— 品博尔赫斯，考《百年孤独》诸家

杨绛先生在近知天命之年，以极其坚强的毅力始学西班牙文，历经磨难终将《堂吉诃德》成功译出，开创了我国由原文直译这部世界名著的先河，其历史功绩是不可磨灭的。但对于杨先生这样一位前辈翻译家的译品，也不必一味奉承溢美，或是畏首畏尾，不敢动其一字，同样有必要比照原文仔细审核、实事求是地提出修改意见、补苴罅漏。这也是对读者负责、对译者负责、对出版者负责。

据笔者了解，二十世纪七十年代中期，杨绛先生把《堂吉诃德》译稿交人民文学出版社，由该社英语文学编辑施咸荣先生接收。施先生不识西班牙文，遂转交负责西葡拉美文学的王央乐先生，即于一九七八年将译稿付梓出版。王先生故世后，由另一位西语编辑负责。初版迄今，已近三十年，其间译本曾多次再版。应该说，是有足够的时间细心推敲校核的。

一九九四年夏，中国西葡拉美文学研究会曾专门就杨译本展开一次认真严肃的研讨。人们发现，杨绛译本固然在传达原作神韵以及汉语的表述方面，功力确实独到，有自己的亮点，但其错误与失当的地方之多，也令人惊讶。然而，此时仍然不见出版社的动静。笔者暂且搁置"胸上长毛"这一典型的错误不提，其他如常识性问题、对原文的准确理解、习语的合理处理、语法关系的厘清、原文风格的表达、西班牙文与英文的混淆等诸多方面，杨译本均存在可商榷、应校正的地方。例如，杨先生近日在她的短文《不要小题大做》中说："董先生提的那两个字（即北京外国语大学西班牙语教授董燕生曾指出杨绛把法老、亚述译为谁也不懂的'法拉欧内、阿西利亚'——笔者按）词典里没有。那时出版社还没有统一的人名、地名，译者都按照自己的读音译音。"杨先生还说，"其《文集》出版前，法老等错译已改正"。杨先生虚心地知错就改，令人敬服。除了这两个字的错译之外，其他还有把"迦太基"译成"卡塔戈"，把"汉尼拔"译成"阿尼巴尔"，把"塞浦路斯"译成"塞普雷"（杨先生是完全遵照

补苴罅漏,成人之美
——《堂吉诃德》杨绛中译本之争断想

西班牙文的读音译音的),等等。希望人民文学出版社在再版《堂吉诃德》时,真正做到罗新璋先生提倡的"旧译新订,补苴罅漏",这才是对读者负责、对杨绛先生负责的态度,也算是成人之美。

(原载2005年11月28日《中国文化报》)

博尔赫斯喜译《诗经》

著名的英国东方学家阿瑟·韦利（Arthur Waley, 1889—1966）的东方古典文学译作是很受博尔赫斯推崇赞赏的。他认为韦利译的《源氏物语》再现了紫色部"流畅而又神奇"的笔锋，显示了"小说中人物的激情"，从而使读者"倾听了紫色部的心声"。从此，他对这位"天才翻译家"便情有独钟，而且，对他的译事更为关注了。一九三七年，韦氏所译《诗经》（The Book of Songs）出版，引起博尔赫斯的浓厚兴趣。

读了韦译《诗经》，博尔赫斯说，他实在挡不住这种东方美的吸引，禁不住技痒，不懂中文也大着胆子从英文转译了他誉为"世界上最古老的诗集"《诗经》中的几首"由中国的士兵和农夫创作"的诗歌。一九三八年十月二十八日，布宜诺斯艾利斯"一份社会层次较高、很受读者欢迎的周刊"（博氏语）《家庭》便发表了博氏译成西班牙文的三首"大众化的诗歌"。

博尔赫斯所译这三首短诗，即《祈父》、《麟之趾》和《终风》。先请看中文原文：

祈　父

祈父，

予王之爪牙。
胡转予于恤？
靡所止居！
祈父，
予王之爪士。
胡转予于恤？
靡所底止！
祈父，
亶不聪。
胡转予于恤？
有母之尸饔！

这是服役已久未有归期的士兵抱怨无法养亲的诗。诗的语气强烈，简直是面对面的责问。译者能不能转达原诗的内涵，我们且来看看博氏的西班牙文译文：

Ministro de la Guerra

Ministro de la Guerra,
Somos las garras y los dientes del rey.
¿Por qué nos tienes de miseria en miseria,
sin tregua ni descanso？
Ministro de la Guerra,
Somos las garras y colmillos del rey.
¿Por qué nos tienes de miseria en miseria,
sin parar un día en el mismo sitio？

迷宫与《百年孤独》
—— 品博尔赫斯，考《百年孤独》诸家

> Ministro de la Guerra,
> En verdad no eres prudente.
> ¿Por qué nos tienes de miseria en miseria?
> Están hambrientas nuestras madres.

为了照顾不谙西班牙文的读者，笔者谨将博氏译文还原成汉语白话，或许可以让他们体味博氏译事的些许特色：

> 兵部大臣，
> 我们乃是国王的爪子和牙齿。
> 你为什么要把我们从悲惨推向悲惨，
> 不让喘气也不让歇息？
> 兵部大臣，
> 我们乃是国王的爪子和长牙。
> 你为什么要把我们从悲惨推向悲惨，
> 在原地一天也不停？
> 兵部大臣，
> 你真是大不精明了。
> 你为什么要把我们从悲惨推向悲惨？
> 我们的母亲正挨饿忍饥。

博尔赫斯是从英文转译此诗的，他虽然不识中文，但是他知道古汉语与现代汉语有着巨大的差别。不过，他的译文没有使用古西班牙语，因为作家的意图是要让今天的西班牙语读者了解中国古典诗歌。中国古诗若以古西语译出，读者恐怕会望而却步的。替读者解除疑虑，应该说是博氏译事的一贯作风。

剖析博尔赫斯《祈父》一诗的西班牙文译文，笔者认为他译得忠实、流畅、简练、贴切。原诗的一字一句，译者基本上原封不动地搬了过来，尽可能多地保存了原汁原味，让西班牙语读者尽可能真切地体味和品尝东方异国的情调和韵味。译者还极其细心地注意到该诗第二节第二行"予王之爪士"与第一节第二行"予王之爪牙"之细微差别，因而分别译为"las garras y los dientes"和"las garras y colmillos"加以体现。"los dientes"是牙齿的统称，而"colmillos"则是"长牙、獠牙"之意了。又如，第三节第二行"亶不聪"，是一个否定句，博氏在句子的形式上维持了原状，译为"En verdad no eres prudente"，这是极不容易的。当然，英译者韦利功不可没，他早在二十世纪三十年代就基本上吃透了原作的精髓，应该说是难能可贵的，因为，时至今日，即使在中国，对该诗含意的确切理解，还众说纷纭呢！

不过，英译者也有一定的局限，有一些理解错误，而这种错误，博尔赫斯也照搬了，不懂中文而抱憾终生的他实在无可奈何。如"祈父"一词，韦利译为"Minister of War,"，博尔赫斯译为"Ministro de la Guerra"（兵部大臣或兵部尚书，即现在的国防部长或作战部长），与英译是词对词地对应了，但与汉语的理解，却不甚贴切。按，祈父用准确的汉语来解释是"司马将军"，即一个区域掌管军事的长官，因为"祈"通"畿"，即一个区域或一个地方，而不是什么全国性的兵部大臣。所以，"祈父"也可能就是总兵或者提督、都督什么的，西语如译 comandante（司令、指挥官），也许可以勉强过关。下面请看韦利的英译，以便掌握英西两种文字的读者对比赏析：

Minister of War

Minister of War,

迷宫与《百年孤独》
——品博尔赫斯，考《百年孤独》诸家

> We are the King's claws and fangs.
> Why should you roll us from misery to misery,
> Giving us no place to stop on or take rest?
> Minister of War,
> We are the King's claws and teeth.
> Why should you roll us from misery to misery,
> Giving us no place to come to and stay?
> Minister of War,
> Truly you are not wise.
> Why should you roll us from misery to misery?
> We have mothers who lack food.

原诗共三节，每节四行。对照英西两种译文，我们不难发现，每节前三行西译与英译几乎亦步亦趋，没有太大的差别。只是第四行，由于英西两种文字的差异，博氏根据西语习惯采取了灵活简练的办法。如第一节第四行他把"Giving us no place to stop on or take rest"译成"sin tregua ni descanso"。因为第一，西班牙文不常用 ing 形式，所以舍弃不用；第二，在西班牙文里，变位动词的运用宜审慎，而原形动词更宜简练，应尽量借用前句动词，故亦可摒弃。此句博氏以两个名词译出，既不失原意（与英译比较），又得西语之妙，可谓一石二鸟。

再看第二节第四行，英译为"Giving us no place to come to and stay"，博尔赫斯将其译为"sin parar un día en el mismo sitio"，同前一节，他舍弃 ing 形式（西班牙文中相应有 gerundio，即形动词，但与英语中的 gerund 不尽相同），而将动词 tienes 用在上句，起承上启下的作用。在第四句只以前置词 sin（没有，不）带动一个原形动词，从而起到句子一以贯之的效果，而不拖泥带水。第三节第四行的英译作"We have mothers who lack food",而原诗为"有母之尸饔"。此句,中国学者有几种解释。一种认为,"尸"即"失","饔"即"熟食","尸饔"即"缺失食物";另一种则认为,"尸"意"主持","饔"意"饭食","尸饔"即"做饭"。

很明显,韦译采纳的是第一种解释。博氏译成"Están hambrientas nuestras madres",似稍离本意。但笔者估计博氏大概考虑,如按照英文句型译成复句形式,成"Tenemos madres a quienes les falta la comida",不仅啰唆,而且也与西习不符。博氏译成"Están hambrientas nuestras madres",("我们的母亲正挨饿忍饥")倒与我国当今《诗经》一译家所见略同,所以他的译法似可接受。

《麟之趾》也是博尔赫斯中意的一首诗。据我国著名《诗经》研究专家沈泽宜教授的解释,"这是一首赞美国君子孙高贵、仁厚的诗。与一般颂歌不同的是,它仅仅突出了一个仁字,可见百姓最担心的是君子的残暴。麒麟跟龙、凤一样并非实有,而是先民们想象的创造物。据说麒麟有足不踢人,有额不顶人,有角不撞人,故称仁兽。诗抓住了这一象征物的特征,凭借由足趾到额顶再到犄角这样三次特写式的跳跃和反复,寄托了诗人的美好祝愿,直观而简洁。"(《诗经新解》沈泽宜译注,学林出版社,2000年)笔者揣度,博尔赫斯特别欣赏的,正是该诗在材料选择即意象选择时的准确与精练,以及"麟"这一具有中国神秘奇谲色彩的象征。我们还是先来读读这首古诗的原文:

麟之趾

麟之趾,
振振公子。
于嗟麟兮!

迷宫与《百年孤独》
—— 品博尔赫斯，考《百年孤独》诸家

> 麟之定，
> 振振公姓。
> 于嗟麟兮！
> 麟之角，
> 振振公族。
> 于嗟麟兮！

博尔赫斯根据韦利的英译转译的西班牙文译文是：

> ¡ Los cascos del unicornio!
> Se agolpan los hombres del duque.
> ¡ Ay del unicornio!
> ¡ La frente del unicornio!
> Se agolpan los parientes del duque.
> ¡ Ay del unicornio!
> ¡ El cuerno del unicornio!
> Se agolpan los hijos del duque.
> ¡ Ay del unicornio!

把西译还原成现代汉语，可作：

> 独角兽的足趾！
> 公爵的子民云集聚拢。
> 啊，独角兽！
> 独角兽的前额！

公爵的亲戚云集聚拢!
啊,独角兽!
独角兽的犄角!
公爵的子女云集聚拢!
啊,独角兽!

别看这首诗短小,对它的理解,我国《诗经》诸专家至今众说纷纭,莫衷一是。如"振振"一词,有的认为作"盛貌"解,有的则主张作"仁厚貌"解;又如"麟之定"中的"定",有的认为就是"额顶",有的却认为应作"腚"解,而且"文理上也非不通"(《诗经鉴赏词典》,任自斌等主编,河海大学出版社,1989年)。剖析博尔赫斯的译文,笔者断定,"振振"一词,他作"盛貌"解,而"麟之定"中的"定",他采用了朱熹的主张,作"额"解,因为他根据的是韦利的英译。请看:

Unicorn's Hoofs

The unicorn's hoofs!

The duke's son's throng.

Alas for the unicorn!

The unicorn's brow!

The duke's kinsmen throng.

Alas for the unicorn!

The unicorn's horn!

The duke's clansmen throng.

Alas for the unicorn!

把韦译与博译两相比较,笔者发现,博译将韦译第三节第二行,与第一节第二行对调,倒与原诗次序一致。博氏在译前是否做了研究核实的工作,不得而知。不过,笔者以为,从韦氏译文分析,他对原诗的理解还是基本到位的,而且译法还是相当高明的。如"麟"一字,韦利译作"unicorn",博尔赫斯跟着译作"unicornio",均为独角兽之意。正如沈泽宜教授所说,"麒麟跟龙、凤一样并非实有,而是先民的想象的创造物",既然是中国神话传说中的物件,采取意译或音译加注的办法均无可厚非。韦博二人采意译而不采音译"the kylin",笔者反倒认为省事经济,更易为西人所接受。

此诗其余各句,博尔赫斯严格遵循他"亦步亦趋"的翻译主张,忠实地按照原诗的语序、原诗的韵律,毫厘无爽地翻译出来了,如"公子"、"公姓"和"公族",他分别译为"los hombres del duque"(公爵的子民)、"los parientes del duque"(公爵的亲戚)和"los hijos del duque"(公爵的子女),应该说与原诗原意契合,相信西方读者是能够领略该诗的神韵的。

最后,来赏析博翁译的第三首诗《终风》。还是先读原诗:

终 风

终风且暴,
顾我则笑。
谑浪笑敖,
中心是悼。
终风且霾,
惠然肯来。
莫往莫来,
悠悠我思。

博尔赫斯喜译《诗经》

终风且噎，
不日有噎。
寤言不寐，
愿言则嚏。
噎噎其阴，
虺虺其雷。
寤言不寐，
愿言则怀。

这是一位怨女写她被丈夫玩弄嘲笑后遭遗弃的诗。该诗写了两个性格鲜明的人物。一个是柔婉温顺、隐忍有余的痴心女子，一个则是时笑时暴、时阴时阳的负心郎。怨女明知那个男的对她并无真情，却又不由不想念他。该诗把她矛盾复杂的心态传达得入木三分。

这回，我们先来读读韦利的英译：

Wild and Windy

Wild and windy was the day;
You looked at me and laughed,
But the jest was cruel, and the laughter mocking,
My heart within is more.

There was a great sandstorm that day;
Kingly you made as though to come,
Yet neither came nor went away.
Long, long my thoughts.

迷宫与《百年孤独》
—— 品博尔斯,考《百年孤独》诸家

A great wind and darkness;
Day after day it is dark.
I lie awake, cannot sleep,
And gasp with longing.

Dreary, dreary the gloom;
The thunder growls.
I lie awake, cannot sleep,
And am destroyed with longing.

博尔赫斯的西译与英译几乎完全对应,我们索性一并读下去:

De viento huracanado era el día;
Me miraste y te reíste,
Pero la broma era cruel y la risa burlona.
El corazón me duele.

Hubo ese día una gran tormenta de arena;
Bondadosamente prometiste venir,
Pero ni llegaste ni te fuiste.
Largos, largos mis pensamientos.

Un gran viento y oscuridad;
todos los días son oscuros,
Estoy acostado, no duermo,
El deseo me ahoga.

Desolada, desolada la sombra；
Retumba el trueno.
Estoy acostado, no duermo,
El deseo me ahoga.

只有译成汉语，才能看出这两首译诗与原诗的细微差距：

那一天刮起了夹着雷雨的大风，
你看了看我，又笑了笑，
可戏耍太狠，笑带嘲弄。
直让我心痛。

那一天卷起了一场大风暴，
你慷慨地一口答应要来，
可你没来又没走开，
我久久地，久久地思念。

刮起大风天昏地黑；
日复一日一片漆黑。
我躺下了可睡不着，
我的欲望让我透不过气来。

凄凄惨惨一片阴云，
雷声一阵接着一阵。
我躺下了可睡不着，

<blockquote>我的欲望让我毁灭。</blockquote>

剖析韦译,笔者认为译者是相当高明的,他把原诗的意境译出来了;而博尔赫斯的西班牙文译文则与英译同步,亦步亦趋,十分到位。甚至连连接词(如pero-but,y-and)都很对应。如第一节第二句英译"you looked at me and laughed",博译"me miraste y te reíste"。英译中的"and"(英语语法汉译作连词)译成"y";又如第一节第三句英译"but the jest was cruel, and the laughter mocking",博译作"pero la broma era cruel y la risa burlona"。英译中的"but"和"and"博氏分别译为"pero"和"y",都是十分贴切的。

再看第二节。我们发现,博译与韦译不仅动词、冠词、形容词、副词、连接词几乎一模一样,而且连形容词的重复也毫无二致。凡是在西班牙文里能做得到的,博尔赫斯尽量与英文丝丝入扣。如若没有出神入化地驾驭两种文字的深厚功力,恐怕是很难做到的。

如第二节第一句韦译"There was a great sandstorm that day",博氏译作"Hubo ese día una gran tormenta de arena",他把"There was",译作"Hubo"(无人称动词),"a"译作"una","great"译作"grande","sandstorm"译作"tormenta de arena",可以说是词对词地完全对应;把"that day"译成"ese día",当然也完全对应,只是根据西班牙文的语序习惯,博氏把"ese día"插在"hubo"之后,而没有像英文似的排在句后。又如第二句第四行韦译"long, Long my thoughts"出现了形容词"long"的重叠,博氏译为"largos, largos pensamientos",十分得体。第四节第一行又出现了形容词的重叠,韦译"Dreary,dreary the gloom",博译如法炮制,作"Desolada,desolada la sombra",也令人叹服。

不过,博翁也有马失前蹄的时候。由于英语形容词没有性的差别变化,他在翻译时又没有注意到该诗实际上是以一个怨女的口吻来诉说衷肠的，而在西班牙文里处理名词、形容词等词类时，应该用阴性；但是我们细加分析，可以看出译者犯了一个相当严重的错误，即使用形容词时没有"性"的阴性变化。

如第三节和第四节的第三行，韦译是：

I lie awake, cannot sleep.

博尔赫斯译成了：

Estoy acostado, no duermo.

此句中的"acostado"（躺着），博氏用了阳性单数，但既然是"Estoy acostado"（我躺下了），那一定就是该诗的主人公"yo"estoy acostado（"我"躺下了）；而根据我们上面的分析，主人公为一怨女，就该用阴性单数形容词"acostada"，全句应为"Estoy acostada"，博译显然是不合主人公身份的。

当然，人无完人，金无足赤。博尔赫斯虽是举世公认的大作家，也是大翻译家，但也难免犯错；况且，又是在他尚未到我们中国人所谓的"不惑之年"，毕竟白璧微瑕。

我们要实事求是肯定的是博尔赫斯一贯的翻译主张以及他翻译实践的主流。他反复强调翻译要讲究忠实，也就是我们中国译界常说的所谓的"信"。他多次谴责不负责任的翻译，曾经告诫翻译家决不能像"豁出命去的死囚那样去攀登悬崖"，也决不能像"为了不让人知道艺术品的好坏而干脆把艺术品给砸了的仆人"，即不能鲁莽行事，毁坏真正的艺术珍品。笔者以为，博氏斯言，特别值得我们今日中国之译界咀嚼再三，反复深思。再说，博尔赫斯的译事（他从英、法、德文翻译了大量世界文学名著）已经为我们提供了可资借鉴的榜样。

（原载《外国文学》2005年第6期）

调制异国情趣的笔墨

笔者对海明威怀有一种特殊的亲切感,甚至常常把他视作一位西班牙语作家,因为这位慈祥可亲的老头儿长期在西班牙语国家生活、写作,了解并熟悉这些国家民众的生活、习惯、禀性乃至语言,他的许多脍炙人口的作品,如《午后之死》、《第五纵队》、《丧钟为谁而鸣》,特别是《老人与海》等等,都是反映和再现他们生存、战斗和抗争的生动诗篇。笔者读来,跟阅读西班牙语国家本土作家的作品不同,仿佛从另一个侧面来观照这些国度,感到新鲜、有趣而独特;更何况,海明威笔走龙蛇,他所刻画烘托的场景、氛围及气势,连西班牙语本土作家也是极为称道的。加西亚·马尔克斯就曾经不止一次地说过他是一位杰出的短篇小说家,他的"冰山理论"让人获益匪浅,"他甚至会告诉你如何去描写一只猫拐过一个街角"。(见拙译《番石榴飘香》,第40页,三联书店,1987年)足见这个老头儿细致入微的观察眼力。

海明威虽然并不精通西班牙语,但他对这一交流工具大体上还是掌握并运用自如的,尤其难能可贵的是,他还相当熟悉当地的民间用语甚至市井俚语。为了调制异国情趣,作家置西班牙文正字法于不顾,居然大胆借用。应该说,这老头儿还真让人感到了虽然粗俗然而真切的氛围。

西班牙语国家，特别是拉丁美洲的西班牙语国家，虽然都通用西班牙语，但是语音语调各不相同，个别用词还有很大差异。一般人认为古巴人讲话速度较快，常常"吃音"，就是说该发的音不发出来，给"吃"掉了。这种现象，尤以下层百姓为甚。《老人与海》是一部以古巴为背景的小说，海明威自然要着力调制古巴氛围。运用一定数量的当地语言，便是他极为高明的一招。小说一开篇，就说那个"打鱼的老汉，已经八十四天没钓着一条鱼了。头四十天，有个男孩子跟他一块儿。可是过了四十天一条鱼都没捞着，孩子的爹妈便对他说，老汉现在准是彻底 salao，就是说倒霉透了……"（《老人与海》，第 265 页，赵少伟译，漓江出版社，1997年）西班牙文 salao 正确的拼写应为 salado，意为加了盐的，咸的，苦的，转义为倒霉的、不吉利的。译者在译文中保留了这个西班牙语词汇（海明威原文中运用的其他西语词汇，译界前辈赵少伟先生均无一例外地保留了），笔者以为这样处理颇为得当，译者理解并尊重了原作者的创作初衷，同时，也为读者尽可能多地保留了拉美的独特色彩，让他们，尤其是多少懂点儿西班牙语的读者读了感到过瘾、够味儿。窃以为，这不啻处理译文的一个妙招。salado 之所以变成 salao，少了一个 d，译者解释说"这是被古巴人念白了的一个词儿"。

当然，这也不失为可以讲通的一种说法；不过，更为准确的解释，经笔者向秘鲁当代著名作家胡安·莫里略·加诺萨（Juan Morillo Ganoza）教授请教，他认为这是古巴人吃音所致，他们把 d 吃掉了，而这也正是海明威用这个"破残"的西班牙语词汇的意图：显示古巴下层老百姓的身份。

海明威在《老人与海》中运用的西班牙语词句，还常常有点拼写或语法上的错误，如他把 una espuela de hueso 一根骨刺（《老人与海》，第 303 页，译者及出版者同上）写成 un espuela de hueso。阴性不定冠词 una 被老头儿写成阳性冠词 un，这显然是不合语法的。因为在一般情况下，只有阴性名词才能冠以阴性冠词，而不能冠以阳性冠词。又如，他笔下出现了西班牙语任何词典里面都没有的一个词：dentuso（中文意为尖吻鲭鲨，这个词的正确拼法是 dentudo）。（《老人与海》，第322页）等等等等。这又是什么原因呢？长期在利马圣马可大学、北京外国语大学讲授西班牙语文学的莫里略教授认为，恐怕有两个原因：一是海明威的西班牙文不地道，但根据这位精明的老头儿掌握西班牙文的熟练程度，应不至于；再就是也许恰巧正是狡黠的海明威有意而为之，他要刻画古巴老渔夫吃音、文化程度不高的禀性。又经笔者向古巴籍的《今日中国》西文版专家伊希德罗·埃斯特拉达先生（Isidro Estrada）请教，他认为 dentuso 一词虽词典不收，也不见诸正式文字，更不为文化层次较高的人士应用，但确在普通老百姓，特别是渔民中广泛流传。可以说海明威深入古巴渔民生活的程度是令人吃惊的。

当然，作家在运用西班牙文方面也有些马虎的地方，这在原文中读者也可以看出来。例如，他把西班牙文 tiburón（鲨鱼）一词（《老人与海》，第337页）写成 tiburon，少了一个西班牙文特有的重音符号。行文不规范，虽无伤大雅，但也是要被西班牙语国家文化较高的人士耻笑的。不过只要主要目的达到，海明威也就不在乎这些微瑕小疵了。

在小说的结尾，作家写老汉打到了一条大鱼，但被别的更凶狠的鲨鱼咬得只剩下一条惨白的脊骨，带着个特大的尾巴。游客问餐馆侍者那是什么东西，"Tiburon，"侍者说，"Eshark。"（《老人与海》，第337页）这里，出现了一个西英两种文字的混合体：Eshark。译界前辈朱海观先生的解释是："古巴人用英语说鲨鱼时不准确的读音。"（《永别了，武器》中的《老人与海》篇，第431页，海观译，浙江文艺出版社，1991年）赵少伟先生的解释是："这是把英语 shark（鲨鱼）念白了。以西班牙语为母语的一部分人，遇到 sh 这种双辅音起首的词，往往会在前面添个 e 的音。"（《老人与海》，第337页）另一位译界前辈吴劳先生的解释是："这是侍者用英语讲'鲨鱼'（shark）时读别的发音，前面照西班牙语习惯加上一个元音。"（《春潮·老人与海》，第218页，吴劳译，上海译文出版社，2004年）三位译家的解释，似乎一个比一个更接近正确的答案。笔者不揣冒昧，斗胆亮出自己的浅见。据笔者分析，这可能是集西班牙文及英文为一体的一个句子。Eshark，应拆开，还它原来面貌：Es（西班牙文，第三人称单数，陈述式现在时，原形动词是ser，意为"是"）shark。整句意思是"那是鲨鱼"。侍者为了回答游客的问题，先说了一句西班牙语："Tiburon"，但又生恐游客是讲英语的外国人，听不懂，所以又用英语夹杂西班牙语补充了一句："Es shark"。侍者是古巴人，母语是西班牙语，忙中很自然地把母语脱口说了出来。Es shark 之所以变成了 Eshark，是因为西班牙语有一种特殊的现象，即许多辅音字母与辅音字母或者辅音字母与元音字母可以连音连读。如此推理，那么这个句子也就仿佛成了一个词了。从另一个方面来分析，侍者只是一个普通老百姓，不是语言学家，还没有在外来词前面加上一个西班牙文元音的本领。笔者将自己的这层见解向莫里略教授和埃斯特拉达先生讨教，很高兴得到他们的完全认同。当然，究竟是否果如我们所见，尚有待国内诸位方家赐教。诚如海明威本人所说，《老人与海》是他"这一辈子所能写得最好的一部小说"。笔者认为，作家在文中对西班牙语词句的成功运用，为成就这部伟大的小说也可说调制出不少绚丽的色彩，功不可没。

(原载2005年12月21日《中华读书报》)

《堂吉诃德》董燕生中译本修订版序

燕生兄的《堂吉诃德》中译本修订版面世了，笔者再一次感到由衷地高兴。这不仅因为燕生是笔者五十年的老同学、老同行，也是因为笔者深知，燕生数十年苦练修成扎实的西班牙文功底，定能不辱使命，准确、贴切、传神地移译这部举世公认的西班牙文学瑰宝，而且十余年前即获得了成功（《堂吉诃德》董译本初版于1995年由浙江文艺出版社推出）；更是因为，这明白无误地昭示国人，今日中国的西班牙语文学翻译和研究，已经达到一个令人欣喜的高度。

由于人才极度匮乏，比起英、法、德、俄等文学翻译和研究，我国的西班牙语同行，起步较晚。为了开阔读者的视野，引进别具特色的文学奇葩，我国的文学创作家们如鲁迅、茅盾、戴望舒等前辈，甚至亲自握笔上阵，费尽了心血。他们虽大都不识西班牙文，依据日文、英文和法文转译，但毕竟为读者开辟了一块新的天地，功绩是不可磨灭的。

建国初期，我国的西班牙语翻译人才尚未培养成熟（从一九五三年起，我国才开始真正意义上的西语人才培养）。为应付急需，袁水柏、傅东华等译界前辈也积极涉足西班牙语国家文学领域。尽管他们的译事大都仍借助第三国文字，但这也无可厚非，甚至在当时还如同救场，亦功莫大焉，人们是会永远记得这些翻译家的贡献的。而开创了从原文直译《堂吉诃德》先河的译界前辈杨绛先生，也功不可没。笔者相信，渐臻成熟的西班牙语文学翻译界是有公正的评价的。

经过国家四十余年的培育，终于造就了一支精力充沛、文字功底扎实的西班牙语文学翻译队伍，燕生便是其中一位杰出的代表。他于一九五六年考入北京外国语学院（今北京外国语大学）德西法语系攻读西班牙语，师从孟复、梅廉多、列塞阿等中西资深教授。毕业后留校，长期与西班牙语国家专家共事，切磋教学。曾任母校西班牙语系主任，编写西班牙语大学通用教材，教授西班牙语语法及文学，是我国西班牙语语言文学界的一位领军人物。更必须指出的是，燕生还曾多次出访、旅居西班牙，这为他实地考察该国民俗民风、了解并掌握活的语言，进而更有效地从事教学和文学翻译，提供了极其宝贵的机会和可能。所有这一切，铸就了燕生西班牙语文学功底雄厚的基础，成就了他口笔语俱佳、中西文双向翻译均精的一位难得的双枪将。所以，燕生既能把危地马拉著名作家、一九六七年诺贝尔文学奖得主阿斯图里亚斯（Miguel Angel Asturias，1899—1974）的长篇小说《总统先生》译成中文，又能把中国著名作家莫言的小说《红高粱》译成西班牙文，两项译事均十分出色。笔者认为，我们应该为我们拥有燕生这样一位名副其实的西班牙语文学专家感到自豪，更应该为从燕生身上折射出的一支不容忽视的西班牙语文学翻译和研究队伍感到自豪：因为，事实雄辩地证明，他们已经能够担当勇攀西班牙文学翻译高峰的重任了！

据统计，《堂吉诃德》自一九二二年林纾译介迄今，把转译、直译、节译、编译以及改写本或缩写本的翻译全部算在里面，一共有二十二个版本。其中，八个直译本全部在新中国成立后问世，且均为全译本。这一繁荣的翻译景观足以说明，中国的文学翻译家在攀登《堂吉诃德》这座西班牙文学高峰时作出了前赴后继、艰苦卓绝的努力，并取得了令人瞩目的成绩！董燕生译本与其他几个较好的译本并存共荣，相得益彰，我国的读者倒多了几分欣赏、品味的机会和愉悦。

当然，董译本自有其独特的风格，优点是显而易见的。正如他本人所说，他把深刻全面理解原著列为译事的首要自律。他说，他"尤其要避免望文生义的误译和疏忽潦草的漏译"。笔者认为，任何一位负责的翻译家，无论年庚的幼长或者从业时间的长短，准确理解原文，忠实传达原文，应该是他们的首要任务，即译界普遍尊奉的"信"者是也。

通读译文，笔者以为，燕生是这样努力地去实践的；而实事求是地说，他基本上也做到了。理解原文，最重要的一条，是要把原文中的语法结构梳理清楚，否则便会扭曲误解原意。与大多数欧洲语言一样，西班牙语的代词系统很发达，是避免在相邻语段中重复名词性结构的重要手段。这就要求译者必须小心谨慎，厘清各类代词的所指，不然便会张冠李戴，贻笑大方。仅举数例：

《堂吉诃德》第一部第一章讲到堂吉诃德在云游行侠之前，自冠"堂吉诃德·德·拉曼却"这一骑士雅号，然后还准备为他想象中的意中人起一个旗鼓相当的芳名。原文句中的"el suyo"（见下列原文中划横线者），显然是"他（自己）的（雅号）"，而不是"她的（原名）"。请看：

原文：Llámabase Aldonza Lorenzo, y a ésta le pareció ser bien darle título de señora de sus pensamientos, y buscándole nombre que no desdijese mucho del suyo…

错译：……他想给她起个名字，既要跟原名相仿佛，又要……

董译：……为她起个与自己的雅号相去不远的芳名……

很显然，原文中的 el suyo，如果译者没有厘清关系，就搞不明白究竟是指他还是指她。我们的骑士既然自冠堂吉诃德·德·拉曼却，那当然要给自己的意中人"起个与自己的雅号相去不远的芳名"（董译），而绝不会起个"跟（意中人）原名相仿佛"（错译）的名字。那位姑娘原名阿勒东萨·罗伦索,平平常常;但堂吉诃德给她取名为杜尔西内亚·德尔·托博索,既与自己的名字般配,听起来还有点公主贵妇的味道,则顺理成章。对译文的臧否,取决于译家对原文的理解,我辈不可不察。再请读原文:

Estando en esto, llegó otro mozo de los que les traían de la aldea el bastimento...(第一部第十二章)

错译:这时有几个小伙子从村上运了些粮食来……

董译:这时候,平日从村里给他们捎干粮的一个小伙子来了……

捎干粮在原文中是以动词的未完成时态表示的(trían),分明是未完成体,指经常性的动作。就是说,平日总有那么几个小伙子(注意此处的复数),负责给他们捎来干粮。这时候,其中的一个来了。而上述错译却把经常性的事件(平日运粮食)变成了一次性事件(运了些粮食来),而且把单数(一个小伙子)改换成复数(几个小伙子),严重扭曲了原文要传达的信息。

说到底,还是译者没有把与英文有很大差异的西班牙文中的代词和时态等语法现象梳理清楚。燕生在下笔翻译之前考虑的另一件重要大事便是他的读者对象的定位。《堂吉诃德》第一部和第二部分别成书于一六〇五年和一六一五年;在中国,正是明朝万历年间。如果此时引进中国,那不消说,译文可用文言或像施耐庵、兰陵笑笑生那样的笔法,明清时期的中国读者肯定是乐于接受的。而二十世纪二十年代的林纾译笔,也曾造成洛阳纸贵、轰动一时的热闹场面。然而在今天,我们究竟应该面对怎样的读者呢?这是译家必须认真严肃对待的一个重大问题。笔者以为,当今的译家应该扬长避短,采取实事求是的态度。林纾的译文,古朴精练,学不到家反会画虎不成反类犬;明清的白话体小说笔法,没有深厚的汉学根底,也会出尽洋相。燕生讲究实在,他说:"……为使《堂吉诃德》在当代中国赢得更多的读者,直接从西班牙语,按当代人的口味重译的要求势在必行……"而且,他是北方人士,受海派影响较少,所以他的译文不但明白如话，且平淡见工，端的是普通话覆盖全书，干脆利落，自成一派。

试举数例：第一部第二十三章，讲到农民出身的桑丘一早醒来，发现自己的小毛驴不见了，便禁不住大声哭诉起来：

...oh, hijo de mis entrañas, nacido en mi misma casa, brinco de mis hijos, regalo de mi mujer, envidia de mis vecinos, alivio de mis cargas, y finalmente sustentador de la mitad de mi persona...

这一段话，燕生完全是采用一个乡下老农的口吻表述出来的，纯粹是大白话，摆脱了知识分子不容易摆脱的腐酸腔调，而把桑丘特有的那种生动俏皮而又滑稽可笑的作派跃然纸上："……噢，我的心肝宝贝，在我家里长大的小淘气，陪我的孩子们蹦蹦跳跳的小伙计，我老婆的开心果子，邻居们的堵心疙瘩，我的好壮工，我的半拉膀子……"

燕生还有处理西班牙文文字游戏难题的妙招。第一部第三十四章，写一个侍女向她的小姐列举理想情人的种种品格，一口气使用了二三十个形容词。

原文中的这些形容词是按词首字母在字母表中的顺序排列的：agradecido, bueno, caballero, dadivoso, enarmorado, firme, gallardo, honrado, ilustre, leal, mozo, noble, onesto, principal, quantioso, rico... 这十足是文字游戏。作者无非是企图以此来彰显说话人头脑机敏、言谈巧妙的秉性。无奈这种文字游戏根本不可能原封不动地通盘照搬，移植到汉语方块字中去。字字照搬，附上冗长的注释，再说明此乃文字游戏，是一种无可奈何的笨拙办法。如此一来，不仅书中的鲜活形象消失殆尽，而且读来味同嚼蜡。燕生另辟蹊径，他的办法是扬汉语之所长，采取变通手段。笔者以为，这是极为高明的一招。

试读他的译文：

"……常听人说，可意儿的相好有四心：用心，专心，上心，细心……你听着。我一口气给你背下来。我想大概是这样的：将心比心，好心，热心，善心，贴心，恒心，诚心，忠心，实心，有风度，有名望，有壮志，有门第，有权势，有家产，有钱财……"

  这样的处理不啻一石数鸟：既忠实转达了原文说了些什么（理想情人的种种品格）和怎么说的（文字游戏），又直接显示了作者的意图（为什么这样说）：用高度个性化的语言来刻画人物机敏乖巧、伶牙俐齿的形象。也就是说，进行一定程度的变通处理，译家深层次的目的却毫无变更：仍然是为了忠实于原文，即紧抓一个"信"字。途径尽管曲折迂回，但完全遵循并符合当代翻译学中动态等效的原则，是行之有效的。

  此外，燕生在译事中对专有名词、西班牙文习语的准确翻译以及词义的选择、行文的节奏、原文修辞色彩的保留等诸多方面，进行了勇敢的探索和大胆的尝试，令读者耳目一新，肃然起敬。

  笔者清楚地记得，一九九四年夏，燕生曾经在中国西葡拉美文学研究会组织的一次文学翻译研讨会上说过："前辈翻译家的劳绩犹如一把把梯子，使我们这些后辈能够达到一定的高度；而我们则愿意让我们的后来者踩上我们的肩膀攀登新的高峰！"壮哉斯言！

（2006年3月6日，北京太阳宫）

"堂·吉诃德"还是"堂吉诃德"?

西班牙语国家自古至今都保留着一个对人尊称的习惯：对男士尊称为 don，音译为"堂"（也有译为"唐"或"董"的），意思是先生或老爷；对女士尊称为 doña，音译为"堂娜"（也有译作"唐娜"或"董娜"的），意思是女士或夫人。对于咱们中国人来说，西班牙文这个 don，倒还算耳熟能详，这主要应归功于西班牙大文豪塞万提斯的举世名著 Don Quijote（《堂吉诃德》）。

不过国内译界对这"don"字的处理，似乎一直有些小小的分歧。有的人在译成"堂"时，在后面加了一个小圆点，将其与名字吉诃德隔开，作"堂·吉诃德"（见《万象》2007年8月号蔡登山文：《雨巷的忧愁》）；有的人则不用小圆点，把"堂"直接与名字挂钩，作"堂吉诃德"。笔者赞同第二种处理办法，因为 don 仅是一种尊称，既不是姓，也不是名；而小圆点只是把外国人的姓名隔开的一种标点符号，如费德里科（名）·加西亚（父姓）·洛尔迦（母姓）。但如果堂后面加了小圆点，加在这位作家姓名的前面，成堂·费德里科·加西亚·洛尔迦，就与姓名密不可分了。如果意译过来，就是费德里科·加西亚·洛尔迦·先生了，堂·吉诃德，就成了吉诃德·先生了。试想，这小圆点岂非多余？是不是删去为妥呢？

"堂·吉诃德"还是"堂吉诃德"?

据笔者了解,早在二十世纪三四十年代,精通西班牙文的戴望舒先生对此处理得就颇为恰当。他曾将 don Quijote 意译成《吉诃德爷》(惜未完成出版),而在他所译的多篇西班牙短篇小说里,他把 don 音译成"唐"(当然也不失为一种译法),且与姓名直接连接,之后不加圆点。所以,在笔者看来,中国译家把英国诗人拜伦(Byron,1788—1824)的长诗 Don Juan 译成《唐璜》,把西班牙作家佩雷斯·加尔多斯(Pérez Galdós,1843—1920)的长篇小说 Doña Perfecta 译成《悲翡达夫人》,把委内瑞拉作家加列戈斯(Gallegos,1884—1969)的长篇小说 Doña Bárbaraa 译成《堂娜芭芭拉》,他们对 don 或 doña 的处理,都是十分得当的。

最后必须提一笔的是,don 或 doña,用时要放在名之前,如 don Juan,doña Bárbara,而不能置于姓之前。姓前的尊称要用另一个词,即 señor 或 señora,如 señor Borges(博尔赫斯先生),señora Mistral(米斯特拉尔女士)。

墨西哥文学在中国

由于西班牙语文学翻译人才极度匮乏,中华人民共和国建国之前对墨西哥文学的介绍,几乎等于零。而建国初期,也只是被动的、零散的、边缘的,因而是极不系统的;而且,往往蒙上一层极其浓重的意识形态色彩。

成立于一九七九年的中国西班牙葡萄牙拉丁美洲文学研究会曾经调查统计,新中国建国后所介绍的第一部墨西哥长篇小说是何塞·曼西西多尔(José Mancisidor,1894—1956)的《风向所趋》(Frontera junto al mar)。译者袁湘生,从俄文转译,由上海新文艺出版社一九五六年推出。曼西西多尔的文学创作虽多反映人民斗争和社会生活,有一定的意义,但在墨西哥文学史上,还远不是杰出的代表。由于向苏联一边倒的政治倾向,这位在苏联大为走红的墨西哥作家的小说,便理所当然地为当时人才济济的中国俄语翻译家所关注,成为争相译介的对象。

一九五八年,他的另一部长篇小说《深渊上的黎明》(El alba en las simas)又从俄文转译,由中国权威的文学出版机构人民文学出版社出版。自此,几乎所有对拉丁美洲文学深感兴趣的中国读者,特别是努力学习西班牙语的专业人士都欣赏和阅读过这位作家的作品。而他的一部反映西班牙内战题材的小说《一位西班牙母亲》(De una madre española) 虽迟迟于一九八〇年才由原文译出出版（另一译本面世于一九九二年。译者李多，时任北京外国语大学西班牙语系副教授，曾获墨西哥国立自治大学语言学学士）。但其原文因文字通俗易懂，早在二十世纪六十年代即由北京外国语学院西班牙语系作为教材出版，而成了中国西班牙语文化工作者熟读的作品。也因此，曼西西多尔便成为中国比较熟悉的墨西哥作家。

然而，中国的文学创作界对其作品的社会内涵的认知应该说要大于对其艺术笔法的借鉴。也就是说，他对中国作家的艺术震撼是并不显著的。曼西西多尔尚不足以与中国译家所介绍的欧美大家并驾齐驱。

而另一个有趣的文学翻译现象是：一大批熟练掌握英语的翻译人才，此时也不甘寂寞，他们把目光转向他们认为政治内容比较突出的拉丁美洲文学作品。一位名叫特雷文（B.Traven）的旅居墨西哥的美国小说家的小说《伐木工的反叛》(The Rebellion of the Hanged) 以及《草莽将军》(The General in the Jungle) 居然被视为墨西哥小说，相继于1957年和1958年由英文译出面世。中国读者虽然也可从中了解到一些墨西哥社会的客观背景状况，但因不是墨西哥本土作家的创作，反倒对中国读者真正认识墨西哥文学造成了偏差和误导。现在回顾往事，可说是一场令人啼笑皆非的历史误会。

但是，值得庆幸的是，进入二十世纪六十年代，中国的出版家渐渐调整了自己评判拉美文学的眼光。一九六〇年，长篇小说《财阀》(The Bosses) 翻译出版。虽说仍由英文转译，但因是第一次介绍了墨西哥革命小说代表作家马里亚诺·阿苏埃拉（Mariano Azuela，1873—1952）的重要作品，从而显示了译家的准确眼光，让中国读者接触到真正意义上的墨西哥文学，同时也启发了后来的中国西班牙语文学翻译界迈上对作品必须重视研究，客观评估，然而再行译介的正确途径。受此影响，

迷宫与《百年孤独》
—— 品博尔赫斯，考《百年孤独》诸家

阿苏埃拉的代表作、长篇小说《在底层的人们》（Los de abajo）经吴广孝从西班牙文原文译出并于一九八一年由外国文学出版社出版。这部描写墨西哥农民起义的革命小说，不仅具备深厚的政治内涵，而且通过书中人物的眼睛观察世界和反映世界的艺术手法，也得到中国文学创作界和读书界的高度赞赏。

二十世纪七十年代末八十年代初，一大批远赴墨西哥进修西班牙语的中国留学生纷纷先后学成归国。他们不仅打下了扎实的语言文字功底，而且还带回了墨西哥现当代文学准确而重要的信息。他们与国内逐渐壮大成熟的西班牙语文化工作者一起，组建成一支年富力强、精力充沛且不容忽视的文学翻译队伍。他们再也不充当无能为力的旁观者了，而是勇敢地承担起历史赋予他们的重任，脚踏实地地一步步迈向文学翻译的神圣殿堂了。

一九八〇年，他们克服重重困难，终于获取了丰硕的成果：他们把拉丁美洲著名魔幻现实主义大师胡安·鲁尔弗（Juan Rulfo，1918—1986）的几乎全部作品从西班牙文原文译出，结集成《胡安·鲁尔弗中短篇小说集》（Pedro Páramo y el llano en llamas），由外国文学出版社出版。译者以屠孟超为首，是南京大学西班牙语系的中青年教员，大都在墨西哥留过学，熟悉该国风土习俗，因而对作品的理解较为透彻；文字功底扎实，对成功移译小说亦有较大把握。

其实，鲁尔弗的作品早在二十世纪五十年代即震动拉美文坛，但中国却对此一无所知。虽然中国的译介比原作面世晚了二十余年，但应该说，这是中国第一次全面介绍墨西哥当代文坛大师级代表作家的可喜尝试，而且受到了中国中青年作家的广泛关注。李陀、邱华栋等著名作家就曾撰文表示十分喜爱鲁尔弗的作品。该小说集中的《人鬼之间》（Pedro Páramo）后来多次再版。一九九三年，小说集经译者对译本稍加修改和补充，易名《胡安·鲁尔弗全集》，作为《拉丁美洲文学丛书》的一种，由云南人民出版社再次推出。

一九八五年二月一日,中国社会科学院外国文学研究所《世界文学》西班牙语编辑林一安在墨西哥国家土著研究所(Instituto Nacional lndigenista)拜会鲁尔弗,曾将两册《胡安·鲁尔弗中短篇小说集》赠给作家本人。作家看到自己的作品变成对他来说仿佛天书似的中国方块汉字,又惊又喜,激动得双手颤巍巍地捧着小说集,摩挲良久。他对林一安和陪同会见作家的中国驻墨使馆文化参赞李云溪表示,很想访问中国。作家还高兴地拿出一本自己的作品全集,赠给林一安,并用他特有的漂亮花体字题词道:"致林一安老师,怀着深深的敬意、好感和诚挚的友情,您的朋友鲁尔弗,1985年2月1日,墨西哥联邦区。"但非常遗憾,次年先生仙逝,他的美好愿望未能实现。为寄托对大师的哀思,林一安在西文版的《中国建设》(China Reconstruye)曾撰文悼念。这一时期,介绍墨西哥现当代文学较为活跃的西班牙语翻译家主要集中在南京大学西班牙语系和上海外国语学院西班牙语系。他们分别将时任墨西哥总统的何塞·洛佩斯·波蒂略(José López Portillo, 1920— ,任期为1976至1982年)塑造成为人民谋福利的英雄人物盖查柯亚脱尔崇高形象的文学作品《羽蛇》(Quetzalcoat)以及突出介绍墨西哥优秀作家马里亚诺·阿苏埃拉、格雷戈里奥·洛佩斯·富恩特斯(Gregorio López y Fuentes, 1897—1966)、鲁尔弗、何塞·雷韦尔塔斯(José Revueltas, 1914—1976)、胡安·何塞、阿雷奥拉(Juan José Arreeola, l918—2001)等的中短篇小说,结集成《墨西哥中短篇小说集》(ReIatos y cuentos mexicanos),从西班牙文原文译出,于一九七八年和一九八〇年出版。虽然这些小说数量还不大,还远不能完全代表墨西哥文学的概貌,但是中国读者多少还是能了解到重要线索。

中国译家译介墨西哥文学另一重大举措便是有计划、有步骤地翻译墨西哥著名作家、拉丁美洲小说的开拓者何塞·华金·费尔南德斯·德·利

迷宫与《百年孤独》
—— 品博尔赫斯，考《百年孤独》诸家

萨尔迪（José Joaquín Fernández de Lizardi，1776—1827）的代表作长篇小说《癞皮鹦鹉》（El Perquillo Sarniento）以及另一部长篇小说《堂卡特林》（Don Catrín de la Fachenda）。它们分别于1986年和1982年由人民文学出版社和上海译文出版社推出。主要译者王央乐，是中国较早介绍拉美文学的资深翻译家、编辑，时任中国西葡拉美文学研究会会长。《癞皮鹦鹉》这部流浪汉体小说人物刻画形象生动，文笔流畅，情节曲折，为拉丁美洲小说的发展奠定了基础；然而其结构尚嫌简单，艺术构思尚欠完整，议论尚显冗长，突现出拉丁美洲小说还较稚嫩，尚在萌芽状态。不过，中国读者还是辨出了拉美小说今后必将欣欣向荣的发展势头，中肯地认为其历史功绩是不可磨灭的。

二十世纪八九十年代，中国译家在积极介绍拉丁美洲文学爆炸时期的几位主将、哥伦比亚的加夫列尔·加西亚·马尔克斯（Gabriel García Márquez，1927— ）秘鲁的马里奥·巴尔加斯·略萨（Mario Vargas LIosa，1936— ）、阿根廷的胡利奥·科塔萨尔（Julio Cortázar，1914—1984）的同时，自然也没有忘记另一位巨匠、墨西哥的卡洛斯·富恩特斯（Carlos Fuentes，1928— ）。

中国译界推出的富恩特斯的第一部长篇小说是他的《阿尔特米奥·克罗斯之死》（La muerte de Artemio Cruz），由资深西语文学翻译家陈用仪（笔名亦潜）从原文译出，1983年外国文学出版社出版。陈用仪通晓英、俄、法、西等多种外语，是中国杰出的语言学家，他的译文应该说是准确传神的。

作家的另一部长篇小说，成名作《最明净的地区》（La región más transparente）则由曾留学墨西哥的青年翻译家徐少军、王小芳夫妇译出，时任《世界文学》副主编、中国西葡拉美文学研究会常务副会长的林一安作序，经云南人民出版社作为《拉丁美洲文学丛书》的一种，于一九九三午推出。

《最明净的地区》原作于一九五八年面世，是作家全部文学创作生活中最初的尝试。诚如作家本人所言，它是"一个城市的传记，一部现代墨西哥的总结"。在创作手法上，作家运用了乔伊斯的意识流和内心独白，福克纳的用现在进行时描写过去的，甚至十分遥远的事情的手法，劳伦斯运用将来时叙事、描写的手段，多斯·帕索斯所倡导的"摄影机眼"技巧。因此，作家得以多方位、多层次地来写景状物、刻画人物。

至于写出了"墨西哥的伟大，墨西哥的戏剧，以及它的贪婪，它的纯洁，它的温柔"的《阿尔特米奥·克鲁斯之死》也令中国读者顿感面目一新。作家运用了第一、第二和第三人称轮流交替的手法，采用逆时和顺时交叉的写法，在中国读者面前呈现一幅立体画面，令人大开眼界。

中国著名青年作家邱华栋（1969— ）对富恩特斯的小说极为欣赏、推崇和折服。他常常在自己的文学创作中加以模仿和借鉴。如他的长篇小说《黑暗河流上的闪光》和《正午的供词》里，人们可以清楚地感觉到富恩特斯对这位中国小说家的影响。另一位中国青年作家吉狄马加对富恩特斯所说的"拉丁美洲乃是文学的新世界，是新的想象力的发现航路所通往的地方"也表示认同。

富恩特斯第三部翻译成中文的长篇小说是一九九四年面世的《狄安娜——孤独的女猎手》（Diana o la cazadora solitaria），但中国读者对这部作品的反应似乎不如上面两部热烈。

这时期，中国介绍的三位墨西哥重要作家值得记上一笔：第一位是马丁·路易斯·古斯曼（Marín Luis Guzmán，1887—1976）。他的长篇小说《元首的阴影》（La sombra del Caudillo）由北京大学西班牙语系教师赵德明和韩水军合作译出，1984年由北方文艺出版社推出。第二位是豪尔赫·伊巴尔古恩戈伊蒂亚（Jorge Ibarguegoidia，1928—1983）。作家于一九六四年荣获古巴"美洲之家"的长篇小说《八月的闪电》（Los Relámpagos de agosto）虽未译成中文出版，但其幽默犀利、直白简练

迷宫与《百年孤独》
—— 品博尔赫斯，考《百年孤独》诸家

的文笔已引起中国西班牙语文化工作者的注意。一九八八年，他的两部中篇小说《死去的女人》（Las muertas）和《双罪记》（Dos crímenes）由女翻译家蒋宗曹译出，于一九八八年出版。第三位是墨西哥著名记者、作家路易斯·斯波塔（Luis Spota, 1925-1985）。他的优秀长篇小说《腿尺天堂》（Casi el paraíso）在一九九一就有两个原文直译本问世，分别由外国文学出版社和云南人民出版社推出。译者刘玉树和丁文林，也曾在墨西哥长期生活、工作。前者还曾任中国大使馆商务参赞。后者为北京大学西班牙语系教师，曾将另一位墨西哥作家何塞·阿古斯丁（José Agustín, 1944—）的处女作中篇小说《坟墓》（La tumba）译出，于1988年发表在漓江出版社出版的《青年外国文学》创刊号上。

在中国文学创作界和读书界获取崇高声誉的墨西哥作家，应该说非墨西哥伟大诗人、一九八一年塞万提斯文学奖得主、一九九〇年诺贝尔文学奖得主奥克塔维奥·帕斯（Octavio Paz, 1914—1998）莫属。一九九〇年上半年，诗人的代表作长诗《太阳石》（Piedra del sol）即由曾留学墨西哥、时任北京大学西班牙语系副教授及中国西萄拉美文学研究会常务理事的赵振江成功译出，交呈《世界文学》副主编林一安审读。林一安于一九八五年访问墨西哥期间，曾有幸在诗人寓所拜会过这位拉丁美洲诗坛巨擘，之前曾读过他的诗作。他同样对这位曾经从英文转译过中国古典诗人李白、杜甫、王维、元稹等佳作的译坛高手印象深刻、极为钦佩。林一安读完赵振江的译稿后，大为激动振奋，立即拍板，决定在当时中国介绍外国文学的权威刊物《世界文学》（中国社会科学院外国文学研究所机关刊物）刊出，以飨中国读者。同年十月，瑞典文学院宣布，帕斯获得该年诺贝尔文学奖。消息传到中国，赵振江、段若川、林一安等中国译家欣喜若狂，因为他们感到，他们所选择介绍的作家是世界一流的，把他介绍给中国读者是经过认真研究，精心准备的，因而是高度负责任的表现。

为配合这首长诗的发表，林一安决定约请赵振江将帕斯在诺贝尔奖颁奖仪式上的演说全文译出，同时再撰写一篇有关诗人的评论，一并于一九九一年第三期《世界文学》刊出。

此后，中国有多位译家介绍帕斯的作品，但是有分量的应该说是赵振江选编翻译，由云南人民出版社作为《拉丁美洲文学丛书》的一种，于一九九三年推出、囊括了帕斯精品的《帕斯作品选》。赵振江认为，帕斯的作品既有深刻的民族性又有广泛的世界性，既有炽热的激情和丰富的想象，又有冷静的思考和独特的见解；他将古老的印第安传说和西方的现代文明熔为一炉；将叙事、抒情、明志、咏史、感时、议政等各种素材有机地结合在一起，又不时将东方宗教和玄学的闪光体镶嵌在字里行间，从而形成色彩斑斓的独特风格。

帕斯的长诗《太阳石》曾被另一位墨西哥著名作家、文学评论家何塞·埃米利奥·帕切科（José Emilio Pacheco，1939—2014）认为是"用西班牙语创作的最伟大的诗篇之一"，在中国诗歌界也遇到了诸多知音。

中国著名中青年诗人、作家西川、王家新、吉狄马加等特别喜爱赞赏这部不朽的诗篇。吉狄马加说："……我真正感觉到，拉丁美洲的作家和诗人，其实是在自己所实践的一切艺术探索背后，隐含了独特的社会、历史与政治的架构。他们的作品无论幻想的成分有多大，但是现实主义的精神却从未丧失过。……拉丁美洲文学对世界文学做出的最大贡献，就是拉丁美洲的作家和诗人，用他们的笔复活了一个神奇的大陆，而他们的作品大都呈现出史诗的磅礴气势……"

一九八九年二月，林一安在《世界文学》该年第一期编发了智利当代著名女作家伊萨贝尔·阿连德（Isabel Allende，1942—　）的长篇小说《幽灵之家》（La casa de los espíritus）和《爱情与阴影》（Del amor y sombra）的部分章节，并另撰专文，介绍拉丁美洲文学爆炸的小字辈作家。这里他主要是指二十世纪三四十年代出生的作家。该文提到的墨西

迷宫与《百年孤独》
—— 品博尔赫斯，考《百年孤独》诸家

哥作家，就有费尔南多·德尔帕索（Fernando del Paso，1935— ）、古斯塔沃·萨因斯（Gustavo Sains，1940— ）、萨尔瓦多·埃利松多（Salvador Elizondo，1932— ）等三位。林一安虽然在一九八五年访问墨西哥期间曾去埃利松多寓所会见过这位才华横溢的作家，但他的这篇文章着墨最多的还是帕索。林一安注意到，帕索是继巴尔加斯·略萨、加西亚·马尔克斯和富恩特斯之后荣获拉美文学最高奖、加列戈斯文学奖的第四位得主（1982年）。他知识领域相当广泛，在革新小说的叙事结构方面极为大胆开拓。作为《拉丁美洲文学丛书》编委会召集人，他建议约请张广森、刘晓眉将作家一九八七年问世的长篇小说《帝国铁闻》（Noticias del imperio）译出，介绍给对墨西哥文学日益感兴趣的中国读者。该小说以墨西哥皇后卡洛达对往事的回顾，叙述一八六一年至一八六七年期间墨西哥被法国侵略的历史。一九九〇年二月，张广森以贺晓为笔名，在《世界文学》第一期，专门撰文介绍他们所翻译的这部作品，认为这是拉美文学的新突破，评价甚高。张广森、刘晓眉曾任北京外国语学院西班牙语系教师，中西文俱佳。张还曾任院刊《外国文学》副主编、《新西汉词典》主要负责编辑、新华社驻外首席记者，长期在墨西哥生活工作。由于他们丰富的经历，翻译《帝国铁闻》，他们俩应该是胜任愉快的。

二十世纪五十年代伊始，中国公众虽然对别具一格的墨西哥电影《生的权利》（El derecho de nacer）、《被遗弃的人》（Las abandonadas）、《偷渡的苦工》（Espaldas mojadas）、《冷酷的心》（Corazón salvaje）、《叶塞尼娅》（Yesenia）《勇敢的胡安娜》（Juana Gallo）等颇为喜爱，但真正的文学戏剧作品，却仍不为中国读者所了解。墨西哥当代著名戏剧家罗多尔福·乌西格利（Rodolfo Isigli，1905—1979）的名作《欺世盗名之辈》（El gesticulador）虽经文字功力不俗的北京大学西班牙语系副教授徐曾惠努力译出，但因种种原因，未获出版，殊为憾事。

在中国话剧舞台上，外国剧作家只有莎士比亚、莫里哀、阿瑟·密勒、迪伦马特等欧美名家的作品才能登场亮相，翻译并上演的拉丁美洲话剧令人遗憾地犹如凤毛麟角。在新中国建国至今漫长的半个多世纪里，只有四部剧本能享有如此殊荣：巴西吉列尔莫·菲格雷多（Guillermo Figuiredo，1915— ）的《狐狸与葡萄》（A Raposa e as Uvas）、阿根廷阿古斯丁·库塞尼（Agustin Cuzzani，1924— ）的《中锋在黎明前死去》（El centroforward murió al amanecer）、古巴巴格·阿尔丰索（Paco Alfonso，生平不详）的《甘蔗田》以及墨西哥巴勃罗·萨利纳斯（Pablo Salinas，1926— ）的《社会形象》（Las bellas imágenes）。前三出分别在二十世纪五十年代末和六十年代初上演。后一出，由曾在该国长期工作的女翻译家杨明江译出，译文在《世界文学》1989年第5期经修改后刊出。同年，由中国著名导演王培执导，在中国青年艺术剧院小剧场演出，取得极大成功。王培对该剧作出了极高的评价。他说："作者巧妙地在一个并不新鲜的故事和并不复杂的情节里，以两个人物的邂逅，以丰富的思想内涵和对现实生活针砭时弊的冲击，拎出了一个'虚假的自我与真实的自我之间矛盾'的大主题。"他又补充道："这一主题不限于一个人，一个民族，一个国家……这是人人需要思考的。"稍后，中国中央电视台青年女导演吴济戎又将剧本再次排演，搬上中国屏幕，赢得了更为广泛的观众。一出外国话剧作品，不仅能在中国舞台上演出，而且还能登上中国银屏，这是极为罕见的。中国话剧导演界第一号人物林兆华也曾对此剧给予很高的评价。

一九九三年，林一安在阿根廷考察拉美文学期间，读到墨西哥女作家劳拉·埃斯基韦尔（Laura Esquivel，1950— ）的长篇小说《恰似水于巧克力》（Como agua para chocolate）；同时又观看了由小说改编的同名电影。该小说结构及叙事方式奇特，凡十二章，分十二个月并以十二道菜谱方式铺陈叙述故事，且以魔幻现实主义手法描摹一对青年恋人为追求纯真的爱情反抗封建家长制羁绊而殉情的动人悲剧，感人至深。

林一安意识到这是一部好作品，值得向中国读者推荐。回国后，林立即向《世界文学》编辑部建议，约请对墨西哥文学极为熟悉的女翻译家段若川全文译出。编辑部认为，一位女性作家的作品，由一位女性翻译家动手翻译，相信能更好体现和阐述女性细腻、温柔、执着的个性。数年后的一九九七年，译文便在《世界文学》该年第一期发表，读者反响热烈。

进入新千年之后，由于版权问题的困扰，以及对当代墨西哥代表作家的研究不够深入，中国翻译界对墨西哥文学的介绍显得较为审慎，步履艰难。墨西哥当代作家中最令中国的西班牙语文化工作者深感意外的是2005年塞万提斯文学奖得主塞尔西奥·皮托尔（Sergio Pitol, 1933— ）。在获奖之前，中国对他的了解，实在很少。由佩德罗·希莫塞（Pedro Shimose）主编的《西葡拉美作家词典》（Diccionario de autores iberoamericanos, 1982年版），虽然有介绍皮托尔的词条，但着墨不多。在美国著名拉美文学评论家约翰·布拉绪伍德（John Brushwood）教授撰写的《二十世纪西班牙语美洲长篇小说》（La novela hispanoamericana del siglo XX）一书中，根本就读不到介绍皮托尔的一字一句。在中国，情况当然更不乐观。一九九八年，由译林出版社出版的《二十世纪外国文学大词典》虽收有皮托尔的一个条目，但只有短短的五行字，语焉不详，远逊于帕索、何塞·埃米利奥·帕切科等人的词条。

尽管如此，中国学者还是在皮托尔获奖前捕捉到准确的信息。二〇〇五年，皮托尔荣获塞万提斯文学奖。消息传到中国，更坚定了中国出版界出版他作品的决心。

二〇〇六年六月，作家本人访问中国，他的两部作品——小说《夫妻生活》（Vida conyugal）和文学评论集《逃亡的艺术》（El arte de la fuga）出版，令中国读者了解到作家以别样的角度阐述的墨西哥文学。

综上所述，回顾中国译介墨西哥文学半个多世纪的发展历程，不难看出，有下列几个特点：

一、由被动变为主动；二、由转译过渡为直译；三、译者或研究者大都曾在墨西哥留学或访问、工作，通晓西班牙语，对该国的感性知识相对来说比较丰富；四、由零散发展为较有系统；五、由单一的政治选择标准走向为多方位、多角度、多层次的介绍。

虽然中国译家及研究家在介绍过程中尚有不够全面、不够完备之处，有些译文尚不尽如人意，有进一步提高的必要；但总的说来，还是大体上把握墨西哥文学发展的较为清晰的脉络，中国读者是可以欣赏、品味世界文坛这架奇葩，从而学习、借鉴的。令人感到格外高兴的是，今日中国的西班牙语翻译研究界已经逐渐成熟，形成规模，人才辈出，相信定有能力掌握未来，为进一步繁荣墨西哥文学的译介工作作出更大的贡献。

一部留有太多遗憾的辞书
——评《新时代西汉大辞典》

经过编者历时十载的努力拼搏,《新时代西汉大词典》(孙义桢主编,商务印书馆出版,2008)终于以精美靓丽的扮相面世了,理应庆贺。它收词十二余万条,另有习语、成语、谚语以及固定搭配词组近三万条,可以说是迄今为止我国辞书界规模最大的一部西班牙语—汉语工具书。考量我国目前西班牙语界的人力、物力和财力,估计至少近十年内其地位不会轻易被取代,而会使用很长一段时间。因此,人们有理由对它寄予较高的期望。

较之收词仅十一万余条的另一部大型西汉词典《新西汉词典》(主要定稿人张广森,商务印书馆出版,1982),它令人羡慕地占尽了天时、地利、人和的便宜。《新西汉词典》(为叙述的方便,以下简称《新西汉》)的编纂工作始于一九七二年,其时正值十年动乱期间,可以想见会有多大的限制和束缚。编者能达到当时的水准,可谓是历尽艰辛,实属不易;而《新时代西汉大词典》(以下简称《新时代》)则在二十世纪九十年代末即改革开放近二十年之后中国崛起的大好时光着手编纂,禁锢打破,思想解放,学者得以充分施展其学养才智。此堪称《新时代》得"天时"之先。笔

一部留有太多遗憾的辞书
——评《新时代西汉大辞典》

者所谓的"地利",不仅指编者理想的工作环境和条件,也指其出国考察、撷取第一手资料、体验西班牙语各国用语的机遇。遍观《新时代》的编纂人员,几乎无一例外地全部具备出国学习、工作的经历,而且常年在外者还为数不少。

但由于时代的局限,《新西汉》的编者竟无一人享有此种良机。所以,"地利"也为《新时代》所独得。至于"人和",两部词典更有天壤之别。据笔者所知,《新西汉》事实上的主编本为张广森,但当时有关部门为了杜绝"名利思想",竟别出心裁地创造出"主要定稿人"这么一个不伦不类的名称取而代之。这既打击了主编的积极性,又剥夺了主编应负的职责,煞是荒唐。其实,主编最辛苦,责任最大,也更需具备较高的才学。主编不仅是声誉,更是责任,是决定辞书成败、水平高低的关键人物。《新时代》的主编真是生逢其时,他的大名不仅单独、醒目地刊登在词典封面及扉页,而且还在另页编委会名单中位居首席。这种无可厚非的待遇,《新西汉》的"主编"却享受不到:他的名字只能忝列编写组人员之下。再者,"人和"还指商务印书馆显示了批准《新时代》庞大的编纂设想和选题计划的恢宏气魄,并使之如期实现。这一方面,固然成就了编者得以纵横笔墨、恣肆汪洋的巨大活动空间;而在另一方面,也是检测编者学术功底更为严格的手段。如何掌控这一"危机"即"危险"及"机遇",应是编者小心谨慎、锲而不舍的治学态度,不可不察。

坦率地说,面对《新时代》这部卷帙浩繁(篇幅长达2345页,约800万字)的辞书,要在短期内对其进行恰如其分、全面而正确的评价,几乎是不可能的,但这并不妨碍我们对其作出粗略的初步印象。

笔者原本以为,《新时代》凭借这得天独厚的三大优势,可以而且也应该呈献出一部足以令人信赖的权威性辞书;然而,经过数周的披览和观察,恕笔者斗胆直言,我的第一印象是:这不是我们期盼已久的高水平工具书,它错误频现,似乎仓促成书,试图令读者信服,恐怕是要

迷宫与《百年孤独》
—— 品博尔赫斯，考《百年孤独》诸家

大打折扣的。笔者于不经意间，就发现了数项不该犯的错误，例如，它把哥伦比亚作家、一九八二年诺贝尔文学奖得主加西亚·马尔克斯的著名长篇小说 Cien Años de Soledad（《百年孤独》）按中文逻辑思维写成 Soledad de Cien Años；把 mensaje electrónico（电子邮件）写成 mensaje eléctrico（电邮件）；把缩略语 USA 的英文原文 United States of America 写成英西文互现的 United States de America；把 vestido de novia（新娘婚服）写成 vestido de novio（新郎婚服）；把 Adán（亚当）写成 Adam；把电子邮件地址中的 @ 符号（西班牙文应为 arroba）写成 arrobas，而且在 arroba 条里未做任何说明；把英文缩略语 UNESCO（联合国教科文组织）的原文 United Nations Educational, Scientific and Cultural Organization 写成 United Nations Educational, Scientific, and Cultural Organization，and 前毫无必要地多添了一个逗号。等等，等等。以上数例虽然都是微瑕小疵，有的只是一个小小的标点符号的取舍，尚未涉及词条释义等重要领域，但足可反映词典编纂校勘工序的严重欠缺。词典要求准确可靠，力争避免有半点松懈差错，否则何以服众？何以指导渴望求知解惑的莘莘学子？

笔者以为，其实可以从"全、准、新"三个方面对《新时代》进行真正有效的评估，而不难测出其水平的高低。

一、"全"是指收词和释义的齐全。只要有足够的时间、丰富的资料、科学的编纂手段，难度应该不会很大。具备一定水平的西班牙语工作者，一般都能胜任。问题是收词如何取舍得当，兼顾各面，恰到好处。

平心而论，在收词庞大、宽泛这一层面，《新时代》基本上是做到了。由于编者思想解放，视野相对开阔，选收词条可谓包罗万象。特别难能可贵的是，编者注意收选了拉美地区用语以及国际流行用语。如 chifa 一词，为秘鲁用语，实为汉语"吃饭"的西班牙语音译（按中国南方发音），现被秘鲁民众指称中餐或中餐馆。如 chimichuri，系南美阿根廷诸国

一部留有太多遗憾的辞书
——评《新时代西汉大辞典》

吃烤肉时一种用大蒜、香菜、辣椒、盐、醋和橄榄油等制成的调料。如 gay，原系英文，现在西班牙语国家通用，指男同性恋者；lesbiana，女同性恋者。

又如，选收了各种常用的缩略语。ETA，埃塔（巴斯克民族和自由组织简称，被认为是恐怖组织）。词典不仅注明了其西文为 País Vasco y libertad，而且还标明了其巴斯克原文为 Euzkadi-Ta-Azkatasuna，向读者清楚地交代了 ETA 这三个字母的由来，颇见匠心。S.R.C.，词典说明系原文 Se ruega contestación（敬请赐复）的缩略语。R.S.V.P.，此缩略语在西班牙语国家也颇通用，词典不仅注明系法文 Réspondez sil vous plaint（敬请赐复）的缩略语，还交代此乃"正式请柬用语，询问能否出席"，可谓周到。其他如 VIP（Very important person，惜词典此处仅注"要人"，其实应按中国通用语加注"贵宾"）、DNA（deoxyribonucleic acid 脱氧核糖核酸）、DVD（digital video disc 数码视盘）、UFO（unidentified flying object 不明飞行物，飞碟）、SIDA（sidrome de inmunodeticiencia adquirida 艾滋病）等等生活常用国际缩略语亦尽皆收录，足可供读者备考。

作为一名西班牙语文学翻译工作者，笔者欣喜地注意到，20 世纪拉丁美洲涌现的重要文学流派如 realismo mágico（魔幻现实主义）以及举世瞩目的文学景观 el boom de la literatura latinoamericana（拉美文学爆炸。此词条似可商榷，下文专论），《新时代》均有明显的反应。

与以往出版的所有西汉词典不同，《新时代》还破天荒地收录了世界政治、经济、宗教、神话、历史、文学、科学各界知名人士。如 Cristóbal Colón（哥伦布），Cervantes（塞万提斯），Juana de Arco（圣女贞德。林按：这位法国女英雄曾被人根据西班牙文发音译成胡安娜·德阿尔科，中国读者看了莫名其妙，不知何方神仙。如能附上法文原名 Jeanne d'Arc，则更能令读者感到发音接近汉译名），Calvino（加尔文，十六世纪法国神学家。这是他的西班牙文译名，法文原文为 Jean Calvin，应附上，否则中国译家很可能将其按西班牙文发音译成卡尔维诺，与意大利当代著名作家 Italo Calvino 意大洛·卡尔维诺混淆），Newton（牛顿），Miguel Angel（米开朗琪罗，十六世纪意大利著名雕刻家、画家。这也是他的西班牙文译名，意大利文原文为 Michelangelo，也应附上），Hércules（赫丘利，罗马神话中的大力神）等等，读者治学查询，极为方便。

然而，遗憾的是，人们很快就发现，《新时代》在广泛收录大量词条的同时，还暴露出掌控、调配、平衡甚至阐释诸多方面的明显不足，似乎给人以顾此失彼的感觉。

例如，收录了 baseball（或 beisbol，棒球），却未收 softball（垒球）；收录了在西班牙通用的 móvil（手机），却未收在拉丁美洲通用的 movicóm 或 célula（手机）。

《新时代》似乎对西班牙各地方大学情有独钟，收录了大量的缩略语，如 UAL Universidad de Alicante（阿利坎特大学），UALM Universidad de Almeria（阿尔梅利亚大学），UBA Universidad de Barcelona（巴塞罗那大学），UCLM Universidad de Castilla-La Mancha（卡斯蒂利亚·拉曼却大学），UCN Universidad de Cantabria（坎塔布连大学），UCO Universidad de Córdoba（科尔多瓦大学），ULC Universidad de la Coruna（拉科鲁尼亚大学），ULE Universidad de León（莱昂大学），ULL Universidad de la Laguna（拉古纳大学），等等，几乎囊括西班牙全国高校，但对拉美各国著名大学 UBA Universidad de Buenos Aires（布宜诺斯艾利斯大学），USM Universidad de San Marcos（圣马可大学）等却不屑一顾，或恐毫不知情。

其实，编者这种向西班牙文化过于倾斜的偏颇观点，在收录人物词条方面也存在明显的例证。编者收录了西班牙作家 García Lorca（加西亚·洛尔卡），Pérez Galdós（佩雷斯·加尔多斯，此人名《新时代》写

一部留有太多遗憾的辞书
——评《新时代西汉大辞典》

为 Galdós, Benito Pérez，不确），Antonio Machado（马查多，其实，只收录了有关此作家的一个形容词 Machadiano，马查多的，甚惑其故），等等，但对当代拉美文学巨擘如 Borges（博尔赫斯），García Márquez（加西亚·马尔克斯），Vargas Llosa （巴尔加斯·略萨），Cortázar（科塔萨尔），Carlos Fuentes（富恩特斯）等却只字未提。未审编者收录词条有无一定标准？

有些可收可不收、比较生僻的词，《新时代》似乎有所偏爱，如 Galván 一词，《新时代》的解释是"n.pr. 用于 no le entenderá ~（口）复杂难理解，怎么也弄不清楚"，却未交代其来龙去脉，恐怕编者也只知其然而不知其所以然。此词连权威的西班牙皇家学院编纂的《西班牙语词典》(Diccionario de la Lengua Española)、牛津大学出版社编纂的《牛津西班牙语词典》(Oxford Spanish Dictionary) 均未选收。（林按：西文 Galván，恐指 18 世纪意大利科学家、研究电能的先驱伽伐尼 Galvani, 1737—1798。说 "No le entenderá Galván"，直译"连伽伐尼也搞不懂你"，大概就是"怎么也弄不清楚"了。）

另外，对于历史人物的臧否，作为中国严谨的西班牙语辞书工作者，观点必须清醒、公正，切忌随声附和，莫衷一是。窃以为，这是辞书编纂的重要准则。然而，《新时代》的编者显然没有认真严肃地考察世界历史，因而犯了一个不可原谅的错误。请看其 Colón 条的释文：

Colón（Cristóbal）n.pr. 哥伦布（1451—1506，意大利航海家，新大陆发现者）…

把哥伦布称为"新大陆发现者"，不应该是中国学者正确的历史观；充其量不过是编者对西班牙皇家学院编纂的《西班牙语词典》(Diccionario de la Lengua Española, Real Academia Española, 2001) 相关条目不折不扣的全盘照搬。该词典的西班牙原文是：

Colón (De C. Colón, 1451—1506, marino y descubridor del

迷宫与《百年孤独》
—— 品博尔赫斯，考《百年孤独》诸家

Nuevo Mundo…）

哥伦布其人，举世闻名。在全世界，特别是在西班牙语世界的影响之大、之广、之深，至今可谓无人能望其项背。拉丁美洲的重要国家哥伦比亚，国名即源自此公大名。而以他的名字命名的广场、街道、剧院、学校等在西班牙语各国更是比比皆是。有些国家如哥斯达黎加、萨尔瓦多等的钱币即称 colón（《新时代》汉译为"科隆"），也都是为了纪念哥伦布（Colón）其人的。

但是，问题是，"新大陆"即美洲是否果如西方新老殖民主义者们宣扬的是哥伦布发现的吗？真实的历史的回答是：否！我们不妨听听美洲原住民民族解放运动家布鲁斯·威·角（Bruce With Horn）是怎么说的吧："讲哥伦布发现了新大陆，对我们美洲原住民来说是一个莫大的侮辱。他来到美洲时，我们祖先们已经在这块土地上世居了千万年，怎能说他发现了这片大陆呢？"（《海峡评论》1992 年第 10 期《还我土地还我主权》）

一九八二年十月，西班牙、意大利、多米尼加等三十四个国家向第三十七届联合国大会联名提出"庆祝哥伦布发现美洲五百周年"的决议草案，以庆祝将在一九九二年到来的"哥伦布发现美洲五百周年"。然而，此草案遭到众多国家的强烈反对而被否决。

这一重大历史事件，《新时代》的编者注意到了吗？令人汗颜的是，倒是英国学者对此相当警觉。查牛津大学出版社出版的《牛津西班牙语词典》（Oxford Spanish Dictionary, Oxford University Press, 2003）的相关条目，他们的编者颇为客观，只把西班牙文的哥伦布名姓 Cristóbal Colón 转换成英文，而对其人其事，未着一字置评：

Colón (hist.) Columbus；Cristóbal ~ Christopher Columbus…

其实，顺便提一句，西班牙文的 Colón，如果词典上附加了意大利原文 Colombo，想必中国的译家也不会把 Teatro Colón 和 Paseo Colón 译成与哥伦布毫无关系的"科隆剧院"和"科隆大道"了。

一部留有太多遗憾的辞书
——评《新时代西汉大辞典》

带着平日西班牙文阅读时的困惑，笔者有意对《新时代》收词范围进行一番考察，结果发现它在吸收拉美地区用语方面的欠缺。仅举数例，如 dulce de leche 一词。此词在南美阿根廷、乌拉圭等国极为平常，但中国读者初见时竟不知所指何物，国内有的教授甚至将其译为"奶油蛋糕"，贻笑大方。其实，这是一种类似炼乳的乳制品，译为"甜奶"可也。又如 fruta abrillantada，有人竟译为"果冻"，其实是指"果脯、蜜饯"一类的食品。又如 tenedor libre，字面上的意思是"自由的叉子"，实指 bufet 即"自助餐"。以上数词，《牛津西班牙语词典》尽皆收录，而《新时代》却一词未收，疑是编者未必掌握。

二、准，就是释义的准确。释义准确可靠，是衡量辞书学术含量最重要的尺度，也是编纂辞书最大的难点。《新时代》在这方面作出了一定的努力，但总的说来，比起以往的几部西汉词典，并没有许多令人振奋的超越，离学术界的殷切期盼还相去甚远。如 licenciado 一词，《新西汉》的义项之一是"硕士"，而且还以塞万提斯一篇小说 Licenciado Vidriera（译为《玻璃硕士》）来加重释义的可靠；而以孙义桢为主编的《简明西汉词典》（上海译文出版社，1981 年出版，2007 年重印）该词的义项之一也是"硕士"；事隔二十余年，《新时代》该词的义项之一没有丝毫变更，仍是"硕士"。而且照葫芦画瓢，也把 Licenciado Vidriera 搬出来，以"加强释义"。正是因为这几部"权威"的西汉词典的阐释，当代著名政治家、墨西哥前总统路易斯·埃切维里亚（Luis Echeverría,1922— ）的学衔 licenciado 在中国就一直被错误地译为"硕士"。

确实，这是错译。正确的译法应为"学士"，因为按照西班牙皇家学院编纂的《西班牙语词典》的相关释义是"…persona que ha obtenido en una facultad el grado que la habilita para ejercerla…"即"在某一学科结业的人"，也即"学士"，而非"硕士"。而《牛津西班牙语词典》的释义更为简明：graduate，即毕业生也即"学士"。再查与西班牙语较为接近的法语辞书，发现《法汉双解词典》（薛建成主编译，外语教学与研究出版社，2001年初版）licencié 的义项之一为"学士"，足资参考价值。又查与西班牙文更为接近的葡萄牙文，我国葡语工作者也有共识，把 licenciado 译为"学士"（见《葡汉词典》，陈用仪主编，商务印书馆，2001年初版）。那么，西班牙文的"硕士"又该怎么说呢？它不像英、法文那么简单，分别称 master 和 mastère 即可，不能光说 maestro 或 maestra，而要啰唆一点，称 poseedor（a）de una maestría en…即"某某学科硕士"。

令人欣慰的是，由毛金里主编的《西汉经贸词典》（外语教学与研究出版社，2000年初版，2006年第2版）再版修正了"硕士"的译法，而正确地改译为"学士"。

笔者发现，对于西班牙语国家，特别是拉美地区涉及极具特色事物的词条，《新时代》的释义似乎显得格外力不从心，语焉不详或模棱两可。如秘鲁产有一反刍类哺乳动物，大致分三类，曰 guanaco, llama, alpaca，应根据其特性分别译为"野羊驼、羊驼和小羊驼"。其体形以羊驼为最大，野羊驼次之，小羊驼居三，它们之间是有所区别的。但《新时代》将 llama 和 alpaca 均译为"羊驼"，将其混为一谈，显然是不准确的。

又如 torero 一词，系斗牛士总称，作为词典，释义不能含糊不清。西班牙或拉美一些国家的斗牛士，大致分为 picador, banderillero, matador 三类，可根据其在斗牛时的功能分别译为持枪的斗牛士或长枪手，扎枪手或札刀手，杀牛手。《新时代》将 torero 和 matador 均译为"斗牛士"，不分彼此，也是不够准确的。

又如 taco 一词，《新时代》释义第二十五项为：（碎肉、干酪、豆子作馅的）玉米卷饼，不确。按 taco 确是一种玉米卷饼，墨西哥人经常食用，但没有馅，是卷其他食品如牛羊肉、蔬菜等食用的，类如中国的春饼或吃烤鸭时用的荷叶饼。

又如 horchata 一词，《新时代》译为"杏仁露"，不确。这是西班牙

一部留有太多遗憾的辞书
——评《新时代西汉大辞典》

特产的一种清凉饮料，其味确似我国的杏仁露，但并非杏仁所制，而是以一种西班牙荸荠为主要原料制作的。据此，笔者以为，不妨译为"马蹄露"并加以简单的说明。

再如 chimichuri 一词。前文提到，《新时代》将其收为词条，固然做到了"全"，但将其译为"热调味汁"，却是编者不知就里所致。查《牛津西班牙语词典》该词的释义为 hot sauce，《新时代》的释义想是照译。再说，英文 hot 此处译为"热"，亦不要，应译为"辣"。笔者在前文对该词的阐释是参考西班牙皇家学院《西班牙语词典》编译的，应较为准确。笔者曾在阿根廷长期生活，故知此说不谬。

再如 chalé（或 chalet），《新时代》该词的义项之一为"别墅"，笔者以为不确，也是因为编者不了解当地情况所致。中文"别墅"的含义，据《现代汉语词典》（中国社会科学院语言研究所词典编辑室编，商务印书馆，2006）的解释，是"在郊区或风景区建造的供休养用的园林住宅"，而 chalé 在《西班牙语词典》（西班牙皇家学院编）的解释仅为"…edificio de una o pocas plantas, con jardín, destinado especialmente a vivienda unifamiliar"即"一层或很少几层建筑，带院子，专供单一家庭居住"。据此，译为"别墅"似有拔高之意，根据西班牙具体情况，译为"郊区住宅"可也。

又如 colectivo 一词，作为名词，《新时代》该词的义项之一是"小型公共汽车"。不确，应删去"小型"两字。其实，此乃阿根廷用语，即 autobús（公共汽车），笔者多次在阿根廷乘坐的 colectivo，与京沪两地的公共汽车别无二致，并不"小型"。阿根廷另有一种 microbús，也不是"小型公共汽车"，字面上虽显小，但他们却用来专称长途公共汽车。据《牛津西班牙语词典》，microbús 在智利即为 autobús，英国学者的观察比我们要仔细得多。

再如 padre 一词，《新时代》该词的义项之一为："神甫、教士、牧师"。把 padre 译成"牧师"极为不妥。这显然是编者不识基督教和天主教中神职人员的确切称呼所致。据查,神父或神甫乃天主教的神职人员,西文称为 padre;而牧师则是新教或基督教的一种神职人员,西文称作 pastor,两者是有严格差别的。《新时代》因袭《新西汉》的错译,将其混为一谈,不妥。

再者,读《新时代》的一些词、词组或词语的释义,还可以看出编者对此的"度"或分寸掌握得不够到位,往往非过即欠。如 largarse,其义项之一释为"(用于命令式)滚开!"不错,该词用于命令式,可以是"滚开!"之意,但切不可一概而论,lárgate por favor 可以译为:"请你离开!"语气应该很委婉,说话人并没有板起面孔。一律译成"滚开",就过头了。

又如词组 secretario de Estado,《新时代》译为"美国国务卿",不确,因为世上还有别的国家如政府机构与美国相仿的利比里亚的国务卿也称"secretario de Estado"。基于同样的理由,Secretaria de Estado 也不能译为"美国国务院"。应该将"美国"二字删去。

笔者在前文曾经表示,《新时代》收录 el boom de la literatura latinoamericana(拉美文学爆炸)这一词组显示出它收词齐全的抱负。但是笔者必须指出,这一词组本身并不能准确反映二十世纪六十年代涌现的拉美文学景观。拉美文学批评界普遍认为,称其为 el boom de la novela hispanoamericana(直译为"西班牙语美洲长篇小说爆炸")较为妥贴。

实际上,"拉丁美洲文学爆炸"是中国翻译过来的文学术语(《牛津西班牙语词典》也称之为 el boom de la literatura latinoamericana,似亦未究个中缘由;但西班牙皇家学院的《西班牙语词典》则称 el boom de la novela hispanoamericana, 较确),原文即西班牙皇家学院所引。Boom 是英文,原指商业上的繁荣或轰动效应,译成"爆炸"也无不可。

一部留有太多遗憾的辞书
——评《新时代西汉大辞典》

西班牙语美洲,指讲西班牙语的美洲国家,不包括讲葡萄牙语的巴西、讲法语的海地,以及讲英语的其他拉美地区,原文中的语言界限很明确。明白这一点,就不会把巴西葡语作家亚马多包括进来。另外,原文说"长篇小说",不包括其他文学样式,如短篇小说、诗歌、戏剧、散文等。所以,了解这一点,就不会把博尔赫斯、聂鲁达、帕斯等算在里面。这一术语译成"拉丁美洲文学爆炸"自然也通得过,因为毕竟大多数拉美国家都讲西班牙语,但总有点含混,容易产生歧义。而作为词典,更要明白其来龙去脉,准确反映,不可含糊了事。

三、"新"其实跟"全"有着紧密的关联,能够做到"齐全","新"自然不难完成。这是考量编者有无强烈的时代感、有无识别新生事物的敏锐眼光的尺度。

笔者曾经在前文指出,《新时代》在"齐"的方面,既不乏成功的范例,也存在不少的遗憾与不足。而在"新"这一方面,情况十分类似。如它收录了大量二十一世纪甫告出现的词条 blog(博客)、sars(萨斯)、clon(克隆)等,填补了以往西汉词典不可能具备的空白,但又顾此失彼,把一些国际间常用的词条忽略了:cámara digital(数码相机)、sombrilla nuclear(核保护伞)、edición de bolsillo(袖珍版)、edición electrónica(电子版)等等却悉数未收。笔者注意到,《牛津西班牙语词典》的篇幅远逊于《新时代》,但该收的词他们还是齐备了。与之相比,应该不客气地说,《新时代》浪费了大量的篇幅,把众多可收可不收、或没有价值收录的词条,毫不犹豫地收了进来,殊觉可惜,愿编者再三深思。

当然,作为一部收词极其庞大的特大型西汉工具书,笔者希望《新时代》能够留点篇幅来阐释拉美一些语言现象的特殊用法。例如,至今仍在阿根廷、乌拉圭、哥斯达黎加诸国普遍运用的动词陈述式现在时及命令式第二人称单数 vos 的变位(据悉,日本学者注意到了这点,并有详尽的说明)。《新时代》在 vos 条里有一定解释,但语焉不详,不够到位。

试看它的解释:"……你(动词变位等同 tú)",紧接着,它还引用了一个例句:"… te venden las piezas y ~ tenés que armarlo. 他们把零件卖给你,得由你自己把它装配好。"

这里,需要明白解释的应该有两点:第一,不错,在大多数情况下,例如虚拟式、可能式或陈述式将来时等条件下,其"动词变位等同 tú",但其陈述式现在时或命令式却与 tú 不尽相同。据笔者观察,vos 的陈述式现在时的变位其实很简单,无论是 ar,er 或 ir 结尾的动词,只消将动词最后一个字母 r 去掉,换上 s,重音不变即可。举例:trabajar → trabajás, comer → comés, vivir → vivís。而命令式的变位更简单:把原动词中最后一个字母去消,维持原重音。举例:pasar → pasá, comer → comé, venir → vení。有些不规则动词变化有点特别,需要强记:ser → sos。第二,上引《新时代》所举例句中出现了"tenés"这一变了位的动词,而未加任何交代。相信读者看了笔者的说明,便会恍然大悟。词典解惑,此其职也。

此外,《新时代》在其《略语表》(二)中对"方言"的定位也似欠妥贴。它把西班牙一些地区如加利西亚、巴伦西亚等使用的语言以及拉丁美洲诸国如阿根廷、哥伦比亚、墨西哥、委内瑞拉、秘鲁等使用的通用语都定位为"方言",显然是经不起推敲、不够准确的。

众所周知,目前,西班牙及许多拉美国家使用的官方语言均为西班牙语(español),其语源即卡斯蒂利亚语(castellano)。出于民族的感情,拉美西班牙语国家往往把他们使用的西班牙语称作 castellano,而不称 español。西班牙是一个多语言的国家,除了卡斯蒂利亚语之外,尚有卡利西亚语(gallego)、巴伦西亚语(valenciano)、加泰罗尼亚语(catalán)等,不能将其一律称为"方言"(不过,万幸的是,《新时代》总算把加泰罗尼亚语称为"语言"了,将其拉出,列在《略语表》(三)里,与英、法、德等语言并列,足见编者对"语言"和"方言"的界定并没有一定的尺度,

一部留有太多遗憾的辞书
——评《新时代西汉大辞典》

令读者一头雾水）。

何谓"语言"？又何谓"方言"？《现代汉语词典》均有清晰明确的界定：语言是"人类所特有的用来表达意思、交流思想的工具，是一种特殊的社会现象，由语音、词汇和语法构成一定的系统。"而方言则是"一种语言中跟标准语有区别的、只在一个地区使用的话，如汉语中的粤方言、吴方言等。"

西班牙及大部分拉美国家虽均使用西班牙语，但因历史、地域等的差异，其使用的西班牙语略有区别，某些词汇、词组、成语、句型甚至语法也有所不同，不过还没有形成类似中国的某些方言，敝意其用法特殊的一些词汇、词组、成语、句型或语法可称之为"……用语"。如dulce de leche，即可称之为"拉普拉塔河流域用语"，taco，称为"墨西哥用语"；而不称为"拉普拉塔河流域方言"，"墨西哥方言"。因为这种用语跟中国的广东话、上海话不同，并没有形成"只在一个地区使用的话"，仅仅是某些词汇、词组、成语、句型或某种语法现象而已，称之为阿根廷西班牙语、墨西哥西班牙语、秘鲁西班牙语等倒还能说得过去。这种情形，大概跟美国英语、澳大利亚英语、新西兰英语类似。

这方面，我们不妨借鉴一下《牛津西班牙语词典》。英国学者把《新时代》《略语表》（二）中所谓"略语"称为 indicadores regionales（可译为"地区标记"），笔者以为颇具创意，也比较准确。例如，他们把墨西哥用语标为 Méx，中美洲用语标为 AmC，西班牙用语标为 Esp，等等，并列有一份详表，检索十分便当。而且，还避免了一场"方言"和"用语"的无谓争执，确是高明的一招。

最后，笔者以为，必须提一笔的是，《新时代》之所以出现这么多的差错，有些简直是词书学者不可能犯下的低级错误，出版者商务印书馆亦负有不可推卸的责任。因为，明眼人一看便知，这是有关责任编辑既没有认真、严肃把关，也是学术水准欠缺所致。在极具敬业精神且学养扎实的资深编辑退位之后,看来当前编辑队伍(尤其是西班牙语编辑)正值青黄不接之时。笔者谨在此呼吁出版当局,培养和扶植高水平、负责任的词书编辑人才已刻不容缓!

(原载《宁波大学学报》2010年第4期)

"常凯申现象"何时灭

蒋介石被胡译成"常凯申",实在荒唐可笑。评家斥之为"暴露出译者治学态度的浮躁和浅薄",而引申开去,"使人们从一个小小的视窗,窥见了为何中国学术界出不了大著作的重要原因"。可说骂得痛快淋漓,毫不为过。不过,静下心来,中国的学术界,出版界乃至批评界有没有严肃、认真、仔细地剖析过,中国一流的高等学府教授、一流的出版机构为什么会出现这一让学人颜面尽失的低级错误呢?这究竟是王奇一人的个别案例呢,还是已然形成了一种"常凯申现象"?痛批了王奇,这种个案或"现象"会不会就有保证从此销声匿迹了呢?

笔者以为,如果我们还不就此引以为戒,认真审视、疏埋甚至改革现有的学术界、出版界和批评界的某些机制或潜规则,那么,答案必将是否定的、悲观的。 还是拿王奇来说事。作为清华大学历史系的一位副教授,公平而论,应该说他还是有相当的学养的,不然也不会获得这一不算太低的学术职称,决非低能儿。

但问题恰恰就出在他的学风太不严谨,且太自负浮躁,不虚心就教、勤查多问。因为,把蒋介石归位译出,毕竟不像把宇宙飞船送上蓝天,把航空母舰建成下海,没有那么高难度的障碍。只要王奇愿意多花几分

迷宫与《百年孤独》
—— 品博尔赫斯，考《百年孤独》诸家

钟的时间（也仅仅只需数分钟），查查有关辞书，就绝对不会闹出这么大的笑话。老实说，类似这种错误，即便国内有些名家、权威也都犯过。例如，就笔者熟悉的翻译界而言，笔者发现，有人就曾经把大名鼎鼎的意大利航海家哥伦布（他总比蒋介石在世界上有名吧）译成科隆（哥伦布广场、哥伦布大道、哥伦布剧院被译成科隆广场、科隆大道、科隆剧院），把古埃及国王法老译成法拉奥内，把古迦太基将领汉尼拔译成阿尼巴尔，把法国女英雄圣女贞德译成胡安娜·德·阿尔科，把英国作家柯南·道尔笔下的人物大侦探福尔摩斯译成赫姆士，等等等等。说来令人惊讶和难以置信，这些错译居然均出自专家、权威的手笔。其实，这些学者和王奇一样，都犯了一个译家必须时刻警惕的大忌：刚愎自用。他们往往都太自信了，不把这些在他们眼里的小事放在心上，大笔一挥，便交差付梓。孰知学问面前是来不得半点虚假的，所谓种瓜得瓜，种豆得豆是也。所以，不管什么人，无论水准高低，其知识范围相对都是有限的，做学问必须谨小慎微，如履薄冰。学者自律严谨，是杜绝低级错误的第一位、也是最佳手段。防止出现纰漏的第二道关口应该是出版部门的编辑。笔者以为，编辑，特别是外文编辑，不仅要有中外文过硬的才学功底，还要有负责的敬业精神。恕笔者斗胆直言，目前我国评审编辑职称的制度，是大有问题的。

我们目前评审编辑，往往不大去考察他审稿、改稿的能力和态度，注意的只是这位编辑写了多少文章、专著，译了多少本书，因而形成编辑竞相出书、出名的不良风气，而往往置编辑本职于少顾或不顾。笔者也曾长期从事外文编辑工作，现在回想起来，的确苦不堪言。因为你不但要认真审读译者的译文，而且还要对照原文，一字一句地查对核实。

有时候，译者落了一句、一段甚至一大篇，你还要将其一字不落地译出补上，而且将来算起来，你连一分钱的稿费也捞不到。但是，令我肃然起敬的是，我看到很多前辈编辑家都是十分敬业地这么做了，而且还乐此不疲。编辑不写文章,不译稿件,哪里来的名利?这是不争而令人困惑的事实。现实就是这样,问题是如何对待。而更重要的是,有关部门应该用心研究,怎么样才能使编辑得到更加公正的待遇。

笔者还发现,也常常有这样的编辑:对于稿件,他们可谓应付裕如——只审译稿,不对原文。所以,他们审稿的速度快,数量多,因而成果丰硕,上级面前极好交代,晋升的机会也随之增多,占尽了便宜。由于编辑评审体制不尽合理,又摆不好名利关系,编辑不敬业的现象因而渐渐滋生、蔓延。

据笔者多方观察,近年来已经达到了相当严重、危险的程度,而且还有进一步扩大的趋势。中央编译出版社的编辑,便是被多家媒体普遍曝光的典型一例。这位先生也太轻信王奇了,而审稿必定敷衍了事,撒手不管,乐得轻松。其他的中央一级出版社,如果仔细检讨,难道就能逃脱干系吗?据笔者所知,享誉百年的商务印书馆在他们新近出版的《新时代西汉大词典》里,就因为编辑敬业精神的缺失,出现了至少上百个大大小小的错误。其中可笑的是,责任编辑竟然连编纂者编写的哥伦比亚著名作家、一九八二年诺贝尔文学奖得主加西亚·马尔克斯的著名长篇小说《百年孤独》原文按中文逻辑思维写成的 Soledad de cien años(正确的原文应为 Cien años de soledad)也没有看出来而加以改正;还没有把编纂者误写的美国英文国名 United States de America(亦英亦西的组合)改正为 United States of America,实在贻笑大方。

早在二十世纪三十年代,鲁迅先生就曾经告诫我们,翻译界出问题,出了不好的翻译,"大半的责任固然在翻译家,但读书界和出版界,尤其是批评家,也应该分负若干责任。要救治这颓运,必须有正确的批评"。时隔七十余年的今天,我们还是缺乏勇敢的批评,乃至批评的缺席,甚至批评的被扼杀;还是"你好我好大家都好"那种无原则的、庸俗的一团"和气"。当然,时下的王奇倒没有这般"好福气"。

迷宫与《百年孤独》
—— 品博尔赫斯,考《百年孤独》诸家

究其原因,说句刻薄话,他左不过一名小小的副教授,头上的学术光环毕竟还不够闪亮,活该倒霉。不过,这一板子只打在王奇屁股上,难道就完全公正吗?那些被学界公认的名家、权威犯下了跟王奇一样甚至更加可笑、荒唐的错误,怎么不见有人出来说话,或者不准人们出来批评呢?学术面前,人人平等。王奇犯了错,应该批;名家权威出了洋相,也可以评。但是,遗憾的是,目前我们学界为尊者讳的风气仍然大行其道,而更为恶劣的是,甘愿充当卫道士者还不乏其人。应该说,这是严重阻碍学术进步的不良痼疾,我辈不可不察。

综上所述,笔者以为,健全和完善我国学术、出版和批评界的运营体制已经刻不容缓,势在必行。如果这三者健康而齐备,笔者相信,中国学术界就一定会源源涌现大著作来。

从"魔术"到"魔幻"
——《百年孤独》中译发表前后

《百年孤独》(Cien años de soledad) 及其作者加西亚·马尔克斯 (Gabriel García Márquez, 1927—)在中国的翻译和介绍,有着极其耐人寻味的戏剧性:从彻底否定到推崇备至,可以说是绕了一个一百八十度的大转弯。一九七五年,十年动乱渐近尾声,外国文学出版机构陆续重操旧业:中国社会科学院外国文学研究所恢复出版了原有的内部刊物《世界文学情况汇报》,更名为《外国文学动态》;而人民文学出版社也推出了一份名为《外国文学情况》的内部刊物。两者搜集及反映当前外国文学情报,总算为多年来耳目闭塞的中国学界打开了一道有限但还有用的窗缝。同年一月,人民文学出版社西班牙文编辑王央乐,署名炜华,在《外国文学情况》拉美文学专辑发表了一篇题为《哥伦比亚的新流派小说〈一百年的孤独〉》的文章,首次向国内介绍了当时已经享誉世界的哥伦比亚作家加西亚·马尔克斯(当时译为加西亚·马尔盖斯)及其代表作长篇小说《百年孤独》(当时译为《一百年的孤独》)。在简单陈述了这部小说的故事梗概之后,作者称"这是一本所谓'幻想文学'或'魔术现实主义'的新流派小说",随即,作者面孔一板,严厉批判道:"二十

迷宫与《百年孤独》
—— 品博尔赫斯，考《百年孤独》诸家

世纪三十年代和四十年代曾经在拉丁美洲文学中出现的现实主义倾向，到 50 年代已逐步衰退。当时的一些有进步倾向的作家，在近年来国际国内尖锐复杂的阶级斗争和路线斗争中，受到现代修正主义和西方资产阶级意识形态的腐蚀侵袭，有的逃避现实，背离了拉丁美洲文学的进步传统，有的日益堕落，屈从于西方没落的资产阶级文化统治。"

显然，作者并没有从小说艺术或作品主题对之进行认真的评判，而是武断地将其斥之为"腐朽没落"的产物。而且，由于当时的苏联对《百年孤独》做过较为客观的介绍，也被作者讥为"苏修紧紧跟随于西方之后，吹捧加西亚·马尔盖斯的《一百年的孤独》是'充满真正的人道主义精神'的小说"，而苏联介绍当代拉美文学是他们"用卑劣手段拉拢拉丁美洲作家"。

当然，由于当时中国的政治形势和学术环境，王央乐只能、也必定会作出这样的结论，因为它符合"凡是敌人拥护的，我们就反对；凡是敌人反对的，我们就拥护"这种机械唯物论的观点；而且，还能安全避免可怕的政治风险。事实上，平心而论，这并不是王央乐一位外国文学研究者的处世哲学。可以毫不夸张地说，在当时几乎一切外国文学作品均被视为"封资修的糟粕"的中国，这是所有外国文学评论工作者的必然表现，概莫能外。

不过，不管怎么说，王央乐这篇文章还是让中国读者首次听到了加西亚·马尔克斯这个后来红遍神州大地的名字（其实，作家于1967年发表《百年孤独》后即已名满天下），让中国读者初识"幻想文学""魔术现实主义"这些日后在中国文坛热议的文学术语。笔者大胆臆测，也许王央乐当时有其不可言说的苦衷，因而采取了瞒天过海、掩人耳目的手法，把拉丁美洲这一极其重要的文学流派作为"私货"贩买进来了。

一九七六年，十年浩劫结束，春风渐绿大江南北，外国文学的正常介绍也逐步复苏。然而，即使在此时刻，中国的外国文学翻译和评论者

从"魔术"到"魔幻"
——《百年孤独》中译发表前后

也还是谨慎的、保守的、观望的、犹豫的,甚至是宁左勿右的。《世界文学》试刊本一九七七年第一、第二期连载的苏联中篇小说《这儿的黎明静悄悄》(鲍·瓦西里耶夫作,王金陵译)的遭际,便是一个明显的例证。小说的故事很简单:一个准尉率领五个女兵,跋山涉水截击十六名空降德寇。由于力量悬殊,五个女兵先后被打死,只剩下准尉一人,但他终于完成了任务。这一原本可歌可泣的卫国战争的英勇业绩,当时却被斥为"适应勃列日涅夫集团的社会帝国主义政策需要的一株毒草",作为批判军国主义和人性论的反面教材,公诸中国读者面前[1]。

此外,还有几个例子足可证明,我国的外国文学研究领域在十年浩劫结束初期,依旧因袭动乱时期那一种思维套路。请看:仅仅因为江青也曾经读过大仲马的《基度山恩仇记》(一译《基度山伯爵》)和玛格丽特·密彻尔的《飘》(一译《乱世佳人》),这两部世界文学名著便也跟着遭到口诛笔伐的厄运:被誉为"大仲马最出色的长篇小说"的《基度山恩仇记》被贬为"主题狭窄,思想平庸","艺术上无甚特色",宣扬了"极端利己主义"[2];而被誉为"种植园传说的百科全书"的《飘》,则被批为"复辟奴隶制"的吹鼓手[3]。作为当时权威的中国社会科学院外国文学研究所的机关刊物《世界文学》尚且如此,遑论其他。回过头来再读王央乐的那篇文章,我们就不难理解,在"文革"尚未收场时期,他和其他外国文学工作者一样,是绝不敢越雷池一步的。这是中国当时的现实,也是中国外国文学界的悲哀。一切只能被动地等待,等待云开雾散的那一天;而看风使舵竟成了中国文人应付政治环境的唯一无奈选择。这种现象理应唤起今日之中国学者痛切深思。

值得庆幸的是,一九七九年的风向,对于中国的西葡拉美文学研究

---

[1] 见《世界文学》1977年第1期,王金陵:《评<这儿的黎明静悄悄>》。
[2] 《世界文学》1978年第2期,弋沙:《<基度山恩仇记>与江青》。
[3] 《世界文学》1977年第2期,杨静远:《从复辟小说<飘>看复辟狂江青》。

迷宫与《百年孤独》
—— 品博尔赫斯，考《百年孤独》诸家

工作者来说，转得似乎较为顺畅了。同年，中国西葡拉美文学研究会正式成立，而占该会成员绝大多数的中青年学者，大多从原文对加西亚·马尔克斯的作品有过接触，也读过不少有关背景材料，因而均对王央乐的论点持怀疑态度。他们跃跃欲试，试图对《百年孤独》重新进行一番认真、客观、公正的评判。该年三月，中国社会科学院外国文学研究所的陈光孚，在《外国文学动态》一九七九年第三期，发表了《拉丁美洲当代小说一瞥》一文，再次提到了被称之为"魔术现实主义"的新流派以及加西亚·马尔克斯的《百年孤独》。陈光孚在该文学术语上沿用了王央乐在"文革"期间的译法，但批评口气稍显缓和，并且强调"魔术现实主义"是反映现实的，这比王央乐全盘否定的观点前进了一大步；然而陈光孚依然言辞闪烁，态度暧昧，认为"其离奇荒诞的程度并不亚于西欧和美国的一些现代派"。显然，陈光孚尚不敢对传统的现实主义发展模式有所评判和展望，但是同时，也试图将拉美的"魔术现实主义"与"现代派"拉开距离，为日后的论说进行铺垫。

笔者正式接触加西亚·马尔克斯的作品，还是在十年浩劫结束之后不久的一九七七年。但首先阅读的，并不是《百年孤独》。一九七五年，作家继《百年孤独》之后，发表了另一部重要长篇小说《家长的没落》（一译《族长的没落》）。由于当时笔者在北京外国语学校工作，结识了时任该校西班牙语教员的哥斯达黎加学者罗伯特，并与之私交颇深。蒙他好意，我偷偷借读到了西班牙文原文版的这部小说。捧读之余，我眼前顿时一亮，大吃一惊。这种小说，一向习惯于传统现实主义的我们，真是闻所未闻，从未涉猎过。这部约合中文二十余万字的小说，据说作家从一九六八年动笔到一九七五年成书，历时长达八年。全书结构奇特，不分章节，而分成六个自然大段，中间不分小段，最后一个自然大段竟达五十二页。除了西班牙文一些词汇必须标明的重音符号以外，只有逗号和句号，其他标点符号一概废弃不用。有时，一个完整的句子可以长到好几页。没有足够的耐心，是难以卒读的。

　　从内容上来看，它是一部刻画拉美独裁统治者凶狠残暴、昏庸无能、穷奢极欲、丧权辱国的作品，有着鲜明的反帝、反独裁、反封建的进步倾向。描写的手法极具想象力，为世所罕见。例如，写这个暴君权欲极大，统治久长，就说他这个人不同凡响，身体一直长到一百岁，一百五十岁那年还第三次换了牙。他曾经让人算过命，寿数在一百零七岁到二百二十三岁之间……写他的残忍，刻画了这样一个情节：他把他失宠了的亲信、国防部长兼总统卫队长烤得焦黄，摆放在满是菜花和桂枝的银托盘里，送上餐桌，供他部下享用，还说各位请吧，祝大家好胃口……又如揭露外国入侵者的巧取豪夺，说他们把住宅拆成块块，编上号码，装进箱子运走；他们把草原整片揭起来，像卷地毯似地卷走……笔者意识到，这大概就是所谓的"魔术现实主义"了。

　　作家笔下的暴君原型，大都自然取材于拉丁美洲各国独裁者，如海地的老杜瓦利埃、尼加拉瓜的索莫萨、萨尔瓦多的马丁尼斯等等；但秘鲁作家巴尔加斯·略萨（Mario Vargas Llosa, 1936— ）在《家长的没落》面世前，于一九七一年发表的一部加西亚·马尔克斯评传却爆料说，早在一九五七年这位哥伦比亚作家兼记者在苏联采访时，就萌生了撰写独裁者的念头。巴尔加斯写道："……在红场大理石地下陵墓里，加西亚·马尔克斯一面察看着玻璃棺材中那个蓄着八字胡须、长着一双女人般的手的独裁者的遗体，一面在脑海深处萌生了一个念头，使他日后要撰写出一部有关独裁者的长篇小说来……"[1] 据此，我们可以判断，《家长的没落》的原型取材，甚至还包括拉丁美洲以外的地域。

　　笔者至今记得，笔者私下对这部作品是肯定的，甚至还十分欣赏，认为可以翻译介绍；只是慑于当时的政治形势，未敢轻举妄动。

---

[1] 巴尔加斯·略萨：《加西亚·马尔克斯：一个弑神者的故事》，西班牙巴拉尔出版社，1971。

迷宫与《百年孤独》
—— 品博尔赫斯，考《百年孤独》诸家

一九七八年，笔者调入中国社会科学院外国文学研究所，有幸结识众多的外国文学研究工作者，也有幸得到获取各种资料的机会和渠道，再加上国内越来越开放的形势，思想得以进一步解放，视野得以不断拓展。于是，在过去阅读的基础上以及掌握较广泛的背景材料的条件下，写成《哥伦比亚魔幻现实主义作家加西亚·马尔盖斯及其新作＜家长的没落＞》一文（载《外国文学动态》1979 年第 8 期），对作家作了不同以往中国学者的新的评价。笔者深恐自己人微言轻，便大量借用拉美文学评论家、著名作家评论加西亚·马尔克斯的言论来介绍这位作家，说他"是继西班牙黄金时代天才之后、继聂鲁达之后的最伟大的天才"（多米尼加《此刻》杂志），而他的代表作《百年孤独》，则"在拉丁美洲引起了一场文学地震"，"评论界和读书界一致公认为一部经典作品"，"通过这本书，牢牢地巩固了近年来拉丁美洲小说界所取得的声誉"（秘鲁著名作家巴尔加斯·略萨语）。

而《家长的没落》也确实再次轰动了世界文坛。拉美有的文学评论家称赞作者"是位无与伦比的语言巨匠"；美国《时代》周刊则推荐该书为一九七六年世界十大优秀著作之一。

对于西班牙文文学术语 realismo mágico 一词，笔者不同意王央乐的中译"魔术现实主义"，而改译为"魔幻现实主义"，并在文中大量应用。这大概是"魔幻现实主义"一词第一次在中文中出现；而且，一直沿用至今。至于"魔幻现实主义"与"魔术现实主义"，究竟哪一种中译更为确切，青年文学评论家滕威的分析，不妨一听："魔术现实主义，会使人产生这样一种印象——它是一种对现实进行多种变形的艺术手法。魔术，形式或手段的意味更突出。而'幻'，是相对'真'而言的，魔幻意味着非真实，远离现实主义，将魔幻同现实主义并置，使这一能指本身立刻呈现出丰富的含混性与悖论性，并会将人们引向对现实主义的本质的追问"；"显然，

从"魔术"到"魔幻"
——《百年孤独》中译发表前后

魔幻现实主义蕴含着丰富的想象与阐释空间"。[1]

而对于"魔幻现实主义"这一独特的文学流派,笔者此时也敢持积极的肯定态度了:"……通过超自然、超现实的人物、事件和情节,来描写和反映拉丁美洲错综复杂的历史、社会和政治现象。"采用这种晦涩隐喻的手法,"现实主义的场面及情节和完全出于虚构幻想的情境并置共存,相辅相成"。这里,笔者也倾向于认为,魔幻现实主义是传统的现实主义在发展过程中一种独特的模式,没有什么可怕的;因为第一,它来自属于第三世界的拉丁美洲,中国和他们可说是同一战壕里的战友;第二,它有着反帝、反封建、反独裁的浓重色彩,在现时中国严峻但已有很大宽松的政治环境里可获通过。介绍这种文学流派,安全系数可能要大得多。

然而,《外国文学动态》毕竟是内部刊物,要公开介绍加西亚·马尔克斯,非《世界文学》莫属。笔者此时虽已是《世界文学》负责拉美文学的编辑,要译载这位作家的什么作品,却颇费周折。其时,随着外国文学界的研究和介绍的全面复苏,竞相译介作家已成热门选项。一九八〇年,上海的《外国文艺》于第三期译载其短篇小说四篇,即《格兰德大妈的葬礼》、《咱们镇上没有小偷》、《礼拜二午睡时刻》和《纸做的玫瑰》,由刘习良担纲主译。这是中国读者第一次见识加西亚·马尔克斯的作品。在介绍加西亚·马尔克斯方面,上海出版界思想最为解放活跃,行动最为果断迅速。同年十月,他们又推出《加西亚·马尔克斯中短篇小说集》(赵德明主编,笔者也参与翻译两个短篇)。而且,还听说,作家的代表作《百年孤独》的中文版也由他们掌控,酝酿出版了。

遍观已经译介或即将出版的这位作家的作品,笔者以为,《世界文学》的最佳选择应该还是他的代表作《百年孤独》。那么,《百年孤独》究竟是怎样一部作品呢?它写的到底是什么?其实,其内容并不复杂:

---

[1] 滕威:《拉丁美洲文学汉译与中国当代文学》,北京大学博士学位论文。

迷宫与《百年孤独》
—— 品博尔赫斯，考《百年孤独》诸家

此书通过布恩地亚家族七代人的经历，描绘了加勒比海沿岸某国小城镇马康多从荒漠的沼泽地上兴起到最后被一阵旋风卷走以致完全消亡（最后一代是一个长有猪尾巴的婴儿，后被蚂蚁吃掉）的一百多年的历史演变。在征得《世界文学》编辑部同意后，决定与其译者黄锦炎、沈国正、陈泉三先生商量。后一致同意选取有代表性的六个章节，供《世界文学》先行发表。而且，又蒙上海译文出版社允诺，促成共识。然后，经《世界文学》安排，为配合读者了解作家及其作品，由笔者撰写评论，与作品一并发表。这样，一九八二年十二月出版的第六期，《百年孤独》部分章节中译以及笔者的评论《拉丁美洲的魔幻现实主义及其代表作＜百年孤独＞》一文便与中国读者见面了。

这组稿件的发排是在该年十月初。在笔者核对二校时，瑞典文学院宣布，一九八二年诺贝尔文学奖得主为加西亚·马尔克斯。听到这一消息，笔者兴奋异常，便欣然命笔，在已经排出校样的前言里，加上了这么一段："一九八二年十月二十一日，加西亚·马尔克斯被授予本年度诺贝尔文学奖金，因为他的长短篇小说把幻想和现实融为一体，勾画出一个丰富多彩的想象中的世界，反映了拉丁美洲大陆的生活和斗争……这是继一九四五年智利的密斯特拉尔、一九六七年危地马拉的阿斯图里亚斯、一九七一年智利的聂鲁达之后拉丁美洲获得该项文学奖金的第四位作家……"笔者当然不是把获诺奖看成是对作品最高的、绝对的或最后的评价，但应该承认，这是一项重要的世界文学奖项，至少是对作家地位的确认和认同，而我们的眼光和看法也算得体，介绍了一位有世界性代表意义的作家。

而对魔幻现实主义的评价，笔者比一九七九年那时的提法有了进一步的肯定和提升，指出魔幻现实主义是拉丁美洲作家的文学创作手法，"他们把触目惊心的现实和迷离惝恍的幻觉结合在一起，通过极端夸张和虚实交错的笔触来网罗人事、编织情节，以达到抨击社会的黑暗、污秽和混乱的目的"。笔者首先肯定了它"魔幻"的一面，但尚嫌言犹未尽，在现实主义领域重重抹上一层保护色彩："……魔幻现实主义在一定程度上顺应了当代拉丁美洲社会发展的潮流，从一个侧面反映了拉丁美洲的现实，具有反帝、反殖、反封建的特点和浓郁的民族色彩，起到了文学反映现实并为社会现实服务的作用……"

然而，对译文的审核与处理，如今看来，虽说大致上还算到位，但由于过多考虑发表的安全系数，笔者仍显得拘谨、保守，放不开手脚。这是一方面。另一方面，对于作品更深层次含义的探讨和认识，仍显浮浅。

为了刻画布恩地亚家族的兴衰，作家重彩浓墨，大量表现性爱场面，特别是着重描绘了第五代与第六代由于乱伦而产生了必然消亡的第七代的详细过程。笔者在日后的研究中才得知，小说中的最后一句话，"命中注定一百年处于孤独的世家绝不会有出现在世上的第二次机会"，原来是加西亚·马尔克斯正话反说。直到一九八二年他在题为《拉丁美洲的孤独》的获奖词中才透露了原来他的本意却与上引话语恰恰相反："……命中注定一百年处于孤独的世家最终会获得并将永远享有出现在世上的第二次机会。"[1] 笔者以为，作家之所以这般描写，是企图说明，拉丁美洲要进步，求生存，必须摆脱愚昧与落后，而不能一味闭塞和混乱下去。加西亚·马尔克斯又曾经说过，"……那个长着猪尾巴的奥雷良诺是布恩地亚家族在整整一个世纪里唯一由爱情而产生的后代……"[2] 拉美现代爱情观认为，爱情最初的动力是男女之间的性欲，是繁衍生命的本能。加西亚·马尔克斯在这里反射出布恩地亚家族矛盾而又可悲的境地，这个世家几代人都没有爱情，唯一有爱情的却关系乱伦。然而，这就是当代拉丁美洲文明的尴尬。但这段虽然乱伦，却体现两情相悦的怜爱细节，被笔者认为是"庸俗粗鄙的描写"，给粗暴而毫不留情地删除了。现在还原补译如下：

"……奥雷良诺·布恩地亚（第六代，男，破译手稿者，与这个家族

---

[1] 见拙译《拉丁美洲的孤独》，《加西亚·马尔克斯研究》，云南人民出版社，1993。
[2] 见拙译：《番石榴飘香》，《世界文学》1984年第5期。

迷宫与《百年孤独》
—— 品博尔赫斯，考《百年孤独》诸家

的第二代奥雷良诺·布恩地亚上校同名——林注）双手粘上蛋清，按摩着阿玛兰塔·乌苏拉（第五代，女，前者的姨妈，与奥雷良诺·布恩地亚上校的妹妹阿玛兰塔·布恩地亚同名；两人苟合，生下长尾巴的第七代——林注）挺拔的乳房，又用椰油膏柔润她富有弹性的大腿和桃子般的下体；而她呢，像玩洋娃娃似地，抚弄着奥雷良诺强壮的小玩意儿，还用唇膏给它画上小丑般的眼睛，用眉笔描上土耳其人般的翘胡子，再戴上薄棉纱领带和银纸小帽子……"（见《百年孤独》原文第二十章）

还有，对小说中经常出现的词组 hacer el amor（英译 make love），译者当时也不敢大胆直译成现在的通用汉译"做爱"。他们不是译成文绉绉的"进行房事"，就是译成词不达意的"相爱"。笔者虽说接触过已在港台流行的译法"做爱"，但思想仍显保守，未对原译进行修改。当时国内外国文学翻译界的胆小拘谨表现，可见一斑。

尽管如此，《百年孤独》重要六章的中译还是这样与中国读者见面了。紧接着，上海译文出版社和北京十月文艺出版社于一九八四年相继推出黄锦炎等三人从西班牙文移译的直译本和高长荣参照英、俄文的转译本（1993 年，云南人民出版社又出版了吴健恒从原文直译的全译本。其实，严格来说，仍有删节——林按）。为加深读者对加西亚·马尔克斯的了解，笔者译出作家文学访谈录《番石榴飘香》中的重要四章，刊载于《世界文学》1984 年第 5 期（全书由三联书店 1987 年推出）。

《百年孤独》中译的发表以及其作者荣获诺奖，使急于在文学创作领域试图有所拓展和突破的中国中青年作家大为震动，备受鼓舞。他们对远在大洋彼岸的以加西亚·马尔克斯为代表的拉丁美洲作家感到亲切、贴近。很重要的一个原因是，新中国成立前在遭受殖民统治以及外国的渗透和掠夺方面，和今日的拉丁美洲各国有着几乎相同的命运。在反对外来压迫和剥削、维护民族权益的斗争中，中国和拉丁美洲有着共同的语言。因此，中国作家和拉丁美洲作家对文学所起的作用以及作家使命的认识、

从"魔术"到"魔幻"
——《百年孤独》中译发表前后

观点很容易接近,甚至完全一致。加西亚·马尔克斯曾经不至一次地说,作家的职责在于提醒公众牢记容易被遗忘的历史,他认为这就是作家的革命责任。

拉丁美洲作家使中国同行钦佩的另一个重要的原因,是他们感知和认识现实世界的新的角度,他们运用诸如魔幻现实主义等各种流派的艺术手法的大胆尝试以及他们在作品中所一贯追求并保持的浓郁的民族特色。

而随着加西亚·马尔克斯别的重要作品以及其他拉美代表作家的创作陆续引入,一时间中国文坛竟形成一股拉美文学阅读高潮,即"拉美文学热"。这一文学景观,在中国是极为罕见的。也许是受了加西亚·马尔克斯所说的"对于一切先辈大师,我敬重、学习、借鉴,甚至模仿,但我更敢于超越"[1]这一番话的启迪和影响,中国一大批已崭露头角的中青年作家纷纷以这位诺奖作家为自己的创作偶像,竞相模仿。如冯骥才的《神鞭》,莫言的《红高粱》《狗道》,丛维熙的《酒魂西行》,韩少功的《爸爸爸》《归去来》,扎西达娃的《西藏:隐秘岁月》《西藏:系在皮绳扣上的魂》,陈忠实的《白鹿原》,等等。

而《百年孤独》开篇第一句话,即:"许多年以后,面对枪决行刑队,奥雷良诺·布恩地亚上校一定会回想起,他父亲带他去见识冰块的那个遥远的下午。"这种作家独创的从未来的角度来回忆过去的新颖倒叙手法,容纳了未来、过去和现在三个时间层面,竟成了中国作家热衷模仿的典型和最爱。请看:

此后多年祖母蒋氏喜欢对人回味那场百年难遇的大火……
我设想一九三四年枫杨树女人们都蜕变成母兽,但多年以后她们

---

[1] 见拙译:《番石榴飘香》,三联书店,1987。

迷宫与《百年孤独》
—— 品博尔赫斯，考《百年孤独》诸家

会不会集结在村头晒太阳，温和而苍老，遥想一九三四年？（苏童：《一九三四年的逃亡》）

这些事离我很久很远了，但是当我每次重温许多年前的阳光和空气，我仿佛伸手就可触摸到它，我无法不回忆往事，即使在这样一个平常而宁静的夜晚棋不向我提起它，"水边"的那些候鸟也会叠映出他们清晰的影子。我在决定如何向棋叙述那些事时，颇费了一点踌躇，因为它不仅涉及我本人，也涉及我在"水边"正在写作中的那本书，以及许多年以前，我的死于脑溢血的妻子。（格非：《褐色鸟群》）

东山在那个绵绵阴雨之晨走入这条小巷时，他没有知道已经走入了那个老中医的视线。因此在此后的一段日子里，他也就无法看到命运所暗示的不幸……

直到很久以前，沙子依然能够清晰地回忆起那天上午东山敲开他旁门的情景。东山当初的形象使躺在被窝里的沙子大吃一惊。（余华：《难逃劫数》）

多少年来，岫云一直觉得当年她和尔汉一起返回乡下，是个最大的错误……

尔勇多少年以后回想起来，都觉得曾经辉煌一时的白脸，实在愚不可及。（叶兆言：《枣树的故事》）

白嘉轩后来引以为豪壮的是一生里娶过七房女人……（陈忠实：《白鹿原》）

当然，对于加西亚·马尔克斯等拉美作家在艺术层面上的成功，中国作家还能保持清醒的头脑。莫言说得好："……艺术上的东西，总是表层。《百年孤独》提供给我的，值得我借鉴的，是加西亚·马尔克斯的哲学思想，是他独特的认识世界、认识人类的方式……加西亚·马尔克斯是用悲怆的心灵去寻找拉美迷失的、温暖的、精神的家园……他站在一个非常的

从 "魔术" 到 "魔幻"
——《百年孤独》中译发表前后

高峰，充满同情地鸟瞰着纷纷攘攘的人类世界。"[1]

至于在中国广大的一般读者的心目中，《百年孤独》也是近年来受到普遍欢迎的外国文学名著。一九九九年，《中华读书报》"国际文化"专刊组织了一次读者调查活动，评选"我心目中的二十世纪文学"。在同年九月十五日公布的调查结果中，《百年孤独》入选前一百部作品；而且，参加投票的读者有半数以上将其列为第二席，仅次于鲁迅的《阿Q正传》，超过法国普鲁斯特的《追忆逝水年华》和爱尔兰乔伊斯的《尤利西斯》。

唯一令人遗憾的是，由于作家的版权问题极难解决，中国图书市场上如今已经看不到这位曾经在中国文坛产生过巨大影响的文学巨擘的任何中译作品了。

（原载《万象》2000年第2期）

---

[1] 莫言：转引自拙文《拉丁美洲当代文学与中国作家》，《中国翻译》，1987年第5期。其实，莫言这段话是笔者摘自作家当年在解放军艺术学院进修期间的笔试答案。

小径分岔的花园
——球赛的必然结局

博尔赫斯根本没有写过什么所谓的《交叉小径的花园》那么一篇小说，那是二十世纪八十年代初中国译家扭曲博翁本意的误译！作家原本写的是《小径分岔的花园》（西班牙文原文为 El jardín de senderos que se bifurcan, 美国著名翻译家 Anthony Kerrigan 的英译为 The Garden of Forking Paths。咱们中国懂西班牙文的不多，懂英文的可着实不少。现在西、英文都摆在面前，可以琢磨琢磨到底哪一个译得贴切了），但被满拧，搞成"交叉"了。怪不得短短一篇寓意很明白的小说被认为"很难看懂"；也是啊，猴吃麻花了，能看懂才怪呢，除非神仙或妖精！不信？咱们来看看小说里的一个关键段落是怎么被误译的，正确的译文又应该是怎么样的？小说的主人公、汉学家艾伯特说："……因为时间永远分岔，通向无数的将来。在将来的某个时刻，我可以成为您的敌人……"但误译的这一段话却成了："……时间是永远交叉着的，直到无可数计的将来。在其中的一个交叉里，我是您的敌人……"时间分岔，才能通向无数；交叉，只能通向一个。花园里那么多的"交叉小径"，真不能想象那花园会是什么样子！怪不得掉进了交叉，就死活不能自拔了呢！

这比绿茵场上裁判的误判还要令人啼笑皆非、无可奈何。你想啊，误判固然常常有效，引发愤怒、唾骂、抗议，不过只要短短几分钟，眼睛雪亮、懂得游戏规则的全世界的观众和球迷，当然也包括中国的观众和球迷，便会明辨是非。可能的结果往往是那位裁判倒霉地丢掉饭碗，史上还留下骂名和笑柄，并常常充当人们酒后饭余的谈笑资料，可以想见日子是不太好过的。误译可要幸运多了。博老先生再精明，哪里会知道自己被扭曲了？马拉多纳、梅西、伊瓜因们虽非文人，但西班牙文是他们的母语，当然分得清"分岔"和"交叉"，不过他们哪里料得到中国的体育评家在那里交叉来交叉去地品评足球呢（见杨凯：《小径交叉的足球场》，《北京晚报》2010年7月3日）？咱们想啊，偌大的中国能有几人识西班牙文？又有几人能明白就里？所以，这种误译虽早在二十来年前就有人正译，但毕竟先入为主，依然横行了三十来年，至今仍活跃异常。不过现在好了，世界杯结束了，无论胜负，大家都要心平气和地班师回朝或打道回府了，都要从"小径分岔的花园"分道扬镳、"通向无数的将来"了，正好也可给博翁这篇名著正名了，因为，这也正好证明，大家交叉在一起，纠结在一起，显然是走不出死胡同，没有出路、没有前途的。

其实，博翁早就说过："……我认为，在运动里最不好的是有人赢有人输，是非得比个高低上下。我甚至怀疑，大部分自称喜欢足球的人是不是什么也不喜欢，因为如果真的喜欢，就不应该在乎胜败输赢。"（见拙译：《博尔赫斯七席谈》，光明日报出版社，2000年）妙哉斯言！

所以，法国也好，意大利也罢，日本也好，加纳也罢，巴西也好，阿根廷也罢，只要踢出志气，踢出风格，踢出精神，踢出道德，就都是好汉，都不必悲伤，不必哭泣，更不必寻死，因为大家毕竟还都年轻，还有下一届，下下届，下下下届，下n届。更何况，还可以一代传一代！一代更比一代强！真正伟大的足球运动是万世不朽的！

（原载2010年7月28日《中华读书报》）

"略萨"
——又一个被腰斩的拉美作家

像哥伦比亚作家加夫列尔（名）·加西亚（父姓）·马尔克斯（母姓）在中国被腰斩为"马尔克斯"一样，诺贝尔文学奖新科状元、秘鲁作家马里奥（名）·巴尔加斯（父姓）·略萨（母姓）(Mario Vargas Llosa, 1936—) 也被腰斩为"略萨"了。这都是因为我们中国不了解、不尊重人家的民族习惯，强将两位作家的母姓作为称谓，而剔除其父姓的缘故。对于我们，的确是方便了许多，也痛快了许多，但我们有没有设身处地地替人家想一想，逼人于十分尴尬的境地，是不是也太自作主张、太不礼貌了？

关于西班牙语国家的姓氏，笔者早在二十世纪八十年代初期，就多次撰文提醒译界要注意其正确说法：在一般的情况下，称父姓或父姓加母姓，不能光称母姓。如称加西亚·马尔克斯或加西亚，不能光称马尔克斯。其他如巴尔加斯·略萨、罗亚·巴斯托斯、比奥伊·卡萨雷斯等拉美著名作家可分别简称为巴尔加斯、罗亚、比奥伊，而不能简称为略萨、巴斯托斯、卡萨雷斯等。但是，遗憾的是，二十多年来，不正确的说法依然顽固地我行我素，奈何何似！这不，巴尔加斯·略萨荣获诺奖了，咱们又

"略萨"
——又一个被腰斩的拉美作家

略萨长、略萨短了！

一九九三年五月，笔者有幸曾在布宜诺斯艾利斯会见过这位秘鲁作家。笔者对作家说，他的作品在中国很受欢迎，文学界的评价也相当高，但是他在中国却是以"略萨"闻名的，而不是以巴尔加斯·略萨，更不是以巴尔加斯为中国读者所熟知的。要是谁提起巴尔加斯，很抱歉，中国的读者就不知他是何方神仙了。作家听了，苦涩地一笑，没有回话。不料在座的作家夫人帕特丽西娅·略萨（Patricia Llosa）开腔了："我是略萨！该不会是我的作品在中国受欢迎吧？"原来，夫人是巴尔加斯·略萨舅父（作家的母亲姓略萨）的女儿，也就是作家的表妹，他们是姑表亲。所以，称作家应称巴尔加斯·略萨，或巴尔加斯，称他为略萨，一有欠尊重，二会乱套。严重的还有第三点：根据拉美不成文的民间习惯，非婚生子女一般使用母姓。哥伦比亚作家加西亚·马尔克斯的父亲加夫列尔（名）·埃利希奥（第二名）·加西亚（母姓）·马丁内斯（父姓）就是非婚生子，所以，就沿用了他母姓加西亚，而没用他的父姓马丁内斯。本来他应称为马丁内斯·加西亚，但他母亲阿尔赫米拉（名）·加西亚（父姓）·帕特尔尼纳（母姓）让他姓了自己的姓，叫成了加西亚·马丁内斯，因此，今天的大作家也叫加西亚了。如果光称他为马尔克斯，是不是会暗示，作家本人也是非婚生人了呢？作家的外祖母特兰基利娜（名）·伊瓜朗（母姓）·科特斯（父姓）也是非婚生女，也将自己母姓置于前，父姓置于后。鉴于同样的理由，光称这位秘鲁作家为略萨，会不会也是同样的暗示呢？人家会不会多心呢？我们对于拉美作家的称谓，真的应该慎重了。

对于姓氏的称谓，拉美人一般是绝不会搞乱的。巴尔加斯·略萨的第一任夫人胡利娅·乌尔吉蒂是他舅妈的妹妹，就是大名鼎鼎的"胡莉娅姨妈"。作家还写了一部名叫《胡莉娅姨妈与作家》(La tía Julia y el escribidor) 的长篇小说。离异后，这位"姨妈"不甘示弱，也回敬了一部小说：《作家与胡莉娅姨妈》(Lo que Varguitas no dijo)。书名原文直译应为《小巴尔加斯没说的话》,此处小巴尔加斯即指作家本人,含些许爱意,这位"姨妈"没说成是小略萨,可见称谓是自然而正确的。顺便提一句,既然胡利娅是作家舅妈也就是他后来的岳母的妹妹,不是他母亲的姐妹,那就不是作家的姨妈,而是他夫人的姨妈,他是跟着叫的。这点我们中国读者要注意,不要搞混了。

(原载2010年10月12日《新京报》)

转译的局限

从事外国文学翻译，笔者一向主张从原文直译，而不大赞成转译。因为由于不同语言之间本身的差异，即使从原文直译，再高明的翻译家，或多或少地总会失真或走样。

读《堂吉诃德》，笔者惊讶地发现，其实，早在四百多年之前，塞万提斯就借堂吉诃德之口，表达了他对翻译的独到见解了。在作家笔下，这位奇思异想的西班牙游侠骑士说道（当然是用古西班牙语）：

"…el traducir de una lengua en otra…es como quien mira los tapices flamencos por el revés, que aunque se veen las figuras, son llenas de hilos que las oscurecen, y no se veen con la lisura y tez de la haz…"

这段话的中文意思，笔者试译如下：

"……从一种语言译成另一种语言，就像把佛兰德挂毯反过来看，图案虽还看得见，但上面布满了一根根使其黯然失色的线头，平滑而有光泽的正面就看不见了……"

博尔赫斯也是个不可翻译论者，而且，话说得更绝。他干脆认为翻译是一项不可能完成的任务。他说："……我把莎士比亚看作为一位语言

迷宫与《百年孤独》
—— 品博尔赫斯，考《百年孤独》诸家

巨匠，所以，莎士比亚作品的译文，我是不敢恭维的；因为他最本质的、最美好的东西就是他的语言，而语言又能译成什么样子呢？前不久，有人对我说：'要把莎士比亚译成西班牙文简直不可能。'我回答他说：'译成英文同样不可能。'因为，如果我们把莎士比亚译成一种不是莎士比亚英文的英文，很多东西就会丧失殆尽。何况，莎士比亚的许多词句只能是这么说，只能是这种语序，也只能是这种韵律。"（见拙译：《博尔赫斯七席谈》）

直译尚且如此，遑论转译。不过，话也得说回来，世界各国如要交流，又操用不同的语言，没有法子，只有借助翻译这座巴别塔，尽管翻译家长期以来往往吃力不讨好，还背负着"叛徒"的骂名。好在博尔赫斯还总算网开一面，留有余地。他说："我曾经看过一场用西班牙语演出的《麦可白》，演员、布景都很差劲，译本又糟糕透顶，可是，我们是激动万分地走出剧场的。"此种情状，很能令笔者联想起二十世纪二三十年代我们中国似痴似迷地争读林译小说的热闹。这足以证明，普天之下，翻译所起的重要作用。再说，作家本人也是一位热情而出色的翻译家，他不仅译卡夫卡、译米肖、译福克纳、译吴尔夫，还译《诗经》。博尔赫斯精通英文、法文、德文，还懂拉丁文，甚至冰岛文，从原文直译成西班牙文，自然小菜一碟；但老先生实在经不起中国古典文学的诱惑，不是还大着胆子，从英、法、德文转译"世界最难的语言"的"最美好的文学作品"了吗？想必西班牙语世界的读者，对博翁也是心存感激的。掌握多种文字，能欣赏阅读一部文学作品的不同文本，确是一份只可意会而难以言说的愉悦和享受，但不同文字毕竟互有差异，难免会有一定的阻碍、局限和困难，甚至不可逾越的鸿沟。

读《博尔赫斯全集》，我们知道，作家译过《诗经》中的《祈父》《麟之趾》《终风》等中国古诗。笔者曾从中西文进行过核对，总的来说，感觉博译相当高明到位；但正是因为转译，他老人家也有些许局限和失误。

例如，他把"祈父"一词就译错了。该词由著名英国文学翻译家阿瑟·韦利（Arthur Waley）译为 Minister of War，博氏将其转译为 Ministro de la Guerra。按照英西两种文字的字面意思，汉译可作兵部大臣或兵部尚书，即现在的国防部长或作战部长。西译与英译是词对词地对应了，但与汉语的理解，却不甚贴切。按，"祈父"用准确的汉语来解释，是"司马将军"，即一个区域掌管军事的长官，而不是全国性的兵部大臣。所以，"祈父"也可能就是总兵或者提督、都督什么的。西语如译 comandante（司令、指挥官），也许可以勉强过关。

在译《终风》一诗中的两句诗"寤言不寐，愿言则嚏"（现代汉语的意思是"我躺下了可睡不着，我的欲望让我透不过气来"）时，博尔赫斯根据英译"I lie awake, cannot sleep, and gasp with longing"翻成"Estoy acostado, no duermo. El deseo me ahoga." 其中，"estoy acostado"显然不妥，因为这是一位怨女写她被丈夫玩弄嘲笑后遭遗弃的诗，用的是第一人称，女性口气，从英文看不出说话人的性别，西班牙文则要适当表现。acostado 是阳性形容词，应改为阴性形容词 acostada 方妥。可见，即使如博尔赫斯这样的文学翻译大家，也不大容易走出转译局限的迷宫。

而不同文字本身的差异，更令转译简直成为火中之栗，轻易绝不可取。

哥伦比亚作家、一九八二年诺贝尔文学奖得主加西亚·马尔克斯（Gabriel García Márquez, 1927—）的长篇小说《百年孤独》由美国古巴裔著名拉美文学翻译家格里戈里·拉巴萨教授（Gregory Rabassa）译成英文。这个英译本，确实如作家本人所高度评价的那样，"很出色，明快有力"（见《番石榴飘香》）；然而，细细读来，笔者发现，译家也遇到了不少条难以逾越的沟壑。请看：

《百年孤独》中，布恩地亚家族的第一代、族长何塞·阿卡迪奥·布恩地亚经过长达数月在他试验室里的钻研，有天向家人宣布：

"La tierra es redonda como una naranja."

迷宫与《百年孤独》
——品博尔赫斯，考《百年孤独》诸家

中文的意思是：

"地球是圆的，像个橙子。"

拉巴萨的英译：

" The earth is round, like an orange."

西班牙文 la naranja 是橙子的意思，而英文 orange 的含义则比较宽泛，可指橙子，也可指橘子，西班牙文的橘子是另一个词：la mandarina。查《牛津西班牙语词典》(Oxford Spanish Dictionary,third edition, Oxford University Press,2003) la naranja 条，英文的释义就是 orange；而 la mandarina 条，英文的释义是 mandarin orange，指较小的柑橘，释义似乎也模棱两可。不从西班牙文原文直译而从英文转译的译家这时可就犯了难了，他不知究竟应该选择哪一项释义。有的译家译道："地球是圆的，像个橘子。"这么译，好像跟西班牙文原文不够贴切。

正当何塞·阿卡迪奥·布恩地亚在试验室里成天疯疯癫癫，他的妻子乌苏拉带着孩子们在菜园子里面干活。《百年孤独》里有这么一句描写：

"...mientras Ursula y los niños se partían el espinazo en la huerta..."

中文可译作："……而乌苏拉和孩子们却在菜园子里……累得折了腰……"

英译："...as Ursula and the children brock their backs in the garden..."

西班牙文 La huerta 是菜园子的意思，而英文 the garden，按照《牛津西班牙语词典》的西班牙文释义，是 jardín，也即花园，并非菜园。英文的菜园用 garden 当然也讲得过去，更为确切的说法恐怕是 vegetable garden。所以，从英译，有的中译作"花园"，似乎也不能完全归咎于中国译家。

政府派一个叫堂阿波利纳·莫斯科特的人来当镇上的行政长官，何塞·阿卡迪奥·布恩地亚不能容忍别人来对他发号施令，他们之间有一段对话。莫斯科特说：

"He sido nombrado corregidor de este pueblo."

中译：

"我已被任命为本镇行政长官。"

拉巴萨的英译：

"I have been named magistrate of this town."

何塞·阿卡迪奥·布恩地亚不服，针锋相对地说：

"...no necesitamos ningún corregidor, porque aquí no hay nada que corregir..."

中译：

"……我们不要什么行政长官，这儿行得正，没什么可掌管的。"

拉巴萨的英译：

"...We don't need any judges here, because there's nothing that needs judging."

这里，西班牙文用词的巧妙，英译就相形见绌，表达不力了。西班牙文 el corregidor 是行政长官的意思，一个镇子的 corregidor 便是镇长，英译成 magistrate 当然不错；但下面又把 corregidor 译成 judge，换了一个词。英译者的苦心是想和 judging 呼应，但却顾此失彼，与 magistrate 便形同陌路了；不像西班牙文原文，corregidor, corregidor, corregir，三个词同一个词根：correg，相互照应，简单明了。原来，corregir 一词是修改、管教、指手画脚的意思。如从英译，中译恐怕是要打折扣的。

加西亚·马尔克斯在《百年孤独》中，特别爱用极具拉美特色的词汇，这让译家头痛异常，绞尽脑汁。请看：

迷宫与《百年孤独》
—— 品博尔赫斯，考《百年孤独》诸家

布恩地亚家族的第四代奥雷良诺第二的老婆菲南达自小被家里当作未来的女王来培养，从不操持家务。她的大伯何塞·阿卡迪奥第二十分不满，口出怨言。

"...José Arcadio Segundo dijo que la perdición de la familia había sido abrirle las puertas a una cachaca...una cachaca hija de la mala saliva, de la misma índole de los cachacos que mandó el gobierno a matar a los trabajadores..."

先看中译：

"……何塞·阿卡迪奥第二说，家就毁在让一个妖精进了门……是个恶语伤人的妖精，跟政府派来屠杀工人的军警是一窑货……"（《百年孤独》，吴健恒译，云南人民出版社，1993）

西班牙文 cachaco 一词有"军警"和"打扮漂亮、喜欢被人献殷勤的人"的意思，我们来看看拉巴萨教授有什么高招：

"...Jose Arcadio Segundo said that the damnation of the family had come when it opened its doors to a stuck-up highlander...a highland daughter of evil spit of the same stripe as the highlanders the government sent to kill workers..."

这里，cachaco 一词被英译为 highlander，是不是到位，笔者不敢妄评。查西班牙皇家学院编的《西班牙语词典》（diccionario de la lengua española, Real Academia Española,2001）cachaco 条，确有"军警""漂亮人儿"等多种释义；再查《牛津西班牙语词典》highlander 条，其中有一项释义是 montañés, 即"山地居民"；而查《牛津高阶英汉双解词典》（商务印书馆、牛津大学出版社联合出版，2004），highlander 条，释义也是高原地区的人、山地人。于是，从英文转译或参考英译本的中国译家便写下了这样的文字：

"……家庭毁了，因为家里放进了一个山地女人……一个狗杂种的山

地女人，就像政府派来屠杀工人的那帮山地人一样……"（《百年孤独》，高长荣译，北京十月文艺出版社，1984）

很明显，这里转译远逊于直译。

另外，还应该指出并提醒译界的是，由于英译者的疏漏，中国译家如若依据英译为唯一所本，那是肯定要冒极大的风险的。试举一例：

西班牙文：

"Macondo era entonces una aldea de veinte casas de barro y cañabrava…"

中译可作：

"那时候，马康多只是一座村庄，二十座房子用土坯和芦苇盖成……"

拉巴萨的英译：

"Macondo was a village of twenty adobe houses…"

这里，英译家把 cañabrava（芦苇）一词给疏漏了，所以，以他为本的中译就成了：

"当时，马孔多是个二十户人家的村庄，一座座土坯房……"（高长荣译）

平心而论，上述两例，实在不是高先生的过错。不过，有时候，话还得两头说。译《百年孤独》，笔者虽然不赞成从英译转译，但它却可以扮演参谋或顾问的角色，而且往往还能大大帮助不大掌握拉美用语的中国译者解决疑难。也试举一例，小说里有这么一段描写：

何塞·阿卡迪奥·布恩地亚的妻子乌苏拉有天看到她大儿子光着身子，那东西长得跟她表哥长的猪尾巴一般，她觉得不正常，就告诉了会纸牌算命的女人特内拉，于是——

"…de pronto extendió la mano y lo tocó. '¡Qué bárbaro!' dijo…"

这段话，吴健恒译为：

"突然，她（指特内拉）伸出手来摸了他一下，说：'长得多粗啊！'"

西班牙文 bárbaro 是不是"粗"的意思，令不大熟悉拉美用语的中国译家颇费周折，因为在通常情况下，特别在西班牙本土，它是"野蛮、粗野"的意思，但是指行为举止；至于别的意思，有的译者就不大掌握了。而西班牙文表示"粗"的有另一个词：grueso。现在可以参考一下英译了：

"...suddenly she reached out her hand and touched him. 'Lordy!' she said..."

拉巴萨把 bárbaro 译成 Lordy，高长荣译为："我的天！"笔者以为十分妥当，因为两者都表示惊讶，由此可以判断，英译者也并不将 bárbaro 理解为形体的粗细。事实上，在拉美，bárbaro 是"好、棒"之意。据此，似可译为："太棒了！"

另外，笔者还在《百年孤独》英译本中发现，我们感到头痛的拉美字词，拉巴萨教授同样无计可施。如 sancocho 一词，乃木薯香蕉肉，是南美常吃的一种午餐菜肴。拉教授未作翻译，便原封不动地搬到英译本去了。难道英语国家的人都通西班牙语？

还有，英译本固然简练明快，但却没有了西班牙文那种句型转回腾越、铿锵有力的神奇。窃以为，英西两种文字可以说是各有特色，能够各显神通的；也可以说，彼此是无可替代的。

前文提到，转译在我国文学翻译史上，起过十分重要的作用，特别是在介绍西班牙语文学方面，更是功不可没。鲁迅、茅盾、戴望舒、徐霞村、袁水拍、傅东华等多位译界前辈，通过英、日、法等文字的转译，让我们有机会很早便欣赏到了巴罗哈、萨玛科伊斯、贝纳文特、加西亚·洛尔卡、布拉斯科·伊巴涅斯、阿左林、聂鲁达、塞万提斯等文学大师的名著，欣赏到了西班牙语文学这朵奇葩。他们的功绩，不啻救场，后辈是永远不该也不会忘却的。

时代在前进。经过国家六十余年的培育，西班牙语人才如今已经茁壮成长，应该说，可以愉快胜任任何翻译任务了。因此，不接受转译，似乎不能被指责为骄傲自负。

二〇一〇年十月，秘鲁著名作家马里奥·巴尔加斯·略萨（Mario Vargas Llosa, 1936— ）获得诺贝尔文学奖。稍后，笔者读到了他在授奖仪式上的演说《阅读与虚构赞》（Elogio de la lectura y la ficción）的西班牙文原文，也读到了由格罗斯曼（Edith Grossman）翻译的英译本 (In Praise of Reading and Fiction)。经过对比，笔者又发现了其中的局限和疏漏。试举数例，以求教于翻译出版界各位方家。

巴尔加斯·略萨在他演说一开篇，便回忆起阅读对他童年的影响。他说：

"La lectura convertía el sueño en vida y la vida en sueño y ponía al alcance del pedacito de hombre que era yo el universo de la literatura."

这段话，似可译为：

"阅读把梦想变成了现实，把现实变成了梦想，把文学这片天地呈现在我这个小小人儿力所能及的面前。"

且看格罗斯曼的英译：

"Reading changed dreams into life and life into dreams and placed the universe of literature within reach of the boy I once was."

巴尔加斯在这段话里使用的一个词组 el pedacito de hombre 被简单地英译为 boy，似乎没有达意。按，pedacito（意为一小块、一小段）原词是 pedazo（一块、一段），是西班牙语中特有的缩小词 (diminutivo)。el pedacito de hombre 直译是"男子汉的一小块或一小段"，译成"小小人儿"也许还说得过去。而英文没有缩小词，译成 boy（小男孩），虽然是这个意思，但味道就不够地道了。

接着，作家又回忆起他在法国的青年时代，在那里，他读到了许多拉美文学大家。他说：

迷宫与《百年孤独》
——品博尔赫斯,考《百年孤独》诸家

"Allí leí a Borges,a Octavio Paz,Cortázar, García Márquez,Fuentes, Cabrera Infante,Rulfo,Onetti, Carpentier,Edwards, Donoso y muchos otros..."

巴尔加斯·略萨提到了一大批作家,但在他心目中,是分层次的。他最为崇敬的是博尔赫斯,所以用一个前置词 a 把博尔赫斯单独列出;又用一个前置词 a 再提其他几位。中文似应译为:

"我在那儿读到了博尔赫斯,读到了奥克塔维奥·帕斯、科塔萨尔、加西亚·马尔克斯、富恩特斯、卡布雷拉·因方特、鲁尔福、奥内蒂、卡彭铁尔、爱德华滋、多诺索和其他许多位作家……"

但英译却把这一长串名单一下子全部列出,不分主次:

"There I read Borges,Octavio Paz, Cortázar, García Márquez, Fuentes, Cabrera Infante, Rulfo, Onetti, Carpentier, Edwards, Donoso, and many others..."

有的中国译者根据英译,便译成:

"我阅读了博尔赫斯、奥克塔维奥·帕斯、科塔萨尔……"(《赞颂阅读与虚构》,姚云青译,《书城》2011 年第 1 期)这不能怪中译者,难辞其咎的,倒应该是英译。

随后,作家满怀深情地谈到了他的第二祖国西班牙,他说:

"Si no hubiera sido por España,jamás hubiera llegado a esta tribuna,ni a ser un escritor conocido,y tal vez,como tantos colegas desafortunados,andaría en el limbo de los escribidores sin suerte, sin editores,ni premios,ni lectores..."

先读英译:

"If not for Spain,I never would have reached this podium or become a known writer and perhaps, like so many unfortunate colleagues,I would wander in the limbo of writers without luck, publishers, prizes,or readers..."

再看中译：

"如果不是西班牙，我恐怕永远也不会登上这个讲台，也成不了一个知名的作家；也许，我会像我许多不走运的同行一样，潦倒在没有运气、没有出版人、没有奖项、也没有读者的写手堆里……"

这一段西班牙文的关键词是 escritor（作家）和 escribidor（写手或蹩脚作家），巴尔加斯用的是两个词，以示区别；但格罗斯曼先生统统译成 writer，其中细微的含义就荡然无存了。

稍后，这位诺贝尔文学奖得主又把我们拉到了他童年在玻利维亚外祖父家的生活，他回忆道：

"Volvamos a la literatura.El paraíso de la infancia no es para mí un mito literario sino una realidad que viví y gocé en la gran casa familiar de tres patios,en Cochabamba,donde con mis primas y compañeros de colegio podíamos reproducir las historias de Tarzán y de Salgari..."

这段话，似可译成：

"我们再回到文学上来。对我来说，童年的天堂并不是文学的神话，而是在柯恰班巴那座有三个院子的大宅院，是我生活在那里、享受在那里的现实。在那里，我跟我的表姐们和同学们可以复制泰山和萨尔加里的故事……"

老实说，这段话，翻译并不费劲。对我们中国人来说，难的是作家提到的 mis primas。如果不仔细了解作家的生平，我们根本无法译出，因为我们不知道该译成堂姐、堂妹、表姐还是表妹。这段话的英译，笔者也不加引用了，只讲英译的关键词。mis primas 被译为 my cousins，这当然没有错，但让我们更加犯难。因为从西译，我们虽不能确定年庚的幼长，但还能区分性别；而且，我们聊以自慰的是，译出了"表"字，摒弃了"堂",由于我们知道作家在出生前其父母即已离异,并由母亲带往外祖父家,和他交往的多为表亲。如从英译,年庚性别我们就统统一锅粥了。所以,从英文,就吃了亏了:

"……我的表兄妹们……"(姚云青译)

经查询,这里提到的 mis primas,都比作家年长,应译为"我的表姐们"。作家的一位表妹,也就是他后来的夫人帕特丽西娅·略萨(Patricia Llosa)当时不在柯恰班巴。拙译"表妹"(《阅读与虚构赞》,《万象》2011 年第 1 期)以及赵德明译"表姐妹"(《读书和虚构作品的赞歌》,《外国文艺》2011 年第 1 期)都是赶译的结果,应下不为例。笔者谨借此机会,诚挚地向读者表示歉意。

此外,笔者还发现,跟拉巴萨教授如出一辙,格罗斯曼先生也很喜欢照搬极具拉美特色的词汇或词组乃至句子。如博尔赫斯著名的短篇小说 El Sur(《南方》),明明有现成的英译 The South(Anthony Kerrigan 译),他偏偏弃之不用,非把西班牙文原文搬出,难道他不怕给读者添麻烦吗?又如演讲词里有一个词组 las Damas de Blanco,他又原封不动地照拿过来,只换了冠词,作 the Damas de Blanco。原来,西班牙文 las Damas de Blanco 是指古巴持不同政见者的妻女姐妹,系"白色女士"之意,笔者怀疑,非西语国家的人也都懂吗?

总而言之,笔者深切地感到,在各种语种人才并不匮乏的今天,为了尽可能多地回报要求日趋提高的读者,除非万不得已,文学作品的翻译,还是以直译为最佳选择,未审译界诸公以为然否?

(原载《外国文艺》2011 年第 3 期),

细查地图话译事

孔明曰,为将而不通天文,不识地利,不晓历史,不看阵图,不明兵势,仓促上阵,必败无疑。窃以为,这倒可以作为文学翻译工作者的常鸣警钟,因为从事文学翻译,确实犹如冲锋陷阵,事先必在各个方面做好充分的准备。

现在笔者谨就其中"地利"一项来谈谈自己的浅见,以就教于译界各位方家。所谓的"地利",在外国文学翻译领域,笔者以为可指某一大洲、某一国家、某一城市或某一地区乃至某一条大街的地貌、地形、地势乃至地图。如果不详察细看,信笔译出,必出问题和笑话。

拉丁美洲作家的小说创作,虽多属虚构,但其笔下的地点,往往为历史中的现实。阿根廷当代著名作家曼努埃尔·普伊格(Manuel Puig, 1932—1990)的长篇小说《蜘蛛女之吻》(El beso de la mujer araña)里就有许多有关布宜诺斯艾利斯的地理描写。例如,作家如此描绘警方监控假释出狱的罪犯的报告:

"...El recorrido del coche fue directo a Avenida Cabildo, por Pampa, remontaron Cabildo hasta Pacífico y siguieron Santa Fe, luego Retiro, Leandro Alem, Plaza de Mayo, Avenida de Mayo, Congreso,

Callao, Corrientes, Reconquista, y varias calles del barrio de San Telmo…"

作家在这里列出了一大堆地名：Cabildo, Pampa, Pacífico, Santa Fe, Retiro, Leandro Alem, Plaza de Mayo, Avenida de Mayo, Congreso, Callao, Corrientes, Reconquista, San Telmo。其中有布宜诺斯艾利斯市的街道名，也有区名，还有商店名、广场名和建筑物名。不熟悉布市的中国译家，脑袋里便会是一锅粥，便会误导读者：

"……汽车径直驶向卡比尔多街，然后又去潘帕街，继而又回到了卡比尔多街，一直驶到和平路，又朝前驶到圣达菲街、雷蒂罗街、雷安特罗－阿莱姆路、穿过五月广场到五月大道、议会路、卡亚奥街、柯连特斯街、莱岗基斯塔街，还到过圣脱尔姆区的几条街道……"（《蜘蛛女之吻》，屠孟超译，工人出版社，1988）

平心而论，译者对这一段的原文，并没有太多的理解上的困难，吃亏的是他不了解布市的交通。原来，这一大堆地名里面，Pacífico（屠先生译为"和平路"），不是路名，是商店名，是著名的太平洋百货；Retiro（屠译"雷蒂罗街"）也不是路名，是区名，布市没有名叫雷蒂罗的街道，布市居民说雷蒂罗，一般指雷蒂罗火车站，此处译雷蒂罗或雷蒂罗车站即可；Congreso（屠译"议会路"）是阿根廷国会，径译国会可也。不错，布市确有一条名国会的街道，在该市西北，但在卡亚奥大街附近的，却是国会，而并非什么路。

其实，只要一册《布宜诺斯艾利斯交通图》在手，这些地名的翻译问题，应该不难解决。再者，译家遇到疑难，大可放下架子，想尽办法，不耻下问，总有拨开迷雾的那一天。

布市的街道，并不复杂。根据规模大小，有 avenida（大街，大道），calle（街，路），paseo（大道）等。一般说来，布市的 avenida 大都很长，比如 Avenida Rivadavia（里瓦达维亚大街）就长达 10000 多号。该市的街道很规则，以街段（cuadra）为计算单位，而每个街段大致为一百号，长约五十米。上述的 Avenida Cabildo（应译为卡比尔多大街）也不短，达五千余号。另外，阿根廷人在讲街名的时候，还常常要用前置词 a, entre, por, sobre 等以及连接词 y 来加以补充，译家必须厘清其准确的用法。上引西班牙文一开始，就有一个 por："... fue directo a Avenida Cabildo, por Pampa..." 屠先生译为："……径直驶向卡比尔多街，然后又去潘帕街……"不确，宜译为："……径直驶向卡比尔多大街，穿过潘帕街……"因为卡比尔多大街是东西走向，而潘帕街是南北走向。按，西班牙文前置词 por，原来是用来指明运动的路线、经过的地点、地理方位或空间范围的。另外，屠先生稍后译的"穿过五月广场到五月大街"也不确，公交车是不可以穿过五月广场的，只能从其周围经过。

至此，弄清了该路线的走向（查布市交通图，我们知道是由西向东），就可以明确无误地译出了：

"……汽车径直驶向卡比尔多大街，穿过潘帕街，再从卡比尔多大街驶至太平洋百货，接着驶向圣菲（不宜译为圣达菲）大街，然后经过雷蒂罗车站、雷安特罗·阿莱姆大街、五月广场、五月大街、国会、卡亚奥大街、科连特斯大街、莱岗基斯塔街，又经过圣特尔莫区的几条街道……"

由于布市的大街较长，为了确定某一个地段，有时还必须用前置词 entre（之间）加以界定。请看："……十二时三十分，他在一家位于阿亚古乔和潘帕河之间的胡卡尔街的奶制品店内用了午餐……"（同上述译本）

这段译文，屠先生让我们读了依然一头雾水，那么干脆还是读原文吧：

"...A las 12.30 salió a almorzar, en una lechería de la calle Juncal entre Ayacucho y Río Pampa..."

由于不明地理，笔者冒昧估计，屠先生大概连原文也没有闹清楚。

迷宫与《百年孤独》
—— 品博尔赫斯，考《百年孤独》诸家

什么叫"阿亚古乔和潘帕河之间的胡卡尔街"？阿亚古乔是什么？潘帕河又何指？这三者是平行的还是交叉的？笔者在阿根廷多年，知道洪卡尔街（屠先生译为胡卡尔街，发音不准）很长，有将近五千来号，东西走向；而阿亚古乔是一条街，潘帕河（río 确是"河"之意，但此处宜译为潘帕河街或音译为里奥潘帕街）也是一条街，且均为南北走向。所谓"在……之间"是指那乳品店在那条东西走向的洪卡尔街上，位于这两条南北走向的街道中间的街段。这样说，好像挺绕口，似可译为："……他在一家乳品店用了午餐。那家店就坐落在洪卡尔街，在阿亚古乔街和里奥潘帕街之间的那个街段……"

当地人为了确定某一地点，往往用某某街与（或和）某某街的交界处或拐角处来表示，这里，就得用西班牙文的连接词 y 了。请看一例：

"A las 21.04 volvió a salir, tomó un colectivo hasta la esquina de Federico Lacruze y Alvarez Thomas, allí tomó otro hasta Avenida Córdoba y Medrano. De allí caminó hasta Soler y Medrano. Se detuvo cerca de la esquina, sobre Medrano, allí esperó cerca de una hora."

这段话，屠先生译为："21 时零 4 分又走出家门，乘小型公共汽车来到费德里科—拉克罗塞和阿尔瓦莱斯—托马斯的街角，然后改乘另一辆公共汽车来到科尔多瓦—依梅德拉多大街。到了那儿，又换车来到索莱尔—依梅德拉多。在那儿他等候了近一小时。"（译本同上）

这段话的第一句，屠先生大致没有译错，不过有点小毛病：这 colectivo 笔者乘过多次，并不"小型"，与我国的公共汽车无异，故应译为公共汽车。此句似可改译为："21 时零 4 分又走出家门，乘公共汽车来到费德里科·拉克罗塞大街和阿尔瓦莱斯·托马斯大街的街角。在那儿，改乘另一辆公共汽车来到……"下面两句，因为没有准确理解 y 的用法，便有问题了：Avenida Córdoba y Medrano 和 Soler y Medrano 不能译成"科尔多瓦—依梅德拉多大街"和"索莱尔—依梅德拉多",不能将连接词 y 音译为"依",因为这么译,给人的感觉似乎都是一条街了;而须意译为"和"或"与",所以,这两句似须改译成:"科尔多瓦大街和梅德拉诺(屠先生译音不准)街的交界处","到了那儿,便步行到(不是屠译的'又换车来到')索莱尔街和梅德拉诺街的交界处……"上引原文,还有一个重要的前置词 sobre(在……上面),屠先生没有译出:"...sobre Medrano..."宜译为"……在梅德拉诺街上"。

遗憾的是,时至今日,在传播各种信息的渠道十分流畅、检索十分便捷的时代,这一连接词 y 的处理问题,依然没有得到足够的重视。仍有人还是这么译,把两条街并作一条街了。请读拉美文学爆炸主帅之一、阿根廷著名作家胡利奥·科塔萨尔(Julio Cortázar, 1914—1984)的短篇小说《Omnibus》(直译为《公共汽车》)中的一段原文:

"A las dos, cuando la ola de los empleados termina de romper en los umbrales de tanta casa, Villa del Parque se pone desierta y luminosa. Por Tinogasta y Zamudio bajó Clara taconeando distintamente...En la esquina de Avenida San Martín y Nogoyá,mientras esperaba el ómnibus 168..."

我们再读译文:"两点钟,当职员们像潮水一般涌进众多公司的大门后,帕尔克小城就冷冷清清,荒无人烟了。克拉拉用脚后跟噔噔地磕着路面,顺着蒂诺加斯塔—萨姆迪奥斯街招摇过市……她走到圣马丁—诺戈亚大街街角等 168 路公交车时……"(《克拉拉的奇遇》,科塔萨尔作,朱景冬译,《外国文艺》2010 年第 5 期)

且不论全文译得确切与否,其中,"蒂诺加斯塔—萨姆迪奥斯街(Tinogasta y Zamudio)"和"圣马丁—诺戈亚大街(Avenida San Martín y Nogoyá)"给人的印象,好像也都各是一条街。其实,蒂诺加斯塔街和萨姆迪奥街(朱译多了一个斯字)是两条街,宜译为"(克拉拉沿着)蒂诺加斯塔街和萨姆迪奥街(往下走)";而圣马丁大街和诺戈

迷宫与《百年孤独》
—— 品博尔赫斯，考《百年孤独》诸家

亚街也是两条街，圣马丁大街是东西走向，而诺戈亚街为南北走向，此句宜译为："……圣马丁大街与诺戈亚街的拐角……"

还有，朱译并没有搞清布市的交通，把"Villa del Parque"译成帕尔克小城了。这篇小说讲的是布宜诺斯艾利斯所发生的故事，怎么又冒出一个"帕尔克小城"来了？原来，西班牙文 villa 有别墅、重镇之意，而"Villa del Parque"是位于布市西部的一个区，意译可作"公园别墅区"，音译可作"比利亚德尔帕尔克区"，不是什么"帕尔克小城"。布市名 Villa 的区，有不下十个，万不可均译成"小城"。

另外，译者将原文中自己不熟悉的地名竟大胆改头换面，或干脆不译了。如若不信，请读原文："...saboreando un sol de noviembre roto por islas de sombra que le tiraban a su paso los árboles de Agronomía..."再读朱译："……愉快地沐浴在十一月的阳光里……一路上，阳光被路边栽种的树木所投下的片片阴影分割得支离破碎……"其中，"los árboles de Agronomía"被译成"路边栽种的树木"了。不确，Agronomía 不是什么"路边"，而是 Facultad de Agronomía（农学院）的简称，宜译为"农学院里面的树木"。因为在蒂诺加斯塔街、萨姆蒂奥街和圣马丁大街的北面，正好紧挨着阿根廷农学院的一大片草地，里面树木高大挺拔，树影婆娑，作家因而如此描写，译者无权妄自变更原作者的本意。

还有一处译文，笔者认为必须并且可以负责任地提醒读者，竟离谱得令人吃惊，读时千万小心，切勿上当。科塔萨尔的这篇小说，描写了女主人公克拉拉去布宜诺斯艾利斯市东部的雷蒂罗时，在 168 路公交车上的遭际。她沿着蒂诺加斯塔街和萨姆蒂奥街往下走，在圣马丁大街和诺戈亚街的拐角，坐上了 168 路公交车。公车由西向东行驶，在圣马丁大街桥上往北拐，驶进乔罗亚林大街，然后又往东拐，驶过阿尔维亚尔医院，这时，车停了。于是，如此的译文就出现了："售票员喊道：昆卡到了。"不明就里的读者恐怕看不出什么破绽，极易被蒙混过去。但笔者初读此句，却大惑不解。作为一名曾在阿根廷考察多年的拉美文学翻译工作者，认为应严肃地向读者报告明白：昆卡是一条街，由西向东南；而圣马丁大街自西朝东，虽说两条街道最初交叉，但最终彼此相距十余个街段，怎么也不会相遇。其实，科塔萨尔早就交代，克拉拉是在圣马丁大街和诺戈亚街的拐角处上的车，而熟悉布市公交路线的人都知道，在此之前的好几站，是经过昆卡街的，但绝不是其后。稍后找到朱译上句话的原文，笔者才恍然大悟："...la Paternal：boletos de Cuenca terminan..."此句既没有什么售票员喊道，也没有昆卡到了的意思。如果直译，可作："拉帕特尔纳尔车站，昆卡的票结束了。"原来，过了阿尔维亚尔医院，就到了 la Paternal 即 Estación la Paternal，中文可译作"拉帕特尔纳尔"或"拉帕特尔纳尔车站"。那么，此句究竟应该怎么译才能让读者明白呢？笔者以为，似可译为："拉帕特尔纳尔车站到了，在昆卡买的票全到站了。"由此可见，原译者并没有弄明白原文的含意。不知者不为过，应予原谅。然而，仅凭主观臆测即不负责任地糊弄了事，实在对不住原作者，也对不住热爱拉美文学的广大读者，我辈不可不察。

基于同样的原因，朱译其他阿根廷作家的作品也有类似的毛病，如把 Retiro 译为雷蒂罗街，把 Once 译为十一区等（见《罗萨里奥和她的猫》，科尔顿作，朱景冬译，《外国文艺》2010 年第 5 期）。关于 Retiro 的准确译法，笔者前文已有解释；至于 Once，倒需详作介绍：布市并没有一个叫作"十一区"的区，Once 只是一条名叫 Once de Septiembre（九月十一日）的大街或一个同名车站、同名广场的简称。原来，布市东部有一个名为巴尔巴内拉（Balvanera）的区，区内有一火车站，称九月十一日火车站，车站之南的广场称九月十一日广场，简称十一日广场。布市居民习惯称这个区域为 Once（十一），现为犹太人杂居和卖便宜货的地方。而这"九月十一日"，则是阿根廷政治家、文学家、教育家萨缅托（Sarmiento，1811—1888）的忌日，为纪念萨氏，故名。所以，上述Once似可译为："'十一'这个地方"，"'十一'这个区域"或音译为"昂塞"。

　　如果不仔细探究西班牙文前置词的准确用法，常可导致对原文的误解。科塔萨尔的另一个短篇小说 Cartas de Mamá（《妈妈的信》）中一开篇，就有这么一段：

　　"...San Martín, Rivadavia, pero esos nombres eran también imágenes de calles y de cosas, Rivadavia al seis mil quinientos, el caserón de Flores, mamá, el café de San Martín y Corrientes ..."

　　这篇小说描写了远在法国的主人公对母亲、祖国和往事的回忆。这一段的关键前置词是 a 了。我们且看有人是怎么译的：

　　"圣马丁，里瓦达维亚，可是这些人名也是街道和事物的形象：那相距六千五百里之遥的里瓦达维亚，那弗洛雷斯的大房子，妈妈，那圣马丁与科连特斯的咖啡馆……"（《妈妈的信》，朱景冬译，《拉丁美洲名作家短篇小说选》，长江文艺出版社，1982）

　　看了这段译文，读者恐怕会莫知所以，因为译者也搞不清布市的地理。按，布市的街道常以人名（当然是有名的政治家、艺术家和文学家为多），如 Avenida Rivadavia（里瓦达维亚大街），Avenida San Martín（圣马丁大街），Paseo Colón（哥伦布大道）；国家名，如 México（墨西哥街），Estados Unidos（美国街）；节日名，如 Avenida de Mayo（五月大街），Avenida Nueve de Julio（七九大街）或省份名，如 Avenida Córdoba（科尔多瓦大街），AvenidaEntre Ríos（恩特雷里奥斯大街）等冠名，译者下笔，务必交代清楚，切不可主观臆测。此外，笔者前文曾经提到，布市的大街有的很长，可达 10000 余号。当地人提起某个场所在某条大街的某某号，必用前置词 a（在……）来标示。因此，Rivadavia al seis mil quinientos 并非如上引译文所说的那样，"那相距六千五百里之遥的里瓦达维亚",那是译者的想当然,他以为,法国离阿根廷恐怕应该是这么远了。正确的译文应该是:"……在里瓦达维亚大街6500号……"另外,弗洛雷斯是区名,圣马丁和科连特斯均为大街名,都须如实译出。所以,上引那段话,似可译为:"……在弗洛雷斯区,里瓦达维亚大街6500号上的那座大房子,妈妈,圣马丁大街和科连特斯大街拐角上的那家咖啡馆……"

窃以为,我等千万别看轻了外国地名的汉译。由于我等译介的大都是诸如博尔赫斯、科塔萨尔、普伊格等阿根廷乃至拉丁美洲文学大家的作品,必须如履薄冰,小心谨慎,稍有差错闪失,便会让大师们的作品读来幼稚、荒唐,甚至可笑;若果真如此,则我等罪莫大焉。

外国文学翻译工作者是沟通原作者和读者的桥梁,其神圣职责应是不计名利,以高度负责的态度,将明白无误的译文呈献给读者,切忌自己还不明就里,便贸然命笔。笔者愿以此与同行共勉。

(原载2011年10月12日《中华读书报》)

作家的出息应从"开篇"起步

《百年孤独》开篇第一句话,原文是这样的:

"Muchos años después, frente al pelotón de fusilamiento, el coronel Aureliano Buendía había de recordar aquella tarde remota en que su padre lo llevó a conocer el hielo."

考虑到迄今为止所有的中译都没有如实表述这句话的全部含义,笔者试译如下:

"许多年以后,面对枪决执行队,奥雷良诺·布恩地亚上校一定会想起,他父亲带他去见识冰块的那个遥远的下午。"

这种从未来的角度来回忆过去的倒叙手法,容纳了现在、过去和未来三个时间层面。这是西班牙语作家惯常运用的一种句法结构,而加西亚·马尔克斯在他的《百年孤独》里则发挥得淋漓尽致,独具魅力,以至于我们中国作家疯一样地跟起风来。再举几个例子:"……十二月一个礼拜二的午饭时刻,他(指何塞·阿卡迪奥·布恩地亚)总算一下子卸下了那折磨人的重担。孩子们在他们的余生一定会想起,他们父亲坐在桌首那副威严庄重的神情……""……奥雷良诺那时候还不过五岁,他在他的余生一定会想起那个老人来……""许多年以后,奥雷良诺第二在他弥留的床上一定会想起,他走进卧房去探望他头生子的那个多雨的六月下午……"等等等等,不一而足。

不过,作家莫言倒还算清醒,他说:"艺术上的东西,总是表层。"文学评论家李建军则一针见血,尖锐地告诫中国作家千万不要只学皮毛,他说:"我们读《百年孤独》之所以会激动,会感觉熟悉和亲切,是因为加西亚·马尔克斯笔下的文化、生活怪圈、现实中的种种矛盾与我们所处的环境很相似,而不是'许多年以后'那样的回忆性句式等形式和技巧。"

其实,"许多年以后"的确并非加西亚·马尔克斯独家首创,其他西班牙语作家也往往视作品需要而加以运用。例如,早在一九五五年,墨西哥著名作家胡安·鲁尔福在他的魔幻现实主义代表作《人鬼之间》(一译《佩德罗·帕拉莫》)里就有过类似的句型:

"El padre Rentería se acordaría muchos años después de la noche en que la dureza de su cama lo tuvo despierto y después lo obligó a salir."

这句话,如果按照西班牙文那样不断句,可以译成:"伦特里亚神父许多年以后一定会想起因为他那张床硬邦邦的让他睡不着觉后来逼得他走出了家门的那个夜晚。"不过这么一来,中国读者恐怕谁读了也会接不上气来,所以只有变通,似可译为:"许多年以后,伦特里亚神父一定会想起,那个夜晚,他那张床硬邦邦的,让他睡不着觉,后来逼得他走出了家门。"

鲁尔福笔下的这句西班牙文,一气呵成,干脆只是一个句子,只用了一个句号,尽管从语法来分析,算是一个复合句,而且副句套副句;不像加西亚·马尔克斯的那句,除了句号,还用了两个逗号。为了描绘不同的时间层面,特别是过去的将来,西班牙文有将来未完成时,如鲁尔福所用的 se acordaría(一定会想起)与简单过去时 lo tuvo despierto(让他睡不着觉)和 obligó(逼)并用;也可以用过去未完成时,如加西亚·马尔克斯笔下的 había de recordar（一定会想起）与简单过去时 llevó（带）并用。

　　不过，话还得说回来。加西亚·马尔克斯的那个经典句型，可不是轻易得来的。他说过，为了《百年孤独》的开头，他经过了十五六年。有一天，他带了夫人和两个孩子去墨西哥阿卡普尔科旅行，终于恍然大悟。他觉得他应该像他外祖母讲故事一样叙述这部历史。于是，他就以一个小孩一天下午由他父亲带领去见识冰块这样一个情节作为全书的开端。中谚云，丢了西瓜，捡了芝麻。然而，如果西瓜芝麻都捡了呢？就算那个句型是芝麻，是皮毛，捡着了总比捞不到强吧？再者说了，不光咱们中国的苏童、格非、余华、叶兆言，甚至陈忠实，都跟在加西亚·马尔克斯这块魔铁后面一通乱窜，连外国的许多有名作家也一样的趋之若鹜呢，因为西班牙文的这个句型包含的时间层面实在太丰富了，竞相效仿借鉴，应该悉听尊便。比方说，英国权威的拉美文学评论家吉拉德·马丁（Gerald Martin）在他的近作《加西亚·马尔克斯一生》（Gabriel García Márquez, una vida）里就肆无忌惮地大量运用了这种笔法。试举一例：

　　"Años después, García Márquez diría que al día siguiente de llegar a casa se sentó ante la máquina de escribir, como solía hacer cada día, salvo que 'esa vez no volví a levantarme sino al cabo de dieciocho meses.'"

　　这段话的中文意思是："许多年以后，加西亚·马尔克斯会说，回家后的第二天，他像每天那样，坐在打字机前，只是'这回，我十八个月之后才站起来'。"

　　可见，马丁先生也是识货的。

（原载《文学自由谈》2011 年第 4 期）

精品尚未成功，同志仍需努力
——读新中文版《百年孤独》断想

"回想"与"它在烧"

《百年孤独》新中文版（范晔译）已由魄力巨大的新经典文化有限公司于今年六月隆重推出，报界和出版界一片叫好。笔者一则以喜，一则以忧。喜的是译者据说是一位七〇后青年才俊，小小年纪便能担当移译世界名著的重任，精神可敬可佩，勇气可嘉；忧的是，对其尚需时日考量，检验的译品一味不负责任的评判，被胡乱吹捧，以至于将被最终捧杀，造就不出一代译界精英来。

报载，西班牙语专家陈众议先生在谈到这部新译本时放话说，"……小说头一句很经典，他（指译者）把它断得很好。中文里'想'里面可以涵盖'回想'，西班牙语里面'回想'和'想'是两个词，他选择'回想'，这是他仔细的地方。"（见 2011 年 6 月 6 日《北京晚报》）

《百年孤独》开篇第一句话，确实很经典，我们不妨来见识见识原文：

Muchos años después, frente al pelotón de fusilamiento, el coronel Aureliano Buendía había de recordar aquella remota tarde en que su padre lo llevó a conocer el hielo.

再来读读范晔的译文是否如评家所说的那么仔细：

"多年以后，面对行刑队，奥雷里亚诺·布恩迪亚上校将会回想起父亲带他去见识冰块的那个遥远的下午。"

不错，西班牙文的 recordar（想起，记起，回忆）的确被译为"回想"了（西班牙文尚有另一个表示"想"的动词 pensar），评家的话说得很受用，但这并非范先生的首创和专利，因为早在二十年之前，黄锦炎、沈国正、陈泉等先生就如此翻译了：

"许多年之后，面对行刑队，奥雷良诺·布恩地亚上校将会回想起，他父亲带他去见识冰块的那个遥远的下午。"（《百年孤独》，浙江文艺出版社，1991 年；1982 年他们发表在《世界文学》第 6 期上的译文作"将会想起"）

这两句译文，除了个别的字词，几乎一模一样，笔者实在看不出孰优孰劣。倒是陈先生，作为一位西班牙语文学专家，应该掌握《百年孤独》多种中译本的信息资料。那么说，岂非有掠人之美的嫌疑？而且，对于晚辈译者，那么说，难道是鼓励"创新"，而不屑借鉴前译？

笔者以为，重译或复译，必须拥有超越前译的勇气和功力。仅此小说开篇第一句话，笔者认为就有两处地方值得后译仔细（！）推敲，从而力图超越前译。笔者不揣浅陋，提出自己的看法，以求教于译界各位方家。原文中 pelotón de fusilamiento 一词组，迄今为止，中文无一译出，仅译为行刑队。遗憾的是，范译也没有纠正前译，超越前译。细心的中国读者也许会问：什么行刑队？执行绞刑？砍头？枪毙？活埋还是打针？原文原本是说得清清楚楚的，所以，宜改译为"枪决执行队"。咱们中国懂英文的人多，不妨看看美国著名西班牙语文学翻译家拉巴萨教授的英译"the firing squad"，倒是蛮贴切的。还有，上句西班牙文一个词组 había de recordar，上举二译均作"将会回想起"，范译对此也只字

精品尚未成功，同志仍需努力
——读新中文版《百年孤独》断想

未改，也许是英雄所见略同吧，但笔者以为都不够确切。因为西班牙文 había de 的原型动词为 haber de，并不是简单的将来时，而是表示"务必、必需、一定"之意，拉教授的英译"was to remember"，前辈翻译家吴健恒先生和高长荣先生的中译分别为"准会记起"（《百年孤独》，云南人民出版社，1993）和"准会想起"（《百年孤独》，北京十月文艺出版社，1984）倒是紧扣西班牙文原文的。新译并不如前译那样吃透原文，应该还有提高的空间。这，难道不值得后译学习借鉴吗？踩在别人的肩膀上攀登高峰打什么紧？牛顿就曾放过豪言，欢迎别人踩着他的肩膀往上登得更高。据此，这一句话似可译为：

"许多年以后，面对枪决执行队，奥雷良诺·布恩地亚上校一定会想起，他父亲带他去见识冰块的那个遥远的下午。"

陈众议还说，"……范晔……有一些词译得和过去完全不一样，例如手放在冰上的感觉，范晔译成'它在烧'，这个很忠实，这很好……"（《京华时报》，2011年6月10日）

"和过去完全不一样"是不是就"很忠实，很好"？窃以为，译事不能光凭感觉，关键要看是不是忠实原文，贴近原文；译文要做到正确，精确，明确。此句西班牙文原文是"está hirviendo"，英译是"It's boiling"，意思都是"它滚开着呢"。笔者鄙意恰恰与陈众议相反：译成"它在烧"，反而没有把原意表述清楚，反而不忠实，不贴切，笔者读了真莫名所以，不知所云。前辈翻译家罗大纲先生曾经说过，"只有不朽的创作，没有不朽的译作。"意思是随着历史的变迁，可以并且容许不断有新的译作面世。笔者敢于断言，如果《百年孤独》没有那要命而昂贵的版权，恐怕各种译本就会八仙过海，各显神通了。先生又说，"译作不是创作。"意思是说，译作绝对不可以违背原作的本意。笔者也以为，译作只有跟着创作，亦步亦趋，才能到达上乘的境界，而绝非任意更改变动原作的初衷。上引那个句子，平心而论，鄙意黄沈陈译本作"在煮开着呢"，也未走样，吴健恒先生译得更是到位:"这东西滚开着哩!"相信这两句译文,即便是90后的青年,读了也不至于感觉跟不上时代的步伐吧;而被讥为"语言资源不够用",恐怕有失公允。再者说了,把孬说成好,难道是到位的引导?

笔者的结论是,对于文学翻译,评家和出版家(新中文版《百年孤独》或许遭遇审校缺失的尴尬)的责任应该是,严格要求,严格把关,严格审校,实事求是,肯定成绩,纠正谬误,以利译事的步步提升,而不是你好我好大家都好,一味不着边际地奉承迎合讨好。打造文学翻译的精品,需要译家、出版家和评家(许多时候还需要热心的读者)的真诚而实在的努力和齐心而协调的合作,而决非仅仅依靠雄厚的资金,正如卡门女士曾亲口对笔者所说的那样:"钱不是问题。"

感觉加西亚·马尔克斯

罗大纲先生说:"译事难,难于上青天!"先生言简意赅,一语道出了译家的艰辛和困苦。笔者以为,译事最难的还不是语言的障碍,而恐怕是作家风格的体现。海明威、福克纳、乔伊斯、雨果、巴尔扎克、罗曼·罗兰、博尔赫斯、加西亚·马尔克斯、巴尔加斯·略萨的创作风格各不相同,又各显神通;然而,尽管我们中国译界高手辈出,又有几人敢口出狂言,说自己能准确感觉、把握,从而传神体现?恕笔者斗胆直言,法国文学翻译大家傅雷先生笔下的众多法国作家,风格似乎也大都雷同,遑论我等!不过,即便如此,众译家仍孜孜不倦,努力探索攀登文学翻译的高峰,所以,今天我们有幸得以欣赏萧乾、文洁若先生译的《尤利西斯》,许渊冲先生译的《约翰·克里斯托夫》,王永年先生译的博尔赫斯短篇小说,李文俊先生译的《喧哗与骚动》,等等等等。顶尖的文学名著,必须配以顶尖的翻译精品,应该是译界和出版界的共识。

如果说,我们译界大致把握到的众多作家的语言风格,如海明威使

精品尚未成功，同志仍需努力
——读新中文版《百年孤独》断想

用"电报式语言"，言简意深；乔伊斯繁博难懂、巧于变化；福克纳文体复杂、句子冗长，却有妙叙内心独白及意识流的独到之美；博尔赫斯高雅睿智，结构精巧；那么，今天依然活跃在拉美文坛上的巨擘如加西亚·马尔克斯和巴尔加斯·略萨，他们又是怎么样的语言风格呢？我们感觉到了吗？把握到了吗？体现出来了吗？

读博尔赫斯、加西亚·马尔克斯、巴尔加斯·略萨原作，以不才如我有限的西班牙文水平，只能朦朦胧胧地感觉到他们都是语言大师，他们的文风不一样；只能隐隐约约地察觉到博尔赫斯文字简约高雅，加西亚·马尔克斯除了他那本《族长的没落》之外，大都明白如话，深入浅出，而巴尔加斯虽然年轻些，但语言也不故作高深，文体结构繁复但安排有序。不过，这也只是笔者自己的感觉，不敢说就是他们几位的风格，也许还相去甚远呢。

说来惭愧，笔者只译过加西亚·马尔克斯的三个短篇小说和作家的文学访谈录《番石榴飘香》。虽然如此，笔者在翻译的过程中，也始终凭着自己的这种感觉，磕磕绊绊，边走边学，实在使不出什么高招。幸好笔者读到，有好几位拉美文学评论家说，《百年孤独》的叙述语言仿佛出自一个八岁孩童之口。作家本人也说过，他创作这部小说是想艺术地再现他童年时代的世界。据此，笔者以为，中译《百年孤独》的文字不能太古，太深，应力求浅白通俗，力争平淡见工。

笔者以为，目前读到的三个《百年孤独》直译本，包括新译在内，是文有余，而白不足；但黄锦炎沈国正陈泉译本（以下简称黄译本），更值得人们敬重，因为他们是首译者，白手起家，没有任何可资借鉴的样本；而且，当时他们均仅年近不惑，用现在的话来说，都是小年轻。三十年前，能达到这样的水平，实属不易。《百年孤独》开篇第一句话的架构，大大影响了众多中国作家，应该说是他们的功劳，是不容抹杀的。当然，用

迷宫与《百年孤独》
—— 品博尔赫斯,考《百年孤独》诸家

今天的尺度和标准来衡量,肯定有改进的空间。而笔者万万意料不到和颇感失望的是,范晔的新译除了过多使用中文四字成语之外,文字竟比前译还要老旧。试举几例,如"新生伊始","万物皆有灵","久寻不见","天马行空","触手可及","以身犯险","猝然中断","形销骨立","天赋异禀",等等等等,不胜枚举,有时短短一页,竟多达十个以上。窃以为,四字成语巧用妙用,或许可以画龙点睛,锦上添花;倘乱用滥用,则弄巧成拙矣。再说,这恐怕也不是加西亚·马尔克斯的语言风格,而且,我们也不是没有可能想办法用浅显而优美的文字来加以表述。清代文学家顾炎武先生有言:"用一代之体,则必似一代之文,而后为合格。"笔者愚陋,实在看不出来上引译文究竟是哪代之体,哪代之文!

拉丁美洲作家的写作风格不同,文体不同,因而句型、词句的说法、语序、韵律也不尽相同;中国译家只有亦步亦趋,方有可能体现其风格于万一。作家们呕心沥血,字斟句酌,译家切忌任意增删。不少作家的文字简直像我国唐代文学家刘知几先生所说的那样,"加以一字太详,减其一字太略。"笔者在从事文学翻译的过程中,每每以刘先生的这句至理名言来告诫、鞭策自己,不敢乱说乱动。

《百年孤独》开篇第一句话,已经我们详加分析,现在来看第二句:

Macondo era entonces una aldea de veinte casas de barro y cañabrava construidas a la orilla de un río de aguas diáfanas que se precipitaba por un lecho de piedras pulidas, blancas y enormes como huevos prehistóricos.

西班牙文句子之长,是出了名的。你看这句,虽然主句带副句,但一口气下来,作家只用了一个逗号。译成中文,只有断句一招。再来看看英译,有什么值得借鉴参考的地方:

At that time Macondo was a village of twenty adobe houses, built

精品尚未成功，同志仍需努力
——读新中文版《百年孤独》断想

on the bank of a river of clear water that ran along a bed of polished stones, which were white and enormous, like prehistoric eggs.

原来英文译家底气似乎不如西班牙文作家足，他用了三个逗号才把原句断开，才接得上气来。不过，译家很忠实，他完全按照原文的语序、结构，未增删一字，而且名词还是名词，动词还是动词，形容词还是形容词，未作变动，译得很到位，很出彩，虽然尚有商榷之处。对于中国译家来说，是大可学习受到启发的。当然，西方文字与中文大不相同，翻译不可能采取完全对等的办法。据电脑统计，英法德西等西方文字彼此约有90%可以对等，而与中文仅有40%对等。但是紧扣原文不走样又不迁就原文字面，我们难道不能做到吗？不妨探讨探讨。先读黄锦炎等的译本：

"那时的马贡多是一个有二十户人家的村落，用泥巴和芦苇盖的房屋就排列在一条河边。清澈的河水急急地流过，河心那些光滑、洁白的巨石，宛若史前动物留下的巨大的蛋。"

大体上来说，此句译得还算到位，也很谨慎，文句流畅，并不生涩，显示出译者相当的文学功底；但也出现了一词两译和字词重复的问题。如原文中 casa 就被译成"人家"和"房屋"，enorme 就重复译成"巨"和"巨大的"。而且，也有个别原文中没有而译者添加的字词如"排列"等。不过，这并没有影响译文整体的效果。

再读吴健恒译本：

"那时，马孔多是个只有二十户人家的村庄。一座座用土坯和箭竹建成的房子修在河岸上；清澈的河水在遍布卵石的河床上流过，卵石光滑洁白，大如史前巨蛋。"

笔者以为，此译与黄译有若干不同，把西班牙文副词 entonces 归位，译为"当时"，而不同于黄译的形容词"当时的"；译者注意到原文 pulidas, blancas, enormes 的排列次序，译成"光滑洁白，大如史前巨蛋"，颇见匠心；吴译还删去了黄译中添加的词如"排列"，于细微处可见功力。但与黄译一样，也有一词两译和字词重复的问题，如 casa 被译成"人家"和"房子"，enorme 被译成"大"和"巨"。而 se precipitaba 译为"流过"，似稍逊于黄译的"急急地流过"。总体来说，此译堪称老到，可资赏鉴。

最后读范晔译本：

"那时的马孔多是一个二十户人家的村落，泥巴和芦苇盖的屋子沿河岸排开，湍急的河水清澈见底，河床里卵石洁白光滑宛如史前巨蛋。"

乍看之下，此译与前二译相仿，但如再读，即可发现，译者增词随意，如"沿河岸排开"中的"排开"，"清澈见底"中的"见底"；词序调换，如"光滑洁白"被译为"洁白光滑"；变更词性，如动词 se precipitaba 被置换成形容词"湍急的"。另外，译文中似乎看不出"河水"与"河床"彼此的关系。此种任意性的译笔，尤其是不必要的添字加词，似不宜提倡。与前译相比，并无任何提高和超越，反倒相形见绌。

如果一定要推出紧扣原义的中译，笔者举出一种，供读者审评：

"那时候，马孔多只是一个村庄，二十座房屋用泥巴和芦苇盖在河边。河水清澈，急急流经遍布卵石的河床；那卵石光滑、洁白、巨大，仿佛史前动物的蛋。"

当然，山外有山，天外有天。日后或者就是现在，一定会有高人涌现，译者是不可以有太大的野心的。

笔者谨再举一例，说明后来未必居上：

布恩地亚家族的第四代奥雷良诺第二的老婆菲南达自小被家里当作女王来培养，从不操持家务。她的大伯何塞·阿卡迪奥十分不满，口出怨言。他说：

"... José Arcadio Segundo dijo que la perdición de la familia había sido abrirle las puertas a una cachaca...una cachaca hija de la mala

精品尚未成功，同志仍需努力
——读新中文版《百年孤独》断想

saliva...de la misma índole de los cachacos que mandó el gobierno a matar a los trabajadores..."

这回先读范译："……何塞·阿尔卡蒂奥第二说什么家道衰落就是因为娶进了一个内地女人……一个恶毒的内地女人……跟政府派来屠杀工人的军警是一丘之貉……"

此段文字的关键词是cachaco。查西班牙皇家学院编的《西班牙语词典》，有"军警""漂亮人儿，喜欢被人献殷勤的人"等多种涵义，作家此处巧用cachaca（妖精）和cachacos（军警），一语双关且语音相近，彼此呼应。范译cachaca为"内地女人"，释义所本恐怕是错误频现的《新时代西汉大辞典》，与"军警"在语音上根本挨不上边。读拉巴萨教授的《百年孤独》英译，cachaca被译为highlander（意山地女人，西班牙文的相应词是montañesa），所以："...a highland daughter of evil spit of the same stripe as the highlanders the governmente sent to kill workers..."高长荣先生就译为："……一个狗杂种的山地女人，就像政府派来屠杀工人的那帮山地人一样……"倒也紧扣英文，也许可供参考，但似也非高招。

其实，黄译早就较好地解决了此一难题：

"……霍塞·阿卡迪奥第二，他居然说什么这个家就毁在让一个妖精进了门……一个出言伤人的时髦女人，那不是同政府派去杀害工人的军警成了一路货了吗……"

可以说，"妖精"和"军警"是黄译的极为高明的首创，巧妙地运用了中文的谐音；而且，较口语化，酷似奥雷良诺第二保护老婆的声口（霍塞·阿卡迪奥第二的怨言是奥雷良诺第二说出来的），不似范译"家道衰落""一丘之貉"那么老气横秋，完全是知识分子的腔调。

没有调查就没有发言权。仅以上数例，就足可说明，前译并不像某些不负责任的评论家说的那样,"以前老译本不是译的不好(还多亏你手下留情,没有一棍子打死——林按),但是那个年代好像翻译者调动的语言资源不够用",恰恰相反,认真的读者应该可在笔者点评的上述数例译文中判断是非。笔者相信,它们仍将在我们图书馆的书架上,稳稳地占有一定的地盘,仍可获得相当数量的读者的青睐。笔者此刻倒要借梁山泊好汉的一句话替前译者出一口气:"洒家这条命,只卖与识货的!"

(原载2011年8月3日《中华读书报》)

工欲善其事,必先利其器

成语的真伪

根据李景端《何必替文学翻译比"斤两"》(《中华读书报》,2011年10月26日)一文所引用的那句"西班牙成语"con los pelos en el pecho,倒的确可以明白无误地译成"胸上长毛",不过,很遗憾,这不是塞万提斯笔下的那句成语,根本不在我们的讨论范围之内。

记得若干年之前,李先生曾经撰文说过这句他不知从哪儿搬来的"西班牙成语",当时看了,我们只是笑笑,并没有理会,心想没准是不懂西班牙文的作者一时疏忽,或者请教的对象不靠谱,或者杂事繁多,无暇查阅原著所致。孰料这回他故伎重演,又亮出了这个看似正确的"西班牙成语"con los pelos en el pecho;笔者本无意旧事重提,但一而再地拿"胸毛"说事,就不得不说道说道,以正视听了。

当初我们争论的那句成语,确切的原文是 de pelo en pecho(引自 Don Quijote, Ediciones Cátedra S.A., Madrid, 1994, p.310)。在网络十分发达的今天,只要认真负责地查询,应该不难找到;或者在某个设置西班牙语的大学图书馆,也可轻松借到塞万提斯的这本原文版的经典名著,进行严肃的核对。原来，其中并没有李文所引的西班牙文定冠词 los 和 el，而且，pelo（毛）也不是复数，可见并非定指，而是泛指，这正好告诉读者，这句成语并不是指"有毛在她的胸上"，而是说那姑娘有股男子气概，跟老爷们似的。要知道，在西班牙文里，一句话有没有冠词，意思是大不一样的。笔者仔细查阅过《堂吉诃德》的英译本和法译本，de pelo en pecho 被分别译作 manly（男子气概，Don Quixote, translation of Peter Motteux, Airmont Publishing Co., Inc., New York, 1967, p.175）和 de poil a l'estomac（"胃里长毛"，意勇敢，有男子气概。Don Quichotte de la Manche, traduction de Maurice Bardon, Editions Garnier Freres, Paris, p.221），可见别国译家也深谙该西班牙成语之真谛。（请参见拙文《"胸毛"与"瘸腿"》，《外国文学》2004 年第 3 期）。然而李文所引，只能算是一个词组，并非成语；不过倒恰好反证了"胸上长毛"的含义，大概李先生请教某位懂西班牙语的人士"胸上长毛"怎么说，那人便很自然地就用 con los pelos en el pecho 来应答了。

咱们中国懂西班牙文的读者与懂英文的读者虽说没有可比性，但千万别忘了，也有成千上万！何况，如今全国开设西班牙语的公立和私立的高等院校已有六十余座之多，其中或多或少读过《堂吉诃德》原文的，大有人在，决不可小觑。倘若有人以假乱真，他们虽然嘴上不说，或不屑说，或不敢说，但心里却是明镜似的，清楚不懂装懂、不经下功夫调查便信口开河是怎么回事了。

也谈所谓挑错

二十世纪七十年代末，笔者有幸进入《世界文学》，从此开始了困难然而有趣的外国文学编辑翻译工作。编辑部最令我感佩的，是众多前辈编辑家的高尚敬业精神。记得《世界文学》还在试刊时，编辑部约请巴金先生翻译俄国作家赫尔岑的回忆录《往事与深思》若干章节（后载《世界文学》1977年第2期），德高望重的巴金先生是从英文转译的。译稿到了资深编辑家苏杭先生手里，工作作风一向严谨的苏先生不敢怠慢，便从俄文原文认真细致校对，发现了一些不妥，十分谨慎地与巴金先生沟通。不久，笔者就在编辑部会议上听到主编陈冰夷先生朗读巴金先生亲自写来的一封措辞极其诚恳的感谢信，对编辑部的更正表示由衷的敬意。这件事，对笔者震动极大，立志要向一丝不苟的前辈编辑家学习，相信翻译家们一定是宽宏大度，对编辑的改稿，是高度敬重的，这样，编者与译者齐心协力，以便共同保持《世界文学》的品牌。

二十世纪八十年代末，著名作家王蒙先生译出了他喜爱的美国作家契弗的两个短篇小说，拜托在《世界文学》供职的他的好友宗璞先生转交编辑部。编辑部立即安排英文编辑李航小姐负责校稿，并嘱其放开手脚，大胆核对。王先生是创作家，英文水准尽管很高，但办事认真的李小姐也看出了若干问题，便虚心地向王先生请教商榷，甚至登门讨论。译文刊出后，颇获好评。后来王先生见到笔者，亲口说："你们《世界文学》真是我的好老师，十分感谢。"笔者把王先生的话如实转告编辑部同仁，大家倍受鼓舞。

著名前辈翻译家萧乾、冯亦代、王道乾、董乐山、傅惟慈、吴健恒、王永年诸先生也是《世界文学》的老译者，他们功底扎实，水平高，译风好，但编辑部要求万事精益求精，他们的译稿也不是一字不改，全部照发。董乐山先生译的《巴黎烧了吗？》就是在《世界文学》发表的，笔者拜读过译稿。译文发表前的某天，董先生用上海话对笔者说："随便纳（你们）改好了。"表现出一位虚怀若谷的资深翻译家对编辑的大度宽容和高度信任，令笔者肃然起敬。其他几位，也是对编辑采取充分鼓励的态度。笔者就改过前辈西班牙语翻译家吴健恒、王永年先生的译稿，虽常有争论，但得到的多为信任和鼓励。我们当然不是大笔一挥，自作主张地删改了事。苏杭先生常常语重心长地告诫我们说："改稿，你改十个错，有一两个错你没改对,人家就要恨你。"笔者以为,这句话对编辑有极大的警示作用。所以,我们每逢改稿,必小心翼翼,战战兢兢,生怕出错,因为我们明白,得罪译者事小,误导了读者,亵渎了原作者,那就罪莫大焉了。实际上,改稿的过程就是学习的过程。你想啊,哪来的好机会啊,那么多大家的译品展现在你面前,他们译笔好的地方,高的地方,妙的地方,你就可以亲密接触,就可能学到,这是于私,利莫大矣;而于公,则无辱于刊物。而他们的些许微瑕小疵,如果提出来供他们再三斟酌又获得首肯,一可以为他们补苴罅漏帮点小忙,二能大大增强自己的识见能力。本来么,译家和编家应该是同一战壕里的战友,是共同来捍卫刊物的声誉的。

当然,我们听到的,也不总是一片赞誉;也有不少噪音和辱骂,甚至找上门来,兴师问罪。有的人还搬出一位著名作家的话来,说:"动我一字,如辱我父母。"对此,我们泰然处之,淡然处之,尽量化干戈为玉帛,而且每每收效,我们还把这句话也当作鞭策自己的警示。

至于笔者本人的译稿,也常经修改,故常心存感激。记得笔者译的《番石榴飘香》的部分章节投《外国文艺》,当时的责任编辑戴际安先生虽精通俄文,还是一位高明的苏俄文学翻译家,但不识西班牙文,便约请王永年先生把关,改正了些许错误,戴王两位先生这种敬业负责的精神,令笔者受益匪浅,毕生难忘。直至今天,笔者还常常向王先生请教。当然,有些西班牙文的字词,如果不掌握背景材料,是谁也译不出来的。拙译《番石榴飘香》中有关加西亚·马尔克斯家人称谓的汉译,就一直令笔者惴惴不安,如 la tía Francisca,la tía Petra,la tía Margarita,la tía Elvira,其中的 tía(相应的英文是 aunt)就统统被笔者译成"姨妈",明知不甚妥帖,但苦于没有足资参考的佐证,其时业界又急于了解作家生平,没奈何,只得交差了事,不过笔者确实常于心有戚戚焉。当时真巴不得有哪位同行为笔者挑出错误,指点迷津,解决这个难题。历经多年的探索,总算搞清了,笔者心里才落下一块石头。原来,弗兰西斯卡姨妈译错了,应译为弗兰西斯卡表姑姥姥，因为她是作家母亲的表姑；佩德拉姨妈也译错了，应译为佩德拉姨姥姥，因为她是作家外祖母的同父异母姐妹，也是作家母亲的姨妈；其余两位，玛加丽塔姨妈和埃尔维拉姨妈倒还没出错：前者是作家母亲的亲姐姐，后者则为作家母亲同父异母姐姐。区区一字的准确译出，竟历时十余年，译事之艰辛，译者心中之忐忑，真不可名状！

其实，所谓改稿，就是挑错。笔者同意林语堂先生的观点，他认为不可能有百分之百正确的翻译，但是万不可就据此认为出错在所难免，情有可原，替理所当然论者找借口。挑错改稿的目的是什么？出版社、报章杂志要那么多的编辑来把关干什么？按笔者的理解，是动用尽可能多的力量使译作的错误尽可能地降到最低，译品更加完美，上对得起原作者，下对得起读者。虽然吃力不讨好，有时甚至挨骂，然而笔者相信，智者是明辨是非的。当下我国外国文学翻译界面临的，恰恰是审校缺失的尴尬，而尤以西班牙语文学翻译领域为甚，所以，更应欢迎严肃的批评。鲁迅先生曾经告诫我们，翻译界出问题，出了不好的翻译，"大半的责任固然在翻译家，但读书界和出版界，尤其是批评家，也应该分负若干责任。要救治这颓运，必须有正确的批评"。遗憾的是，我们今天的批评不是多了，烂了，别有用心了，想借机出风头了，而是少了，没有勇气了，没有棱角了，甚至被扼杀了，往往变成你好我好大家都好了，皆大欢喜了。其严酷的结果是，翻译错误比比皆是，连名牌刊物、老字号出版社也难逃干系，而且，令翻译界汗颜的是，去年鲁迅外国文学翻译奖竟破天荒地空缺。

笔者特别佩服上海一家专门挑语文错误的杂志《咬文嚼字》。学问面前，人人平等，他们就敢不为尊者讳，就敢挑名家的错，虽然他们也被骂为"靠挑名家的错出名"，被讥为"警察"、"裁判"。令人欣慰的是，许多著名作家被挑了错，不但没有恶语相向，还纷纷道谢。因为大家都明白，挑错的编辑，是为了维护语言的纯洁；被挑了错的，改进了，也维护了语言的纯洁。这是一种什么样的精神？是一种民族有望、语言有望的境界。笔者还敬服一家报纸，他们居然大胆刊登广告，欢迎读者挑错，谁真挑出错来，还可获奖。他们的胸襟是何等的坦荡！作为是何等的勇敢！气魄又是何等的伟大！

　　再者说了，欢迎别人挑错原是咱们中国的优良传统，从古到今，人们写了字，画了画，作了诗，出了书，如馈赠好友，必恭敬地题上"指正""雅正""哂正"等字样，试问这"正"是何意？说白了，还不是请人挑出错误、指出毛病吗？

（原载2012年2月8日《中华读书报》）

准确、明确、精确地打造精品
——《百年孤独》中译漫议

本文试图就作品的典型句型、人物关系、文字难点、对话的演绎以及作家风格等各个层面，对《百年孤独》的译文进行粗浅的分析，期盼读者及诸位方家不吝指正。

开篇第一句话的句型模式

加西亚·马尔克斯在回答创作《百年孤独》最困难的时刻是什么时候这一问题时，坦率地说："开头。我十分吃力地写完第一句句子的那一天，我至今记忆犹新。当时我非常心虚，不禁自问：我下面不知会写出来他妈的什么玩意儿呢。"（见作家访谈录《番石榴飘香》）的确，作家左思右想，怎么也写不出来。他承认，为了《百年孤独》的开头，他经过了十五六年。有一天，他带了夫人和两个孩子去墨西哥阿卡普尔科旅游，终于恍然大悟。他觉得他应该像他外祖母讲故事一样叙述这部历史。于是，他就以一个小孩由他父亲带领去见识冰块这样一个情节作为全书的开端。于是，一句日后让众多中国作家乃至媒体记者疯一样跟起风来的句子就诞生了：

迷宫与《百年孤独》
—— 品博尔赫斯，考《百年孤独》诸家

Muchos años después, frente al pelotón de fusilamiento, el coronel Aureliano Buendía había de recordar aquella tarde remota en que su padre lo llevó a conocer el hielo.

我们且看从西班牙文直译的几位中国译家是如何迻译的：

【许】多年之后，面对行刑队，奥雷良诺·布恩地亚上校将会【回】想起，他父亲带他去见识冰块的那个遥远的下午。(黄锦炎 沈国正 陈泉译，上海译文出版社，1982；括号【】中的字系译者于1991年推出浙江文艺出版社版时添加)

许多年以后，奥雷良诺·布恩迪亚上校面对着行刑队时，准会记起他爹带他去看冰块的那个遥远的(据译者告知，由于出版时编排的疏忽，"那个遥远的"被印成"那个多年前的"了) 下午来。(吴健恒译，云南人民出版社，1993)

多年以后，面对行刑队，奥雷里亚诺·布恩迪亚上校将会回想起父亲带他去见识冰块的那个遥远的下午。(范晔译，南海出版公司，2011)

以上三译，大同小异，平心而论，译者是认真的、负责的，基本上表达了原文的本意；但似不尽达意。首先，明明是 el pelotón de fusilamiento（执行枪决的行刑队），却无一译出。倒是海峡对岸从英文转译的《百年孤寂》的两位译者都准确到位，值得我们学习："枪毙行刑队"（宋碧云译，台湾远景出版有限公司，1982年初版），"行刑枪队"（杨耐冬译，台湾志文出版社，1984年初版）。其次，había de 的时态是简单未完成时，原型是 haber de，并不是简单的将来式，而是表达"务必、必须、一定"之意。三译之中，仅吴译"准会记起"恰如其分。

考虑到迄今为止所有的中译都没有如实表述这句话的全部含义，笔者试译如下：

许多年以后，面对枪决执行队，奥雷良诺·布恩地亚上校一定会

准确、明确、精确地打造精品
——《百年孤独》中译漫议

想起他父亲带他去见识冰块的那个遥远的下午。

应该承认,《百年孤独》开篇这第一句话的架构,是黄沈陈三先生三十年前(《世界文学》一九八二年首发,所据译文系上海译文出版社稍后推出的首译本)首先译介的,较好地处理了这个典型句型,大大影响了众多的中国作家,这是他们的功绩,是不容抹杀的。这种从未来的角度来回忆过去的倒叙手法,容纳了现在、过去和未来的三个时间层面,这是西班牙语作家惯常运用的一种句法结构,而加西亚·马尔克斯在他的《百年孤独》里则发挥得淋漓尽致,独具魅力,而且不光只有开篇这么孤零零的一句,现再举数例,请欣赏:

Por fin, un martes de diciembre, a la hora del almuerzo, soltó de un golpe toda la carga de su tormento. Los niños habían de recordar por el resto de su vida la augusta solemnidad con que su padre se sentó a la cabecera de la mesa…

作家在开篇第一句里同样的用词,此处重复出现了:"habían de recordar",且看众译家能否体味作家的良苦用心:

直到十二月的某个星期三午餐的时候,他才一下子卸脱了那折磨他的包袱。孩子们也许终生难忘父亲那天坐在饭桌上首时那副威严神态……(黄沈陈译)

最后,到十二月的一个星期二吃午饭时,他顿时如释重负,豁然开朗。孩子们以后一生中都准会记得,他们坐在餐桌上首的父亲……(吴译)

最终,在十二月一个星期二的午饭时分,他从所有的折磨中一下解脱了。孩子们终其一生都将记得父亲如何在桌首庄严入座……(范译)

黄沈陈译把 habían de recordar 译为"也许终生难忘",恐怕没有照应前译"将会回想起",也不准确,有所后退,至于"星期二"误为"星期三",想是排印错误,应予原谅;范译"都将记得",也没有接应前译"将会回想起"(其实黄沈陈早译在先),同样又一次不到位;只有吴译"都准会记得",注意到了作家这一重复笔法,堪称确切。

笔者不揣浅陋,献上拙译,盼读者品评:

十二月一个礼拜二的午饭时刻,他总算一下子卸下了那折磨人的重担。孩子们在他们的余生一定会想起他们父亲在桌首就座那副威严庄重的神情……

令我们注意的是,加西亚·马尔克斯一而再地使用这种句子结构:

Aureliano, que no tenía entonces cinco años, había de recordarlo por el resto de su vida como lo vio aquella tarde…

且看译界各路好汉的身手:

当时只有五岁的奥雷良诺一辈子都会记得那天下午看到的这个吉卜赛人的模样。(黄沈陈译)

奥雷良诺当时还不过五岁,他以后准会一辈子都记着……(吴译)

奥雷里亚诺那时只有五岁,他一生将记得……(范译)

此句的动词结构仍是 había de recordar,其中的 lo 指的是吉卜赛老人梅尔基亚德斯。比较三译,也仅吴译一例到位。黄沈陈译虽也不错,但似与前译"将会回想起"不相呼应。范译"都将记得",仍然停留在将来时的老地方,未谙作家创作初衷。加西亚·马尔克斯用词、句子结构一再重复,译者理应亦步亦趋,切不可随意更改。此句似可译得更直白一些:

奥雷良诺那时候还不过五岁,他在他的余生一定会想起那天下午看到的那个老人……

我们再接着看,加西亚·马尔克斯还一个劲儿地耍着同样的把戏,他自然有他的道理:

Años después, en su lecho de agonía, Aureliano Segundo había de recordar la lluviosa tarde de junio en que entró en el dormitorio a

准确、明确、精确地打造精品
——《百年孤独》中译漫议

conocer a su primer hijo.

我们不妨再瞧瞧各位译家是不是一路紧跟：

若干年之后，当他在病榻上奄奄一息的时候，奥雷良诺第二一定会记得六月份一个阴雨连绵的下午，他踏进房去看他头生儿子时的情景。（黄沈陈译）

多年以后，奥雷良诺第二卧病临终的时候，想必会记起六月间那个雨天的下午他走进卧室去看他头生子的情景来。（吴译）

多年以后，在临终的床榻上，奥雷里亚诺第二将会回想起那个阴雨绵绵的六月午后，他走进卧室去看自己的头生子。（范译）

这句话，与开篇第一句话一样，作家强调的是又一个难忘的下午，译文架构也应类似，以上三译似均有悖作家本意；而且，有些拖泥带水的形容词之类，尽可删除，故似宜译为：

几年以后，奥雷良诺第二在他弥留的床上一定会想起，他走进卧房去探望他头生子的那个多雨的六月下午。

有一回，加西亚·马尔克斯在这种句型的基础上，变换了一个动词，也很妙，请看：

Pocos meses después, frente al pelotón de fusilamiento, Arcadio había de revivir los pasos perdidos en el salón de clases, los tropiezos contra los escaños, y por último la densidad de un cuerpo en las tinieblas del cuarto y los latidos del aire bombeado por un corazón que no era el suyo.

比起开篇第一句话来，此句难度显然较大，特别是一连串补语极难处理，体现译家功力的时刻又来了，请读者诸君仔细品味：

几个月后，面对行刑队，阿卡迪奥定会重新回忆起课堂里这茫然失措的脚步声和绊着长椅的磕磕绊绊的相碰声，记起在屋里一团漆黑中最后触到一个丰腴的肉体和感受到由另一颗心脏搏动而产生的空气

迷宫与《百年孤独》
—— 品博尔赫斯，考《百年孤独》诸家

的颤抖。（黄沈陈译）

几个月以后，阿卡迪奥面对着行刑队时，想必会记起这些事情来：他首先听到近旁课室里探路的脚步声和磕碰着课桌的声音，接着他看到在黑暗里出现了一个模糊的人影，感到另一个人的心跳在把空气震动。（吴译）

几个月后，面对行刑队，阿尔卡蒂奥将会回想起此时发生的一切：教室里迷离的脚步声，板凳的磕绊声，最后是黑暗中的躯体以及另一颗心脏的搏动引起的空气悸动。（范译）

此句中，pocos meses después 意为"很少几个月以后"，译成"几个月后"或"几个月以后"，都不确切，似可译为"没过几个月"。el pelotón de fusilamiento 译为"行刑队"，仍不完整，仍宜译为"枪决执行队"。此句作家弃 recordar 不用，而改用 revivir，意思虽然相近，但既然是两个词，译文也应不同，如前译"想起"，此处可译作"回想起"，略显不一。escaño 意为"靠背长椅"，译为"板凳"似欠妥帖。los latidos del aire bombeado por un carazón que no era el suyo 无论译成"另一颗心脏搏动而产生的空气的颤抖"、"另一个人的心跳在把空气震动"，还是"另一颗心脏的搏动引起的空气悸动"，似均未说清原委。原文其实是说"一颗不是他的（指阿卡迪奥的）心脏鼓（或打、输送）着气"，而"空气的颤抖"、"空气震动"、"空气悸动"，实难理解。故此，此句似可译成：

没过几个月，面对枪决执行队，阿卡迪奥一定会回想起课堂里迷乱的脚步声，磕碰课椅的声响，末了还会回想起黑暗中室内模模糊糊的，有一个躯体，由一颗不是他的心脏鼓着气，发出怦怦心跳。

其实，"许多年以后"并非加西亚·马尔克斯独家首创，其他西班牙语作家也往往视作品需要而加以运用。例如，早在一九五五年，墨西哥著名作家胡安·鲁尔福在他的魔幻现实主义代表作《佩德罗·帕拉莫》里就有过类似的句型：

El padre Rentería se acordaría muchos años después de la noche en que la dureza de su cama lo tuvo despierto y después lo obligó a salir.

这句话，如果按照西班牙文那样不断句，可以译成：

伦特里亚神父许多年以后会想起因为他那张床硬邦邦的让他睡不着觉后来逼得他走出了家门的那个夜晚。

不过这么一来，中国读者恐怕谁读了也会接不上气来，所以，"异化"就行不通了，只有变通，似可译为：

许多年以后，伦特里亚神父会想起，那个夜晚，他那张床硬邦邦的，让他睡不着觉，后来逼得他走出了家门。

诚然，西班牙文的这个句型，时间层面实在太丰富了，难怪苏童、格非、叶兆言，甚至陈忠实等中国著名作家都曾跟在加西亚·马尔克斯这块魔铁后面一通乱窜；然而，必须清醒的是，艺术上的形式和技巧，总是表层，切忌捡了芝麻，丢了西瓜。

布恩地亚家族的人名与辈分

《百年孤独》里布恩地亚家族共七代人，人名重复，辈分不易辨清，不要说中国读者，即便著名的乌拉圭学者、权威的拉美文学评论家埃米尔·罗德里格斯·莫内加尔教授也曾出错。然而，作为严肃认真的译家，必须厘清个中关系。据统计，该家族有五个人名"何塞·阿卡迪奥"（包括那个乖僻、短命的阿卡迪奥），三个人名"奥雷良诺"（此外，尚有奥雷良诺·何塞，十七个私生子奥雷良诺以及被蚂蚁吞食了的婴儿奥雷良诺），三个人名雷梅苔丝，两个人名乌苏拉。为避免出错，只有将他们的全名如实译出，即使再长，再啰唆，也在所不惜。20世纪80年代初，笔者在《世界文学》编发《百年孤独》译文时，生怕中国读者阅读有困难，

迷宫与《百年孤独》
—— 品博尔赫斯，考《百年孤独》诸家

还曾弄巧成拙地将人名简化，如何塞·阿卡迪奥·布恩地亚被简化成何·阿·布恩地亚，何塞·阿卡迪奥被简化成何·阿卡迪奥，等等。其实，这大可不必，应该充分相信读者，他们是完全有能力区别的。幸亏三个直译本都保存了原文的全部人物姓名，才不至于进一步添乱。

然而，真正考验译家功底的，是摸清这些人物的关系和辈分，试看以下几例：

——Díganle a mi mujer— contestó con voz bien timbrada— que le ponga a la niña el nombre de Ursula.—Hizo una pausa y confirmó— : Ursula, como la abuela. Y díganle también que si el que va a nacer nace varón, que le pongan José Arcadio, pero no por el tío, sino por el abuelo.

这段话，是布恩地亚家族第三代阿卡迪奥临刑前说的，且看各家译文：

"告诉我女人，"他以独特的声调回答说，"叫她给女儿取名乌苏拉。"他停了一下，又强调了一句："乌苏拉，就像我祖母一样。再跟她说，如果生下的男孩，就叫他何塞·阿卡迪奥，这不是从我大伯的名，而是从我祖父的名。"（黄沈陈译）

"告诉我老婆，"他声音相当响亮地答道，"她要是生个女儿，就取名叫乌苏拉。"他停了停再补上一句："乌苏拉，我奶奶的名字。还告诉她，要是生个男的呢，就取名叫何塞·阿卡迪奥，可这不是随我伯伯，是随我爷爷。"（吴译）

"告诉我女人，"他声音非常平静，"给女儿起名乌尔苏拉。"他顿了一下，重复道，"乌尔苏拉，跟她祖母一样。再告诉她如果生了男孩，就叫他何塞·阿尔卡蒂奥，但不是随他伯父的名字，而是随他祖父。"（范译）

以上三译，前两译将 la abuela, el tío 和 el abuelo 分别译作"我祖母，我大伯，我祖父"和"我奶奶，我伯伯，我爷爷"，均认定说话人阿卡迪奥是乌苏拉的孙子，何塞·阿卡迪奥的侄子和何塞·阿卡迪奥·布恩地亚的孙子，就实际辈分而言，大致没错，应该这么称呼；然而吊诡的是，阿卡迪奥是何塞·阿卡迪奥与吉卜赛女人庇拉·特内拉的私生子，而他全然不知自己的身世，不知自己是何塞·阿卡迪奥的儿子，反而称他老子为大哥，称奥雷良诺上校为二哥。据此，译文也应将错就错，顺着阿卡迪奥的口气，范译"她祖母，他伯父，他祖父"，辈分按阿卡迪奥自己认为的那样厘清，正确胜出，纠正了前二译，实为可喜。但阿卡迪奥的这番话，乃是他受刑前所说，译文似宜紧凑，不能啰啰唆唆，且应口语化。笔者试译一种，供读者审评：

"告诉我老婆，"他回答得声音十分清脆，"给女儿起名叫乌苏拉。"他停了一下，又确定了一遍："乌苏拉，跟她奶奶一样。再告诉她，要是生下来的是男孩，就叫何塞·阿卡迪奥，不是随他大爷，是随他爷爷。"

西班牙文里一些表示亲戚关系的词如 primo 等，可指同辈，译为"表堂兄弟"，也可指长辈，译为"表堂叔伯"，应视情而定。作家本人的亲戚里面，就有很多的 tía（姨妈、舅妈、姑妈，或姨姥姥、姑姥姥……），也因视情而定，如 la tía Margarita（玛加丽塔姨妈）、la tía Francisca（弗兰西斯卡表姑姥姥）、la tía Petra（佩德拉姨姥姥）等等。在外国人士看来不是问题的问题，对于我们中国译家来说，无论水平高低，都是令人头痛的疑难问题。试看一例：

Ella hizo tan poco caso de la advertencia, que se vistió de hombre y se revolcó en arena para subirse en la cucaña, y estuvo a punto de ocasionar una tragedia entre los diecisiete primos trastornados por el insoportable espectáculo.

面临这些难题，众位译家是如何解决的呢？请看：

可是她对这种警告根本就没当一回事，她干脆穿起了男人的衣服，

迷宫与《百年孤独》
—— 品博尔赫斯，考《百年孤独》诸家

在沙地里打个滚，就去玩爬竿取物的游戏了。她那十七位表兄弟被这难以忍受的场面搞得神魂颠倒，差一点闹出一场悲剧。（黄沈陈译）

美人儿雷梅苔丝把这种警告当做耳边风。她依旧穿着男人的衣服，在沙地上打滚，再去玩爬竿取物的游戏。她的十七个堂叔叔给这么一幕受不了的景象弄得神魂颠倒，彼此之间几乎闹出悲剧来。（吴译）

她毫不理会这提醒，穿上男人的衣服，在沙地上打了个滚就去爬竿。十七个堂兄弟见此景象都难以自持，险些酿成一场悲剧。（范译）

她，是指俏姑娘雷梅苔丝（或美人儿雷梅苔丝或美人儿蕾梅黛丝），她是布恩地亚家族第三代阿卡迪奥的女儿，是第四代人；而那十七个男人是家族第二代人奥雷良诺上校的私生子，也就是她父亲的堂兄弟，是她的堂叔堂伯。所以，译为"表兄弟"，"堂兄弟"，辈分都被往下拉了一代，前者还把阿卡迪奥与十七个私生子的关系也搞错了，应是"堂"，不是"表"。译为"堂叔叔"，虽说厘清了辈分，但惜未点明长幼，因为这十七个人有的比阿卡迪奥年长，有的年幼。必须注意的是，此句与前句有所不同，前句为阿卡迪奥本人的声口，辈分搞错倒正好证实了阿卡迪奥的无知；而此句却是作家也即叙述人的描述，辈分出错乃译者没理清关系所致。俏姑娘雷梅苔丝是美人胚子，脾气乖张。在她这十七个堂叔堂伯来到之前，她曾祖母乌苏拉怕她跟这些男人胡来，生出长猪尾巴的孩子来，闹出悲剧，可她不听。于是，就有了上面一段描述。原文中 ...estuvo a punto de ocasionar una tragedia（差点闹出一场悲剧）的主语应该是 Remedios（雷梅苔丝），但以上三译似均显模糊。还有，从语法角度分析，Ella hizo tan poco caso de la advertencia, que... 是一个结果句，直译的意思是："她把警告这么不当回事，以至于……" 黄沈陈译和吴译都注意到了，所以分别译为 "……干脆……" 和 "……依旧穿着……。"惜吴译只表达了状态，没体现动作；而范译看来则茫然不知，远逊于前译。是故，此句似可译成：

对这种警告，她没怎么理会。她索性穿上男人衣服，在沙地上打个滚，就去爬竿了，差点闹出一场悲剧：她十七个堂叔堂伯见了她这么一出，都受不了了，神魂颠倒了。

再析一例：

Ya desde mucho antes, Amaranta había renunciado a toda tentativa de convertirla en una mujer útil. Desde las tardes olvidadas del costurero, cuando la sobrina apenas se interesaba por darle vuelta a la manivela de la máquina de coser, llegó a la conclusión simple de que era boba.

阿玛兰塔早在很久以前就放弃了使她变成有用的女人的一切尝试。还是在缝纫间里的那几个快被忘却了的下午，当这位侄女连缝纫机的摇把都懒得去摸一下时，阿玛兰塔就得出了一个简单的结论：她是个蠢丫头。（黄沈陈译）

还在很久以前，阿玛兰塔就放弃了要把她教得会操持家务的一切打算。在缝纫室度过的那些已经淡忘了的下午，阿玛兰塔看到这位侄孙女儿几乎连转转缝纫机的把手都不感兴趣了，终于认为她是个没法学会东西的傻瓜。（吴译）

很早以前，阿玛兰妲就放弃了将她改造成贤妻良母的一切努力。在缝纫间里那些被遗忘的午后，她这个侄女连对帮忙摇缝纫机摇柄都不大感兴趣，那时她便得出明确的结论：她脑子有问题。（范译）

这一句里，又出现了一个表示亲戚关系的词：la sobrina，意为"侄女，外甥女"或"侄孙女，外孙甥女"，也和前述 primo 一样，要视情而定。此句中的"她"，是指阿玛兰塔的 sobrina 美人儿雷梅苔丝。她们俩是什么关系呢？应该是祖孙关系。阿玛兰塔是布恩地亚家族第二代人，而雷梅苔丝是第四代，应称阿玛兰塔为"姑奶奶"，因此，译为"侄女"，是搞错了辈分，吴译"侄孙女"准确。

迷宫与《百年孤独》
—— 品博尔赫斯，考《百年孤独》诸家

下面再举一例，除了要弄清辈分关系之外，还有一个如何复译名著的重大问题可以认真探讨：

Sólo entonces descubrió que Amaranta Ursula no era su hermana, sino su tía...

这时候，奥雷良诺才发现阿玛兰塔·乌苏拉原来不是他的姐妹，而是他的姑母……（黄沈陈译）

只有到这时候，他才发现阿玛兰塔·乌苏拉不是他的姐姐，而是他的姨妈……（吴译）

到这时，他才发现阿玛兰妲·乌尔苏拉不是他的姐妹，而是他的姨妈……（范译）

此句中，奥雷良诺是布恩地亚家族第六代人，而阿玛兰塔·乌苏拉是第五代人，是奥雷良诺生身母亲梅梅的妹妹，黄沈陈译为"姑母"，不确，把西班牙文的 hermana 译成模棱两可、长幼不分的"姐妹"，也似不合中国习惯。吴译吸取前译教训，改译为"姐姐""姨妈"，想必一定在事前做过仔细的研究，令人对这位当今中国年纪最长的西班牙文译家肃然起敬。笔者以为，世界名著的复译，后译应谦虚借鉴前译，免得多走冤枉路。范译虽译对了"姨妈"，但似没有吸取前译的经验，仍将 hermana 一词译得不明不白，殊觉可惜。

文字难点的突破

加西亚·马尔克斯是驾驭文字的巨匠，在《百年孤独》里，他更是纵横笔墨，收放裕如，文字美则美矣，却苦煞了我们中国译家。这里，笔者不妨略举数例，以供读者赏析：

He sido nombrado corregidor de este pueblo. ...no necesitamos ningún corregidor, porque aquí no hay nada que corregir...

"我被任命为本镇的镇长。""……我们不需要什么镇长，因为这

儿没有什么要纠正的。"（黄沈陈译）

"我被任命为本镇镇长。""……我们不要什么镇长，这儿没什么要人家来指手画脚的。"（吴译）

"我已被任命为本镇的里正。""我们不需要里正，因为这里没有什么可纠正的。"（范译）

作家在此句中玩起了文字游戏：corregidor（地方长官之意）与corregir（修改、纠正、管教、指手画脚之意）连用，颇有俏皮之妙，中文如何表述，那就要看译家的本事了。笔者记得三十年前，读到黄沈陈译"……镇长……纠正"，就欣喜地发现他们译文的努力尝试，虽尚欠火候；吴译意思完整，但憾未尽文字之妙；范晔近译"……里正……纠正"，虽也下了功夫，惜用词太过老旧。"里正"固然是地方长官，但系我国古代自春秋始的官名，搬用于现代，恐怕不妥。再说，此词连商务印书馆出版的《现代汉语词典》也不收录，想亦在淘汰之列，我们大可不必把玩老古董。笔者现提出一译，请读者审评：

"我已被任命为本镇行政长官。""……我们不要什么行政长官，这儿行得正，没什么可掌管的。"

请再看一例：

José Arcadio Segundo dijo que la perdición de la familia había sido abrirle las puertas a una cachaca...una cachaca hija de la mala saliva...de la misma índole de los cachacos que mandó el gobierno a matar a los trabajadores...

霍塞·阿卡迪奥第二，他居然说什么这个家就毁在让一个妖精进了门……一个出言伤人的时髦女人，那不是同政府派去杀害工人的军警成了一路货了吗……（黄沈陈译）

何塞·阿卡迪奥第二居然说，家就毁在让一个妖精进了门……是个恶语伤人的妖精，着不跟政府派来屠杀工人的军警是一窑货吗……

迷宫与《百年孤独》
—— 品博尔赫斯,考《百年孤独》诸家

（吴译）

何塞·阿尔卡蒂奥第二说什么家道衰落就是因为娶进了一个内地女人……一个恶毒的内地女人……跟政府派来屠杀工人的军警是一丘之貉……（范译）

这是布恩地亚家族第四代人何塞·阿卡迪奥第二对他哥哥奥雷良诺第二的老婆即他的嫂子菲南达表示不满的一段描写。此句中，较难处理的一个词，就是极具哥伦比亚特色的 cachaco。查西班牙皇家学院编的《西班牙语词典》，有"军警""漂亮人儿，喜欢被人献殷勤的人"等多种涵义；英译是 highlander，意为山地人、高地人。而此词，加西亚·马尔克斯在他的回忆录《沧桑历尽话人生》中的解释是："卡查科人（los cachacos）是土生土长的高原人，我们不但可以从他们懒散的举止、放肆的谈吐，还可以从他们自命上帝使者的傲慢劲头上，把他们与人类其他民族区别开来。他们这种形象实在太讨厌了，所以香蕉工人的罢工被内地军警残暴镇压下去之后，我们就不管军警叫大兵，而叫卡查科人了。"

究竟如何来体现作家驾驭文字之妙？其实，早在二十世纪八十年代，黄沈陈三先生便巧妙地运用了中文的谐音，解决了这一难题。笔者以为，因此，许多年以后，众多的中国读者一定会想起，上述三译家将其译为"妖精"和"军警"的极为高明的首创。而"内地女人"不确（译为"高地女人"或"山地女人"似均可），"一丘之貉"酸腐，均相形见绌。

对话的口语化演绎

《百年孤独》中，作家着墨的对话不多，但很简练精彩，译文切不可啰啰唆唆，文文绉绉，带着一副知识分子的腔调。试举数例：

"Si has de volverte loco, vuélvete tú solo," gritó. "Pero no trates de inculcar a los niños tus ideas de gitano."

"你要发神经病，就一个人去发，"她吼叫着，"别拿你那吉卜赛

准确、明确、精确地打造精品
——《百年孤独》中译漫议

式的怪想法往孩子们脑袋里灌！"（黄沈陈译）

"你要是非发疯不可，那就独个儿发得啦，"她叫嚷道，"可别把你那吉卜赛人的胡思乱想灌到孩子们的脑瓜子里去！"（吴译）

"如果你非发疯不可，就一个人疯好了，"她喊道，"别想用你那套吉卜赛人的胡话教坏孩子！"（范译）

以上黄沈陈译第一句，意思表达不错，但似有上海地方语言色彩，且不够简练；吴译也有类似不足；而范译的口语，恕笔者不敬，实在不敢恭维，"如果……好了"，简直像侯宝林讽刺的二十世纪三四十年代上海话剧演员的台词。另外，原文中的 has de 虽表示"必须、一定"之意，但倒不必译成"非……不可"，中文一"要"字已经包含此意。窃以为，口语似宜简练、直白、干脆、利落，此句笔者斗胆译出献丑：

"你要疯，就一人疯去，"她吼道，"可别把你吉卜赛人那一套主意塞到孩子脑袋里去！"

布恩地亚家族第一代人乌苏拉警告她的曾孙女美人儿雷梅苔丝，不要跟男人胡来，免得出丑，她说了这么一番话：

"Abre bien los ojos," la previno. "Con cualquiera de ellos, los hijos te saldrán con cola de puerco."

"你眼睛可得睁睁开，"她警告俏姑娘雷梅苔丝说，"同他们中随便哪一个搞上了，将来生出来的孩子都会长猪尾巴的。"（黄沈陈译）

"你得提防着点，"她警告曾孙女说，"你跟他们哪一个发生关系，都会生下长猪尾巴的孩子。"（吴译）

"你得睁大眼睛，"她提醒蕾梅黛丝，"跟他们中间的任何一个搞上，都会生出长猪尾巴的孩子。"（范译）

此句难度不大，但如何译得简练而口语化，似仍有商榷的余地，如"中""中间"可略去，"任何"也宜修改。再说，"搞上""发生关系"等用词，太过直露，作为曾祖母对一个涉世未深的女孩子的劝告，恐难启口，

迷宫与《百年孤独》
—— 品博尔赫斯，考《百年孤独》诸家

而原文里也闪烁其词，故似可改译为：

"你眼睛得睁大了，"她警告曾孙女，"不管你跟他们哪个来，生孩子都会长猪尾巴。"

依稀触摸作家的风格

笔者前曾表示，以自己的西班牙文水平，只能朦朦胧胧地感觉到博尔赫斯、加西亚·马尔克斯、巴尔加斯·略萨他们文风不同，只能隐隐约约地察觉到博尔赫斯文字简约高雅；加西亚·马尔克斯大都明白如话，深入浅出；而巴尔加斯语言不故作高深，文体结构繁复但安排有序。据此，笔者以为，中译《百年孤独》的文字不宜太古、太深，应力求浅白通俗，力争平淡见工。读各中译本，发现大多译家实际上都趋于认同，请看：

De modo que todo el mundo se fue a la carpa, y mediante el pago de un centavo vieron un Melquíades juvenial, repuesto, desarrugado, con una dentadura nueva y radiante. Quienes recordaban sus encías destruidas por el escorbuto, sus mejillas fláccidas y sus labios marchitos, se estremecieron de pavor ante aquella prueba terminante de los poderes sobrenaturales del gitano.

这样一来，人们都涌向帐篷。他们花一个生太伏，看到了一个年轻的、康复的、没有皱纹的、长着一副崭新锃亮的牙齿的墨尔基亚德斯。人们还记得他从前被坏血病毁坏的牙床、松弛的腮帮和干瘪的嘴唇，现在看到这个吉卜赛人超凡的能力，不禁惊讶万分。（黄沈陈译）

这样，大家都朝帐篷跑。他们出一个生太伏，就能看到梅尔加德斯返老还童：他容光焕发，脸上的皱纹没了，还长了一口发亮的新牙。大家都还记得他那给坏血病毁了的牙床、凹下去的腮帮、干瘪的嘴唇，这会儿一看到吉卜赛人如此确凿地大显神通，就不禁感到惊奇不已。（吴译）

准确、明确、精确地打造精品
——《百年孤独》中译漫议

因此全村人都去了帐篷。付上一个生太伏就看到了青春焕发的梅尔基亚德斯：身体痊愈，皱纹平复，全新的牙齿闪闪发亮。凡是还记得他的牙龈如何毁于坏血病、脸颊如何松弛、嘴唇如何干瘪的人，面对这一无可置疑的明证，都不禁为吉卜赛人的魔力而惊栗。（范译）

这一段描写，让我们又一次体味了加西亚·马尔克斯的一种文字风格：用词重叠、紧凑、连贯，以加强读者的印象：如 juvenil, repuesto, desarrugado, con una dentadura nueva y radiante, 又如 sus encías destruidas por el escorbuto, sus mejillas fláccidas y sus labios marchitos。译家要想保持这种句法结构，又符合输入语即中文的阅读习惯，谈何容易！此句第一译译成"年轻的、康复的、没有皱纹的、长着一副崭新锃亮的牙齿的"，很是到位，但后面又拖着一个补语"墨尔基亚德斯"，显得尾大不掉，中国读者读着吃力。第二译将补语调前，较第一译高明许多："他容光焕发，脸上的皱纹没了，还长了一口发亮的新牙。"第三译译为"身体痊愈，皱纹平复，全新的牙齿闪闪发亮"，虽说脱离了句子冗长的窠臼，但又犯了四字成语过多的老毛病。紧接着的一句，黄沈陈译与吴译均算正确，但尚欠文采；然范译加译了三个"如何"，为原文中所未有，有点画蛇添足，有悖作家洗练的文字风格，实不可取。现提出拙译，愿就教于各位译家：

这么一来，大伙儿全奔帐篷去了。只要出一分钱，就能看到梅尔基亚德斯。他年轻了，健康了，没皱纹了，一口牙齿又新又亮了。有人还记得，他的牙床是给坏血病毁坏了的，腮帮子是松弛的，嘴唇是干瘪的；看到那吉卜赛人超自然的有力佐证，给震撼得惊呆了。

再看一例，让我们进一步见识作家明白如话的文风：

Entonces entraron al cuarto de José Arcadio Buendía, lo sacudieron con todas sus fuerzas, le gritaron al oído, le pusieron un espejo frente a las fosas nasales, pero no pudieron despertarlo. Poco

迷宫与《百年孤独》
——品博尔赫斯,考《百年孤独》诸家

después, cuando el carpintero le tomaba las medidas para el ataúd, vieron a través de la ventana que estaba cayendo una lluvizna de minúsculas flores amarillas. Cayeron toda la noche sobre el pueblo en una tormenta silenciosa, y cubrieron los techos y atascaron las puertas, y sofocaron a los animales que durmieron a la intemperie. Tantas flores cayeron del cielo, que las calles amanecieron tapizadas de una colcha compacta, y tuvieron que despejarlas con palas y rastrillos para que pudiera pasar el entierro.

这是族长何塞·阿卡迪奥·布恩地亚去世后的一段描述。通段文字,不作高深,不用华丽的辞藻,平平道来,却透出文字的优美。

于是大家都奔进霍塞·阿卡迪奥·布恩地亚的房间,拼命地摇他,对着他的耳朵大喊,拿一面镜子对着他的鼻孔照,但都未能使他醒过来。不多一会儿,木匠来给他量尺寸做棺材,这时人们从窗户里望见天上正像下小雨似地落下许多小黄花。在寂静的风暴中,镇上下了整整一夜,小黄花盖满了屋顶,堵住了门口,闷死了睡在露天的动物。天上落下的花很多很多,第二天清晨,街上竟像铺了厚厚实实一层地毯,人们得用铁锹和钉耙开道,以便让送葬的行列通过。(黄沈陈译)

他俩接着走进何塞·阿卡迪奥·布恩地亚的房间,使劲摇他,在他耳旁大声喊叫,把一面镜子放到他鼻孔前面,可是怎么也弄不醒他了。不久以后,木匠来量了他的身子,给他去做棺材。这时,窗外下起了小黄花的毛毛雨。整整一夜,漫天的小黄花悄然猛落在镇上,盖满了房顶,堵住了屋门,淹没了睡在户外的牲畜。天上落下了那么多的黄花,第二天一早街道铺上了一层厚实的花被,只好首先用铁铲和耙子清道,送葬的队伍才得以通行。(吴译)

于是他们走进何塞·阿尔卡蒂奥·布恩迪亚的房间,用尽全身的力气摇晃他,冲他耳边叫喊,又把一面镜子放在他的鼻孔前,但都无法将他唤醒。不多时,木匠开始为他量身打造棺材,他们透过窗户看见无数小黄花如细雨缤纷飘落。花雨在镇上落了一整夜,这寂静的风暴覆盖了房顶,堵住了屋门,令露宿的动物窒息而死。如此多的花朵自天而降,天亮时大街小巷都覆上了一层绵密的花毯,人们得用铲子耙子清理出通道才能出殡。(范译)。

上述该段,三译均无理解上的困惑,但就译文的文采来衡量,笔者比较欣赏吴译:没有华丽的辞藻,却能将布恩地亚家族族长辞世时天下黄花细雨的魔幻色彩及肃穆气氛烘托得淋漓尽致,读来形象深刻。黄沈陈译较为平稳,略输文采。范译仍显用词老旧,犹如五四时期文风,反倒欠缺时代色彩,且喜加字添词,如"开始"等(前例中还加了"如何"),笔者曾撰文指出范译文多处屡犯此病,乃译事大忌;但"……看见无数小黄花如细雨缤纷飘落"一句,译出了动态,倒颇出彩。

通过对以上句例的粗略剖析,笔者以为,三译本各有千秋,可为互补,虽然其中个别译本恐有仓促之感,误译频现,可说都为文学翻译界有所贡献;但似乎距离精品的境界还有较大的改进空间,应该允许有再行打造的机会,让我们中国读者得以欣赏大师真正的经典风采;当然,这只是笔者的一孔之见,见仁见智,有待于广大读者的识见。

常凯申现象又复来
——略议《加西亚·马尔克斯传》中译

如果说把蒋介石译成"常凯申",把毛泽东译成"昆仑",或者把法老译成"法拉奥内",把汉尼拔译成"阿尼巴尔",凸显出当下我国译界急功近利、治学不严的浮躁心态,斥之为"常凯申现象",倒也切中肯綮;不过,平心而论,这责任,编辑出版界恐怕也难逃干系,甚至还应更加脸红!因为这充分证明了审校缺失的尴尬。我们千万不能轻轻一句"文责自负",就把全部责任都归咎于尚需指点扶植的译者。我们亟待加强的,倒更应是编辑出版把守的这道重要性日趋迫切的关隘。

读《中华读书报》今年六月推荐榜提名的《加西亚·马尔克斯传:早年生活1927—1970》一书([美]依兰·斯塔文斯著,史国强译,现代出版社2012年6月第一版),译者的粗制滥造和编者的疏于把关,竟令笔者简直不敢相信自己的眼睛:这难道真如中国媒体所宣传的那样,是"全世界最优秀的加西亚·马尔克斯专家"斯塔文斯(见《中华读书报》2012年6月6日第6版)撰写的吗?

治学严谨、一丝不苟,是古今中外学者专家的应有文风,怎么在这本颇为厚重的著作里,笔者却频频发现前后矛盾或不一的纰漏呢?

常凯申现象又复来
——略议《加西亚·马尔克斯传》中译

例如，作者一开始明明介绍加夫列尔·加西亚·马尔克斯的外祖父名为尼科拉斯·里查多·马尔克斯·米赫亚（Nicolás Ricardo Márquez Mejía，该书第6页，恐系根据英语发音的汉译，我国西班牙语翻译界通译为尼古拉斯·里卡多·马尔克斯·梅希亚），但到了后来，竟成了尼克拉斯·马尔克斯·伊瓜兰（第12页）和马尔克斯·伊瓜兰上校（第13页）了呢？

据笔者所知，作家加西亚·马尔克斯的外祖父的父姓为马尔克斯，母姓为梅希亚，而不是什么伊瓜兰，那是作家外祖母特兰基利娜·伊瓜兰·科特斯（Tranquilina Iguarán Cotes）的父姓，斯塔文斯先生怎么将外祖母的父姓强按到外祖父头上来了呢？

又如，作者在介绍加西亚·马尔克斯身边的女人时说：

"……还有其他女子，如蒂娅·玛格丽塔·马尔克斯·伊瓜兰，他外祖母的妹妹，21岁时死于伤寒……"（第20页）

据查加西亚·马尔克斯自传《沧桑历尽话人生》（西班牙文原文为Vivir para contarla，英译为Living to Tell the Tale，该书根据英文译为《活着为了讲故事》），作家的母亲有一位名叫玛加丽塔·米尼亚塔·马尔克斯·伊瓜兰的姐姐，倒的确死于伤寒。作家母亲名为路易莎·圣地亚加·马尔克斯·伊瓜兰，从她们俩的父母姓来分析，两人必同胞无疑，如据上引译文，外祖母的妹妹姓了她姐夫的姓，岂非笑话？这位玛加丽塔，到底是作家外祖母的妹妹，还是作家母亲的姐姐？斯塔文斯专家难道厘清不了个中关系？

再如，斯塔文斯坦率地承认，称作家为"马尔克斯"，"……在英语世界里不少人喜欢这么称呼……这种省略式的称呼与西班牙语专有名词的用法大相径庭。西班牙语国家的人……有按父姓取名的习惯：马里奥·巴尔加斯·略萨对他的利马读者来说不是略萨。加西亚·马尔克斯习惯上使用他姓名里的后两个姓氏，前一个来自父亲，后一个来自母亲，省掉哪一个也不合适……""……我提到他时也不用马尔克斯……"（第16页）

迷宫与《百年孤独》
—— 品博尔赫斯，考《百年孤独》诸家

这一观点，倒与笔者一贯的主张吻合。三十余年以来，笔者曾一再提醒译界，我们不要盲目地跟在英美人士的屁股后面跑，光称马尔克斯或马圭斯（台湾译名），称巴尔加斯·略萨为略萨，比奥伊·卡萨雷斯为卡萨雷斯，罗亚·巴斯托斯为巴斯托斯，那起码不是正式的称呼。不过，到了后来，也许斯塔文斯先生的英语习惯老毛病又犯了，又略萨长略萨短，马尔克斯长马尔克斯短了，而且，还把古巴作家 José Lezama Lima（何塞·莱萨马·利马）说成何塞·利马，把阿根廷作家 Adolfo Bioy Casares（阿道弗·比奥伊·卡萨雷斯）说成阿道尔夫·卡萨莱斯，把巴拉圭作家 Augusto Roa Bastos（奥古斯托·罗亚·巴斯托斯）说成奥古斯托·巴斯特斯，把古巴作家 Guillermo Cabrera Infante（吉列尔莫·卡夫雷拉·因方特）说成格尔利摩·因方特（第 165 页），而将他们所有人的最为重要的父姓 Lezama，Bioy，Roa，Cabrera 全部略去了呢？一位拉美文学研究专家居然比一般英美人士还要不尊重西班牙语国家的姓氏习惯，真是匪夷所思，令人怀疑他开卷时表白的诚意；自然，更令笔者怀疑译文是否准确到位。

笔者手头虽然没有该书的原文，然而，读着读着，在不尽如人意的译文的字里行间，笔者仿佛也遇到了博尔赫斯当年的体验。他说："我曾经看过一场用西班牙语演出的《麦克白》，演员、布景都很差劲，可是，我们是万分激动地走出剧场的。"（见《博尔赫斯七席谈》）博翁的意思是说，只要是名著，哪怕译笔欠佳，也会有点效果的。据此，笔者断定，下面即将举出的几个例证，抛开作者可能捅下的纰漏，大都一定是译者的失误：

一、加西亚·马尔克斯家人称呼的误译

作者介绍加西亚·马尔克斯"身边有一群女性……还有五个'大妈'：蒂娅·艾尔维亚·卡里洛，这是他外祖父的私生子和他母亲的同父异母妹妹；蒂娅·弗朗西斯科·西摩多希亚·梅西亚，被称为拉·坎瑟布拉；蒂娅·玛玛，

常凯申现象又复来
——略议《加西亚·马尔克斯传》中译

这个可爱的亲戚在外祖父陪伴下长大,在阿拉卡塔卡照顾过加西亚·马尔克斯;蒂娅·维尼夫瑞达·马尔克斯,此人是外祖父的姐姐;蒂娅·皮特拉·科特斯,此人以百岁高龄死在阿拉卡塔卡的老屋里……"(第20页)

略识西班牙文的读者一看便知,这里一大串的"蒂娅",原来是西班牙文 tía(相应的英文是 aunt,系姨妈、姑妈、舅妈、婶妈、姑奶奶、姑姥姥、姨奶奶、姨姥姥……之意)的中文译音,但不知怎的,竟被不识西班牙文的译者译成姓名的一部分了。

其实,按照加西亚·马尔克斯对她们的称呼,应分别译为埃尔维拉·卡里略姨妈,因为她是作家外祖父的私生女,作家母亲的同父异母姐姐;弗朗西斯卡·西莫多塞亚·梅希亚表姑姥姥,因为她是作家外祖父的表姐,作家母亲的表姑,又称玛玛表姑姥姥,也就是说,弗朗西斯卡·西莫多塞亚表姑姥姥与玛玛表姑姥姥是同一个人,而并非如上引译文所说的那样,分成两人了,而这位表姑姥姥,也的确照顾过加西亚·马尔克斯;维内弗利达·马尔克斯·梅希亚姑姥姥,因为她是作家外祖父的姐姐,作家母亲的姑妈;佩特拉·科特斯姨姥姥,因为她是作家外祖母的同父异母姐妹,作家母亲的姨妈。还有上文提及的"蒂娅·玛格丽塔·马尔克斯·伊瓜兰",应译为玛加丽塔·马尔克斯·伊瓜兰姨妈,因为她是作家母亲的亲姐姐。英语原作者引用的是西班牙文 tía,也许对英语国家,特别是美国的读者来说,不是问题,但译成中文"蒂娅",恐怕中国读者就一头雾水了。

二、外国著名作家译名的随意炮制

常凯申、昆仑等荒唐译名或许还算是极个别的现象,然而令人吃惊的是,在这部《加西亚·马尔克斯传》里,一个个荒唐的译名竟蜂拥而至了。请看:朱尔斯·沃恩(第32页)、里姆鲍德、瓦列霍(以上第38页)……估计中国读者看了这些译名,大概不会知道他们究竟是何方神仙。当然,外国人名译成什么样的汉字,译者有他的自由,但是也要有一个约定俗成的规矩，万不可各吹各的号，各走各的道，否则会乱了套的。新华社早就出版过各个语种的姓名译名手册，足资参考。没办法，只得查原文，经查，原来分别是 Jules Verne、Rimbaud 和 Valéry，他们都是法国著名作家，而根据《中国大百科全书》的译法，应分别为儒勒·凡尔纳、兰波和瓦莱里，而该书译者的译名，必据英文译法人姓名无疑。

而西班牙语国家的人名，译者也根据英文发音，全然不顾西班牙文的发音习惯，译得更是随心所欲：智利女诗人、一九四五年诺贝尔文学奖得主 Gabriela Mistral（加夫列拉·米斯特拉尔）被译成加弗里耶拉·米斯特拉斯（第 17 页）；西班牙诗人、一九五六年诺贝尔文学奖得主 Juan Ramón Jiménez（胡安·拉蒙·希梅内斯）被译成胡安·拉蒙·基米尼斯（第 39 页）；秘鲁诗人 César Vallejo（塞萨尔·巴列霍）被译成希萨尔·瓦列霍（第 79 页）；智利作家 Vicente Huidobro（比森特·维夫多罗）被译成文森特·胡德布洛（第 79 页）；哥伦比亚作家 Gustavo Gardeazábal（古斯塔沃·加迪亚萨瓦尔）被译成格斯塔大·加尔迪萨贝尔（第 47 页）；哥伦比亚政治家 Rafael Uribe Uribe（拉斐尔·乌里韦·乌里韦）被译成"拉法尔·乌里布·乌里布"（第 10 页）；另一位哥伦比亚政治家 Rafael Núñez（拉斐尔·努涅斯）被译成"拉法伊尔·努涅斯"（第 10 页）……不一而足。

其实，译者和编者只需花点时间，查查新华社出版的《法语姓名译名手册》和《西班牙语姓名译名手册》，遵守译界普遍执行的规则，就不会添乱了。

三、文学作品译名的我行我素

《加西亚·马尔克斯传》里提到的文学作品，大都已有中译。译者或编者不识除英文以外的外国文字，并不打紧，只要勤查多问，特别是借助如今已经十分便捷的网络手段，应该不难得到正确的答案，从而借鉴

常凯申现象又复来
——略议《加西亚·马尔克斯传》中译

前人的学术成果；令人遗憾的是，我们这位译者偏偏无暇或不屑为之，而编者也偏偏没有严格把关，于是，不该出现的错误或不当就接二连三地发生了。请看：

智利著名诗人聂鲁达的重要诗作 Canto General，经王央乐先生先译为《诗歌总集》，但并不贴切，令人觉得仿佛诗人作品的总集或全集，故并非诗人的创作初衷，后经张广森、赵振江两先生改译为《漫歌》，方合原文本意，著名诗人蔡其矫、邹绛先生亦表赞同；博尔赫斯在《家庭》杂志上评卡夫卡的那部小说不是《法律面前》（第40页），而应该是《审判》（El proceso）；博尔赫斯的那篇小说不宜译为《好记性富恩斯》（第42页），王永年先生译为《博闻强记的富内斯》（Funes el memorioso），更为妥帖；不错，加西亚·马尔克斯的短篇小说《蓝狗的眼睛》（第56页）的确曾经这么译过，但后来改了，译成《蓝宝石般的眼睛》（Ojos de perro azul），远较前译确切；墨西哥作家费尔南德斯·德·利萨尔迪的长篇小说代表作不是《贪婪的鹦鹉》（第100页），而是《癞皮鹦鹉》（El Periquillo Sarniento）；墨西哥作家富恩特斯的长篇小说并非《空气清新的地方》（第127页），而是《最明净的地区》（La región más transparente）；墨西哥著名周刊《永久》（Siempre）在中国早有声誉，译成《总是》（第127页，第157页），反而不为人所知；塞万提斯的短篇小说《玻璃硕士》（Licenciado Vidriera）早有定译，译成《以为自己是玻璃的毕业生》（第145页），则相形见绌；智利女作家伊莎贝尔·阿连德的长篇小说《幽灵之家》（La casa de los espíritus），已有刘习良先生的佳译，另起炉灶译为《幽灵的房子》（第147页），恐怕吃力不讨好；秘鲁作家巴尔加斯·略萨的长篇小说《城市与狗》（La ciudad y los perros）不宜根据英文 The Time of the Hero 译成《英雄时刻》（第164页），何况，我国早已根据西班牙文原文译出……当然，后译未必一定不如前译，但注意吸收前译的成果，精益求精，应该是当今译界的普遍共识。

四、神职人员职务的混乱

由于历史的原因，拉美大多数国家，都像西班牙一样，信奉天主教。而天主教的神职人员与基督教的神职人员的称呼是不一样的，"神父"和"牧师"是前后两教的不同称呼，是决不可乱呼乱叫的。

《加西亚·马尔克斯传》提到了作家接受洗礼的圣约瑟教堂，提到了"教堂牧师弗朗西斯科·安格里塔"（第 25 页），但不久，又称该"牧师"为"安格里塔神父"（第 31 页），究竟是"牧师"，还是"神父"？想必译者也不知就里。而在该书的第 26 页，还提到加西亚·马尔克斯的外祖父的老宅"位于卡里拉大街 5 号，又名伊斯皮乌牧师大道"，这条大道，作家在他的自传里也描述过，原文是 avenida Monseñor Espejo，正确的译文应该是"埃斯佩霍主教大道"，也不是什么牧师。其实，牧师（el pastor）是基督教的神职人员，而神父（el cura, el padre）则系天主教神职人员的称呼，两者是有严格的区别的，切不可混为一谈。

五、译文前后不统一，呼应龃龉

作者提到加西亚·马尔克斯在二十世纪五十年代访问了苏联阵营之后，写出了系列文章：De viaje por los países socialistas。译者将此标题译为"社会主义阵营行纪"（第 84 页），但紧接着，在下一页，又译为"社会主义国家之旅"。同一个标题译成两个不同的词组，未审有何讲究？

作家外祖父的名字一会儿译成尼科拉斯·里查多·马尔克斯·米赫亚，一会儿又是尼克拉斯·马尔克斯·伊瓜兰，想必译者一定忙中出错。阿根廷布宜诺斯艾利斯的著名出版社 Losada，先被译成洛沙达出版社（第 56 页），后又译为洛萨达出版社（第 161 页），难道是两家出版社吗？还有，哥伦比亚作家、加西亚·马尔克斯的好友 Alvaro Mutis（阿尔瓦罗·穆蒂斯）前译"埃尔瓦洛·默蒂斯"（第 4 页），后译"阿尔瓦洛·姆蒂斯"（第 13 页），前后不一，不熟悉拉美文学的读者恐怕会以为是两个人了。读者不禁要问："译者、编者和出版者的责任心在哪里？如此出版文学专著，能体现出对传主、对作者、对读者足够的尊重吗？"

六、对译文质量的质疑

因为没有看到原文，笔者无法对本书译文的质量说三道四；然而，就书中涉及加西亚·马尔克斯的有关著作，如《番石榴飘香》和《沧桑历尽话人生》的某些段落的译文而言，笔者是不敢恭维的。试举几例：

加西亚·马尔克斯是这样在他的自传里描绘一九二八年哥伦比亚军警开枪屠杀群众的：

"Yo conocía el episodio como si lo hubiera vivido, después haberlo oído contado y mil veces repetido por mi abuelo desde que tuve memoria：el militar leyendo el decreto por el que los peones en huelga fueron declarados una partida de malhechores；los tres mil hombres, mujeres y niños inmóviles bajo el sol bárbaro después que el oficial les dio un plazo de cinco minutos para evacuar la plaza；la orden de fuego, el tablero de las ráfagas de escupitajos incandescentes, la muchedumbre acorralada por el pácico mientras la iban disminuyendo palmo a palmo con las tijeras metódicas e insaciables de la metralla."

请看该书译文：

"这次事件我是知道的，仿佛亲身经历。从我记事开始，外祖母反复讲了不下一千遍：士兵接到指示，宣布罢工工人是一群犯罪分子；3000名男女，还有他们的孩子，一动不动地站在烈日下面，那个军官限令群众5分钟之内离开广场；下令开枪，哒哒的机关枪吐出火焰，惊恐的人群被困在广场上，子弹如同剪刀，把广场上的人群一批一批

地打倒在地。"（第 15 页）

剖析这段译文，我们不难发现译者的粗心：把 abuelo（此处应是外祖父）译为"外祖母"，足见译者对加西亚·马尔克斯的生平极不知情，因为是作家的外祖父，而不是外祖母，对他无数遍讲述过军警屠杀工人的惨烈场面；对原文句子中的因果关系理解不清：los tres mil hombres, mujeres y niños inmóviles bajo el sol bárbaro despúes que el oficial les dio un plazo de cinco minutos para evacuar la plaza 的意思是说，"一名军官勒令三千名男子、妇女和儿童五分钟内撤离广场，但他们却站在毒辣的太阳下纹丝不动"，而"三千名男女，还有他们的孩子，一动不动地站在烈日下面，那个军官限令群众五分钟之内离开广场"，显然没有确切表达出其中的原委。再说，"三千名男女，还有他们的孩子"译得也并不妥帖，因为作家的意思是说，男子、妇女和儿童加在一起，是三千名。

还有《番石榴飘香》里的一段话，原文是：

"Conozco todas sus islas : mulatas color de miel, con ojos verdes y pañoletas doradas en la cabeza ; chinos cruzados de indios que lavan ropa y venden amuletos ; hindúes verdes que salen de sus tiendas de marfiles para cagarse en la mitad de la calle ; pueblos polvorientos y ardientes cuyas casas las desbaratan los ciclones, y por otro lado rascacielos de vidrios solares y un mar de siete colores."

该书的译文是：

"这里的岛屿我无所不知：岛上蜂蜜色的穆拉托女人们生着绿色的眼睛，脑袋上盖着金黄色的帕子；岛上混血的印度－中国人漂洗衣服，叫卖护身符；岛上皮肤发绿的亚洲人走出象牙货摊在大街上解手；一方面岛上的小镇灰头土脸，这里的房屋被龙卷风一吹就垮，另一方面是镶着烟色玻璃的摩天大楼和七色的海洋。"（第 7 页）

这里有几处误译：chinos cruzados de indios 并非"混血的印度-

常凯申现象又复来
——略议《加西亚·马尔克斯传》中译

中国人",而是"混杂着印第安人血统的华人";hindúes才是印度人,而非"亚洲人";pueblos polvorientos y ardientes 译成"小镇灰头土脸",并不确切,"热"意没有表达,应译为"尘土飞扬、酷热难当的小镇";lavan ropa 译为"漂洗衣服"也不贴切,因为作家其实指的是开洗衣店的华人。故而,此段不妨译为:

"我熟悉它的每一个岛屿,那儿有肤色像蜜糖那样金黄、眼睛碧绿、头扎黄色围巾的黑白混血种女人;有混杂着印第安人血统的、洗衣服和卖护身符的华人;有从他们所经营的象牙商店里出来到马路当中拉屎的、皮肤发绿的印度人;还有尘土飞扬、酷热难当的小镇,那儿一边是不堪旋风吹刮的小屋,一边矗立着装有防晒玻璃的摩天大楼;那里还有七种颜色的大海。"

此书虽然于今年六月赶上了银川书博会,还让作者斯塔文斯现身;但令人遗憾的是,种种迹象表明,由于翻译仓促,编辑仓促,出版仓促,本可避免的差错频频出现露头,在装潢精美的外衣下面,仓促上阵、捉襟见肘的窘态却显而易见。因此,这部作者倾注了十年心血成就的、应该说有相当学术含金量的著作,在敝国的结果却令人扼腕叹息。身在异域的斯塔文斯先生倘若有知,将情何以堪!而本文如能令译事不力、编务不勤者戒,则幸甚!

(原载2012年8月8日《中华读书报》)

再谈《加西亚·马尔克斯传》之中译
——对史国强先生答问的答问

很高兴读到了史国强先生对拙文《常凯申现象又复来》的答辩文章（《中华读书报》2012年11月7日19版）。因为有了反应，就会有交流、对话、讨论乃至争论，就会有厘清事实、说明真相、达成共识的可能，译事就会有改进、提高、完善的希望。译者和翻译评论者不应该是对手、敌手，而应该是同一战壕里的战友，或者说，更应该是共同事业的良友、诤友，不管在学术上争得如何剑拔弩张、面红耳赤，他们面对的，把尽可能贴切并接近原文的译品奉献的，应该是同一个对象——读者。

译事艰难、辛苦，大凡从事此道者均有同感，但这并不等于可以草率了事，并不意味可以拒绝批评。即以史先生所译《加西亚·马尔克斯传》一书中把凡尔纳、兰波和瓦莱里不经仔细核对即匆忙译成沃恩、里姆鲍德和瓦列霍为例，就值得译者反思再三，不再重蹈"常凯申现象"的覆辙。

为正视听，笔者现就史文中之答问有疑义者逐一回答如次：

再谈《加西亚·马尔克斯传》之中译

一、加西亚·马尔克斯的外祖父母的姓名

译者根据英文原文译为"女方的父母马尔克斯·伊瓜兰上校和妻子伊瓜兰·科特斯",笔者提出怀疑,孰料译者似乎理直气壮地责问道:"译文有问题吗?"还给自己壮胆,接着自己回答了一句:"没问题。"笔者并没有说译文出了问题,但倒是对译者没有看出原作者出了问题表示了遗憾。据加西亚·马尔克斯在他的自传《沧桑历尽话人生》里向读者介绍,他的外祖父名为尼古拉斯·里卡多·马尔克斯(父姓)·梅希亚(母姓),外祖父的父母分别为尼古拉斯·德尔卡门·马尔克斯(父姓)·埃尔南德斯(母姓)和路易莎·何塞法·梅希亚(父姓)·比达尔(母姓)。西班牙语国家的人名以名字(有时不止一个)＋父姓＋母姓组成,所以,作家的外祖父名为尼古拉斯·里卡多·马尔克斯·梅希亚是绝没有错的,绝不会是传记作者所说的马尔克斯·伊瓜兰。而作家的外祖母名为特兰基利娜·伊瓜兰(母姓)·科特斯(父姓),其父母分别为阿古斯丁·科特斯(父姓)和罗莎·安东尼娅·伊瓜兰(父姓)·埃尔南德斯(母姓)。这里有一个特殊的情况笔者没有在《常凯申现象又复来》中向读者交代清楚:作家的外祖母是非婚生女,她母亲不愿女儿随父姓,而将自姓伊瓜兰放在了前面。即便如此,伊瓜兰这一姓氏也不能加在马尔克斯上校即自己丈夫头上,成了马尔克斯·伊瓜兰(而根据西班牙语国家的习惯,倒是马尔克斯上校的姓可以加在自己妻子姓名后面,称:特兰基利娜·伊瓜兰·科特斯·德·马尔克斯;阿根廷现任总统的姓名后面也加了自己丈夫的姓:克里斯蒂娜·费尔南德斯·德·基什内尔)。这一张冠李戴、稍加比对即可看出破绽的重大错误,译者为什么不向传记作者提出咨询,反而一再辩解开脱?笔者并不怀疑史引英文原文,若果真如此,斯塔文斯先生就算不上一位严谨的拉美文学研究者,而译者恐也难辞其咎,他太迷信媒体给原作者戴上的"全世界最优秀的加西亚·马尔克斯专家"的桂冠了。笔者以为,译者应该也

是研究者，有责任把准确贴切的译品（包括指出原作者的失误，起码也要加个注）奉献给鉴别力和赏析水准日益提高的读者，而不是不问良莠，将原作全盘托出。

二、玛加丽塔·马尔克斯·伊瓜兰究为何人？

史文据英文原文译为："……他外祖母的妹妹。"并依然底气十足地诘问道："译文有问题吗？没问题。"

加西亚·马尔克斯在他的自传里对他的这位姨妈有过详细的描述，而据查，作家母亲名为路易莎·圣地亚加·马尔克斯·伊瓜兰（1905—2002），她有一个哥哥，名胡安·德迪奥斯·马尔克斯·伊瓜兰（1888—1957）和一个姐姐，名玛加丽塔·马尔克斯·伊瓜兰（1889—1910），死于斑疹伤寒，享年仅二十一岁。笔者已经讲得很明白，从路易莎·圣地亚加·马尔克斯·伊瓜兰和玛加丽塔·马尔克斯·伊瓜兰两人的父母姓来判断，她们必亲姐妹无疑，应该是作家的姨妈，而并非如斯塔文斯先生所说的"his grandmother's sister（他外祖母的妹妹）"。再说，如果死抠原文，sister 一词凭什么就非译成"妹妹"，译为"姐姐"难道不行吗？译者做过研究、辨出长幼来了吗？而且，如果真是"妹妹"或"姐姐"，根据西语国家的习惯，应该叫"玛加丽塔·伊瓜兰·科特斯"，为什么叫玛加丽塔·马尔克斯·伊瓜兰呢？笔者据作家自述提出的疑问难道是凭空捏造吗？这又一重大错误，为什么也不能引起中国译者的警觉呢？

三、西班牙语国家的姓名

西班牙语国家的姓名很复杂，不要说从事非西语工作的人士，就是西语专业人员也常常出错，但是只要严肃冷静研究，也并非难事。所以，必须认真对待。笔者自不量力，从二十世纪八十年代初开始，即多次撰

再谈《加西亚·马尔克斯传》之中译

文提请译界注意,虽吃力不讨好,收效甚微,却乐此不疲。

上文已经提到,西语姓名的构成是:名+父姓+母姓,一般称父姓即可。如古巴革命领导人 Fidel Castro Ruz,汉译为菲德尔(名)·卡斯特罗(父姓)·鲁斯(母姓),一般称卡斯特罗,他的亲友和人民亲昵地叫他的名字菲德尔;又如拉美文学巨擘 Jorge Luis Borges Acevedo,汉译豪尔赫·路易斯·博尔赫斯(父姓)·阿塞韦多(母姓),称博尔赫斯即可;再如作家加夫列尔(名)·加西亚(父姓)·马尔克斯(母姓),其实一般称加西亚即可(这就是史文挖苦笔者"一口一个'加西亚'的由来"),但加西亚这个姓在西语国家里太普遍了,所以,再加上一个母姓称加西亚·马尔克斯以示区别,不过不能光称作家的母姓马尔克斯,西语国家是没有人这么称呼这位作家的;倒是英语国家,还有我们中国不少人光称他为马尔克斯或马圭斯,连加西亚·马尔克斯专家斯塔文斯也屡露马脚。当然,加西亚·马尔克斯对中国读者来说,实在太长了,在非正式场合,称马尔克斯也就算了,但付诸笔墨,笔者坚持称加西亚·马尔克斯,称加西亚也未尝不可。请看加西亚·马尔克斯的儿子的名字:罗德里戈(名)·加西亚(父姓,即作家姓)·巴尔恰(母姓,即作家夫人姓),到了这一代,马尔克斯这个母姓按照西班牙语国家的传统习惯全然不见了踪影,可见,西语国家人士承继的,还是父姓。至于加博(Gabo),或加比托(Gabito),乃是作家亲友或同胞或读者对他的名字加夫列尔(Gabriel)的昵称。对西语国家人士的称呼,视与其关系而定。笔者曾有幸会见秘鲁作家马里奥(名)·巴尔加斯(父姓)·略萨(母姓),笔者先称他为巴尔加斯先生,后来熟了,就光称他为马里奥了。笔者从未说过"称呼拉美人士,自始至终要用全名"这样不靠谱的话,不然称《百年孤独》的作者,得来上"加夫列尔(第一名)·何塞(第二名)·德拉康科尔迪亚(第三名)·加西亚·马尔克斯"这么长一大串,岂非自讨苦吃、要把自己累死?

四、tía 的音译和意译

笔者已经明白解释，西班牙文 tía 一词不能音译为"蒂娅"，因为它不是姓名的一部分，中国读者看到"蒂娅"能明白其含义才怪呢！tía 一词相应的英文是 aunt，试问将 aunt 音译成"安特"，不识英文的读者难道不会一头雾水吗？所以只能视情意译。英文也许可以说 five tías，但是如果译成"五个大妈"，也根本没有厘清个中关系，因此只能分别译为埃尔维拉·卡里略姨妈、弗朗西斯卡·西莫多塞亚·梅希亚表姑姥姥、维内弗利达·马尔克斯·梅希亚姑姥姥、佩特拉·科特斯姨姥姥、玛加丽塔·马尔克斯·伊瓜兰姨妈。从作家这些亲戚的名字来看，细心的读者不难发现与作家外祖父母的关系。

史文对不能音译 tía 不予认同，还说"西班牙文译者不是把 Los funerales de la Mamá Grande 译成《格兰德大妈的葬礼》了吗"？这是只知其一，不知其二。la Mamá Grande 译成"格兰德大妈"，是音意译结合的产物，可以接受（Mamá 意为"妈妈"或"大妈"，是对上了点年纪的妇女的称呼；Grande 意为"大"，此处音译为格兰德，恐译者意图突出这位人物。墨西哥有一条河，名 Río Grande，就被译成"格兰德河"）。此书也有人译为《大妈妈的葬礼》，也未出格，但译成《大妈的葬礼》，显然欠妥。

五、外国人名译名的约定俗成

笔者坚持认为，外国人名译成什么样的汉字，译者有他的自由，但是也要有一个约定俗成的规矩，却被史文批为"心口不一"，足见达成共识之难，然试问难道非要把已为公众认可并接受的兰波译成里姆鲍德或李慕包得或利木堡地或力穆报特或蓝博或岚伯或澜勃，让读者脑袋发

再谈《加西亚·马尔克斯传》之中译

283

晕吗？所以，没有规矩就不成方圆。更何况，有些人名是以前译的，即使不确不准，但已被广泛沿用，在正式改译定译之前，还应继续使用，如福尔摩斯（Holmes，正确的音译当为霍尔姆斯或霍姆斯）、聂鲁达（Neruda，应为内鲁达）、亚马多（Amado，应为阿马多）等，不能擅自另起炉灶，这是译界起码的常识。至于把布什、加西亚·马尔克斯、卡斯特罗译成"布希、加西亚·马圭斯、卡斯楚"，那是流行于港台地区的译名，大陆并不通用。不错，Marx 的确曾被译为马客偲、麦喀士、马尔克斯等等，但现在既有定译马克思，其余皆应废弃不用。同样，如今已经有了新华社积多年之翻译经验编就的、现成的《外国姓名译名手册》，有了标准规范，为什么一定要莫名其妙地添乱呢？笔者以为，这个规矩，译界宜普遍遵守采用，概莫能外，谁也不能死不认账。

六、对拉美文学作品已有译名的尊重

作为《加西亚·马尔克斯传》这样一部研究西班牙语文学的专著的译者，不通西语并不打紧，重要的是应尽量与我国目前西班牙语文学翻译接轨，书中提到的拉美文学作品宜以已有的中译为准，如无重大差错，应表示尊重，无需另译（当然，如有人重译并出现更佳译本，则另当别论）。史文既然也承认《幽灵之家》（La casa de los espíritus）的"译名确实好"，为什么非要另打旗号译成《幽灵的房子》，"拒绝把房子变成家"呢？la casa 的确有家、房子多种含义，翻译应视情而定，不能一概而论。La casa verde, la casa blanca, la casa rosada 中 casa 的含义是房子，又以色彩形容，可分别译作绿房子、白房子（白宫）、玫瑰色房子（玫瑰宫，阿根廷总统府）；La casa de los espíritus, La casa de Asterión, la casa de las Américas 中 casa 的含义为家，译成幽灵之家、阿斯特里昂之家、美洲之家（古巴文学杂志名）为佳。同样，墨西哥周刊 Siempre，已有大家熟悉的译名"永久"（加不加感叹号似乎无伤大雅），译成"总是！"

不但并不显高明，反而会造成混乱。

七、译文应前后呼应统一

笔者指出史译前后不一、呼应龃龉多处闪失，足见译者忙乱仓促征象；惜史文强词夺理，还把加西亚·马尔克斯写的系列文章 De viaje por los países socialistas 和后来结集出版的游记 De viaje por los países socialistas：90 días en la Cortina de Hierro 中同样的词语 de viaje por los países socialistas 分别译为"社会主义阵营行纪"和"社会主义国家之旅"，似乎理直气壮，反倒指责笔者"弄混了"。

其实，加西亚·马尔克斯撰写的这一系列共十篇文章于一九五九年七月至十月，以《铁幕之内九十天》为总标题在波哥大《万花筒》杂志上陆续发表，后来结集出版的即沿用原总标题。一部书里同一个标题出现不同的译名，只能说是译者的失责。

八、外祖父还是外祖母？

读了史文所引英文（笔者曾声明没有读到英文原著），笔者才知道把外祖父说成外祖母的，原来是斯塔文斯先生，他用的确实是 grandmother，但在《沧桑历尽话人生》里，作家的原文是："…después de haberlo oído contado y mil veces repetido por mi abuelo…（我听外祖父讲述、反复叙述过千百次）"(Vivir para contarla, Grupo Editorial Random House Mondadori, S.L., 2002, p.22) 而国际著名西班牙文翻译家格罗斯曼的英译本的相关句子，笔者看到的英译文是："…having heard it recounted and repeated a thousand times by my grandfather…"(Living to Tell the Tale, translated by Edith Grossman, Random House, London, 2003, p.14) 西班牙文 mi abuelo

被英译为 my grandfather（外祖父）。究竟应该相信作家、格罗斯曼还是斯塔文斯？只有等机会再向作家本人或格罗斯曼或斯塔文斯请教；不过，之前，笔者还是倾向于尊重作家本人的说法。至于史文"故事外祖父能讲，外祖母就不能讲吗"云云，不是学术争论的应有态度，相信读者自有公断，因为加西亚·马尔克斯曾反复说过，他外祖父母都讲故事，但外祖父讲的多为内战、罢工、党争等政治题材，而外祖母讲的常为鬼怪神奇。作家访谈录《番石榴飘香》里有一段话不妨转引一下："……这位老人（指作家外祖父，林按）滔滔不绝地讲骡拉的大炮、围困、战斗、在教堂的殿堂里奄奄一息的伤兵以及在公墓围墙前被枪毙的人……"（该书中文版第9页）。这应该是断定斯塔文斯先生撰文有误的可靠依据。

九、翻译的局限

加西亚·马尔克斯的自传 Vivir para contarla，笔者根据西班牙文原文译为《沧桑历尽话人生》，指出英译为 Living to Tell the Tale，史译为《活着为了讲故事》，并没有对谁"不以为然"，对自译"津津乐道"，这是强扣的帽子。

Vivir para contarla 中翻译的难点，笔者以为是阴性非人称代词la。该书部分章节在报刊发表时，作家用的是阳性代词 lo，标题作 Vivir para contarlo。Lo 指的是什么？la 又何指？据笔者琢磨，lo 是指作家的全部生活经历，后来出版单行本，作家改 lo 为 la，更具体明确地指 la vida，即人生。而且，在该书卷首还写下了一段感言：

"La vida no es la que uno vivió, sino la que uno recuerda y cómo la recuerda para contarla.（人生不是一个人经历的人生，而是一个人回忆的人生，也是一个人为了讲述人生而如何回忆的人生。）"

这段话里的 contarla 就是"讲述人生"之意。据此，笔者译为《沧桑历尽话人生》，觉得也许稍能接近原意，也像个书名，不过，也只是试译，正期待高明。

英文和西班牙文属不同语系，文字结构和语法均有很大差异，因而转译会有局限（笔者撰有《转译的局限》一文，载《外国文艺》2011年第3期）。即以该书书名为例，英译者似乎没有办法把 la 即 la vida 翻译出来，而根据英语习惯译成 tell the tale，或许更能为英语读者接受（直译为西班牙文，即 contar la historia，但作家用的是留下想象空间的 contar la vida，不是 contar la historia）；但显然与西班牙文原文有些走样。为更贴近原文，笔者认为还是从原文直译为上策。孰优孰劣，相信读者自有评判眼光。因此，史文所谓"故事不等于人生"云云乃无稽之谈，不攻自破。

（原载2012年11月21日《中华读书报》）

莫言风格：魔幻，神幻……还是幻想？

瑞典文学院在二〇一二年诺贝尔文学奖授奖词英文版中说，莫言"who with hallucinatory realism merges folk tales, history and the contemporary"，新华社的中译文是"他将魔幻现实主义与民间故事、历史与当代社会融合在一起"。

笔者认为，把"hallucinatory realism"译为"魔幻现实主义"似欠贴切，因为魔幻现实主义是自二十世纪二十年代始风行于拉丁美洲的一个极其重要的文学流派，西班牙文原文是 el realismo mágico，已被西班牙语文学界乃至世界文学界普遍接受，英译为 magic realism，而不是其他什么词，是有严格的界定的。瑞典文学院没有用 magic realism，而用了 hallucinatory realism（相应的西班牙文为 realismo alucinatorio），他们应该注意到了这两个词之间的差异。

不错，莫言的确受到过以加西亚·马尔克斯的《百年孤独》为代表的拉丁美洲魔幻现实主义作品的深刻影响，但他并没有就此止步，仅限于模仿，他是在植根于中国本土的基础上有所突破，从而发展成自己的独特风格的，这已为世界文坛所公认。

正因为考虑到了这一点，瑞典文学院常务秘书彼得·恩隆德认为："有人用魔幻现实主义来形容他,但我想这是对他的贬低——这并不是他从加西亚·马尔克斯那里直接拿来的东西,而是属于他自己的。"笔者以为,这是对莫言客观而公正的评价。

据此,笔者以为,瑞典文学院舍弃了 magic realism(魔幻现实主义)一词,而采用了比较生僻、在文学界也较少应用的 hallucinatory realism,是对莫言独特的文学创作风格的充分尊重。这一文学术语,应如何汉译?笔者以为,中国译家也应有别于"魔幻现实主义"而将其确切译出。

对此,中国文学界提出了几种译法:

一曰"神幻现实主义",因为据说中国有"神幻现实主义"的传统,《西游记》就是"神幻现实主义"的典型代表,但笔者以为欠妥,我们不能把莫言的作品与中国古代的志怪神魔小说等同起来。

一曰"奇幻现实主义",理由是当下风行全球的罗琳的奇幻小说便是个中翘楚,但笔者也不以为然,罗琳的作品虽说畅销,与莫言孕育自中国本土的文学创作似乎不是一个路数,再说,瑞典文学院用的是 hallucinatory,没有用 fantastic(奇幻的)。

一曰"幻觉现实主义"或"幻化现实主义",据分析,"莫言在作品中所展示的现实是现实场景在他头脑中折射出的幻象,是莫言面对现实的幻觉"。此见笔者也不敢苟同,因为作家虽然萌生了面对现实的幻觉,但这只是他整个创作过程中的一部分,更为重要的还有构思、想象的主动行为。笔者以为,幻觉加想象或曰"幻·想",或许更臻全面。博尔赫斯说过:"所有的文学,在一定的时间内,都是幻想的。"按,hallucinatory 意为"幻觉的,幻想的",hallucinatory realism 似可译为"幻想现实主义",所以,授奖词里的那句话建议改译为"他将幻想现实主义与民间故事、历史和当代社会融合在一起"。未审各位方家尊意如何?

(原载2012年11月10日《新京报》)

饮酒啖肉论东西
——杨宪益先生杂忆

到杨宪益先生家做客,稍息片刻,阿姨会端上白酒、葡萄酒或啤酒招待。来客如若欣然接纳,先生便视之为酒友知己,不再劳动阿姨大驾奉上茶品了。

如此豪放的待客之道,除了杨家,恐怕绝无别户了。

笔者有幸,曾经在北京小金丝胡同六号先生家里,受到这种礼遇。

查日记,是在二〇〇二年八月二十八日下午。那天,秋高气爽,端的是访客的好日子。笔者随先生的同事、外文出版发行事业局装帧设计专家吴寿松先生,中文编审陈有昇先生和红学家、书法家、篆刻家王湜华先生一起去先生宅第。我们沿着什刹海款款而行,到了离银锭桥不远的一座小四合院红门前站住,轻轻地按了按电铃。一小会儿,但见红门开处,先生本人就出现在我们面前,一脸灿烂的笑容。他爽朗地说道:"老朋友来了,欢迎欢迎!"吴、陈、王三位确实是先生的至交:吴先生是杨宪益、戴乃迭两先生《红楼梦》《儒林外史》等中国古典文学名著英译本的装帧设计,陈先生为他们做过文字宣传工作,而王先生则曾给杨先生亲笔挥毫书写由吴先生所撰的一副大字对联:"幽巷金丝名士隐,古桥

迷宫与《百年孤独》
—— 品博尔赫斯，考《百年孤独》诸家

银锭酒家喧"；可我呢，记得二十世纪八十年代在《世界文学》召开的一次文学翻译座谈会上见过先生，领教过先生高举玻璃杯豪饮白酒的壮举，但也仅此而已。正犹豫自报家门间，只听得先生笑道："我认识你，你是《世界文学》的！"一下子，我的拘谨就烟消云散了；一面在心里暗暗惊服这位是年寿近九秩的老人家的好记性。

先生把我们让进门，但见穿过一条不大的过道，便是一幢中西合璧的两层楼房。进得客厅，主客落座，白酒、葡萄酒、啤酒和大小酒杯，甚至酒升，便摆上茶几。果然，杨家的待客之道名不虚传。

先生自己倒了一大玻璃杯白酒，一面对我们说："你们各位自便，随意。"先生为人散淡，从不劝酒；我们自酌自饮，好不快活。吴、王二位此时献上他们合力创作的大幅对联，杨先生见了十分喜欢；笔者也乘机送上一瓶西班牙拉里奥哈（La Rioja）葡萄酒，先生接过一看，很高兴，连连说道："好酒好酒！要是配上西班牙生火腿片，那味道就十足了！"原来，先生去过西班牙的格拉纳达，对西班牙的食品很内行。他说西班牙人好吃善饮，性格开朗豪放，未尝不是健身养生之道。

话锋顿时一转，先生又谈起了文学翻译。先生说："我其实是一个买卖东西的小贩，把东方的和西方的东西弄来，给外国人，也给我们中国人。《红楼梦》如此，《聊斋志异》如此，《儒林外史》《老残游记》也如此……"笔者不识好歹，迫不及待地插话问道："对了，请教杨先生，为什么我们中国人说买东西叫买东西，而不叫买南北（英文 Buy the east and the west，西班牙文 Comprar el este y el oeste）呢？"

先生微微一笑，不紧不慢地答道："这恐怕要从中国所谓的五行说起，五行金木水火土，金指西，木指东，水指北，火指南，土指中五个方向。古人盛物多用篮筐，东西即金木自然可用篮筐盛放，南北为水火就放不得了，所以买东西可，买南北则不可也。不知这样的解释是否牵强？姑妄听之罢。"

饮酒啖肉论东西
——杨宪益先生杂忆

笔者点头佩服。吴先生介绍，外文出版局推出的大部分中国文学名著英译都是杨戴二位东西方精英成就的。他们二位，缺一不可。对此，杨先生若有所思，他喃喃说道："唉，是啊，没了Gladys（戴先生英文名），我就一事无成了……"吴先生怕勾起杨先生的哀伤，赶紧劝道："你们二位，谁也离不开谁。二位的英译是东西方文明结合的典范。"笔者偷眼一瞥，客厅正面墙前多宝柜上摆放着的一张先生伉俪年轻时的黑白合影，恬静从容，仿佛呼之欲出；真觉他们情深似海，令人感慨。

好不容易亲历与翻译大师交谈的大好机会，笔者自然不会错过，又不自量力，斗胆发问："记得罗大纲先生说过，翻译难，难于上青天。博尔赫斯说过，不要说把莎士比亚译成西班牙文，就是把他译成今天的英文，也是不可能的。对此，您怎么看？"

杨先生看了看我，慢慢喝了一口酒，徐徐说道："其实，这是翻译界的老问题。我的看法是，翻译虽不可为但又可为。博尔赫斯他们的意思其实也就是要大家好自为之。翻译要达到上佳的标准，当然极难。我也不例外。我的英译，老实告诉你们，只是打个初稿而已。Gladys的工作，比我要大五倍，在翻译界，我连一个票友也算不上……"

笔者听罢，大为震动、感动。杨先生早年留学英伦，与戴先生喜结连理，回国后从事中国文学英译凡数十年，在我们想来，英文应该是无懈可击的了；不料先生竟如此谦逊坦率，足可令学了一点外文皮毛便自鸣得意之徒汗颜，令出了些许成绩便沾沾自喜、忘乎所以的我等后生们无地自容。

夕阳西沉，天色渐渐暗淡下来。先生把第二大杯剩酒一饮而尽，诚恳地对我们说："要是各位晚上没事，便由我做东，吃饭去！"我们当然求之不得，但又不好意思。正忸怩着，便听先生说出一个字："走！"于是，我们一行八人（这时中央电视台来了三位摄影记者），浩浩荡荡，走过银锭桥，来到烤肉季。上得二楼，占了一张大桌坐下。先生要了四大盘烤肉和烧饼，点了鱼、虾和别的什么菜，自己又要了一小瓶二两的二锅头。

迷宫与《百年孤独》
—— 品博尔赫斯，考《百年孤独》诸家

席间，先生兴致极佳，且饮且食。不时，便口占一诗道："酒鬼去水即是酉。"吴寿松先生是对联高手，他眼快耳快嘴更快，杨先生话音刚落，便对上一句道："穷人见山便成仙。"众人连声称绝，心想我们这些知识贫乏的"穷人"，见到杨先生这座令人仰止的高山自然便成仙了，妙哉妙哉；一面大啖烤肉，大快朵颐，真是个个亦醉亦仙，痛快之极！

酒足饭饱，大家便要扶杨先生回家，他摆摆手，一定要自己走回去。一路上，有说有笑。笔者仗着酒意，问先生道："您身体这么好，有什么养身之道吗？"不料先生一听，呵呵大笑："有啊，一爱吃肉，二不锻炼！"如此高论，引得众人笑得前仰后合，眼泪都忍不住了。"不过，你们千万别跟我学。大千世界，一人一样啊。"说着，先生信步走回府上，与我们拱手告别，互道保重。小红门轻轻一掩，他老人家慈祥、平和、洒脱的音容笑貌便倏忽消逝了……

今先生虽已驾鹤西去，然与其碧眼仙妻（先生自许）再度相聚，安知非福？人生潇洒如此，不才由衷叹服。

(原载 2012 年 1 月 14 日《中国社会科学报》)

王永年：一位无可替代的翻译家

请永年先生译稿，笔者特别放心，因为早在二十世纪六十年代执教期间，笔者就从西班牙文原文多次对照过先生的译品，十分佩服，并每每将其作为教材，教授学生，教学相长，获益匪浅。七十年代，笔者到了《世界文学》，中、英、西等多种文字功底扎实的永年先生，自然便成了笔者理想的译者人选。

果然，先生不负所望，我们请他担纲迻译当时在我国声誉渐隆的拉丁美洲文学作品，无一不受好评。八十年代初，编辑部有意发表一组曾在中国蒙受不公诋毁的智利著名诗人聂鲁达的诗作，旨在平反，先生慨然允诺，选译《西班牙在我心中》《群禽飞临》等名篇发表，译文清新洗练，而又大气磅礴，一如诗人风格，深得中国作家赞许激赏。稍后，先生又译介智利女诗人、一九四五年诺贝尔文学奖得主米斯特拉尔的诗篇及散文，其《死的十四行诗》感情缠绵凄恻、真切细腻，文字清丽明快，一经先生译出，立即征服了众多读者。至于加西亚·马尔克斯的中篇小说《迷宫中的将军》以及博尔赫斯的几乎全部短篇小说，均出自先生译笔，也更提升了先生在读者心目中的地位。

先生中、英、西文功底深厚扎实，但最令笔者感佩的，是他驾驭文言

迷宫与《百年孤独》
—— 品博尔赫斯，考《百年孤独》诸家

文的功力。博尔赫斯有一篇名为《女海盗金寡妇》的短篇小说，其中引用了清嘉庆皇帝的一段圣旨，译成白话，不是不可以，但似差强人意；译得不文不白，又显不伦不类；但这难不倒永年先生，他将其用地道老练的文言文译出，像模像样，煞有介事，令人称绝。博尔赫斯自然不知道中国古文与现代语言的差别，但他这篇小说经永年先生译出，烘托了情景气氛，因而也大大提高了故事的真实性。译者竟为原作者加分，此佳例也。笔者不禁感叹，今天能用这种金刚钻揽瓷器活的，大概为数寥寥了。

确实，先生的译事已臻炉火纯青的境界，称之为正确、精确、明确，恐不为过。

译作无论长短，先生呈交的，均为字迹漂亮、工整的原稿，译者认真负责的敬业精神力透纸背。审读之际，笔者不得不为先生感动折服。大半生从事编辑工作，审读稿件无数，但笔者有幸见识到如此整齐的原稿，大抵出自三位译家的手笔。除了永年先生，尚有已故英美文学翻译家、《老人与海》的译者赵少伟先生以及西班牙语文学翻译家、《碧血黄沙》的译者林光先生。读他们几位如同印刷出来一般的原稿，简直是一种享受，绝不忍心损毁一丝一毫。今天，纵使电脑替代了纸笔，但前辈译家的敬业精神，仍值得后人学习仿效。

当然，永年先生的译笔，也不是没有可以商榷的余地。笔者愚顽直率，每每审读先生译稿，都会不自量力地提出若干问题，请先生再行斟酌。心中虽难免忐忑，但为求真计，仍斗胆表露。不料先生总淡淡一笑，说："你尽管改。"短短一句话，显现出先生谦逊、大度、宽厚、鼓励后辈的大家风范。

永年先生虽已驾鹤西去，中国西班牙语文学翻译界坠落了一颗无可替代的巨星，但先生遗下的《欧·亨利短篇小说选》、《在路上》、《十日谈》以及众多西班牙语作家名著的译品，足可告慰家人和喜爱他的广大读者。

（原载 2012 年 7 月 25 日《新京报》）

他手握一把犀利的金刚钻
——追怀著名文学翻译家王永年先生

二十世纪八十年代,一位名翻译家推出了博尔赫斯的一篇短篇小说代表作,叫作《交叉小径的花园》。出于对译家的尊敬与信任,我们没有核对西班牙文原文,也懵懵懂懂地跟着交叉来交叉去的,浑浑噩噩。不识西班牙文的读者更是亦步亦趋,昏昏沉沉,不明就里,甚难深入堂奥。其中一段关键性的箴言,着实令人莫名所以:"……时间是永远交叉着的,直到无可数计的将来。在其中的一个交叉里,我是您的敌人……"一时间,看不懂博尔赫斯,竟成了阅读这位拉丁美洲文学巨擘的第一条拦路虎,或竟成了读者妄自菲薄的一种自我解嘲。

博尔赫斯的文字果真这么艰涩玄奥、不可解读吗?

中、英、西等多种文字功底深厚扎实的王永年先生就不信这个邪,非拨乱反正不可。原来,博尔赫斯这个短篇的原文为 El jardín de senderos que se bifurcan,美国著名拉美文学翻译家 Anthony Kerrigan 译为 The Garden of Forking Paths,倒颇到位。找到了西班牙文原文,又有英文作为参考,永年先生大刀阔斧,立即匡正了谬误,于 90 年代初即改译为"小径分岔的花园",而将上引那句译得不明不白的箴言,改得

迷宫与《百年孤独》
——品博尔赫斯,考《百年孤独》诸家

明白如话:"……因为时间永远分岔,通向无数的将来。在将来的某个时刻,我可以成为您的敌人……"分岔与交叉,涵义正好完全相反。本来嘛,时间分岔,才能通向无数;交叉,只能通向一个。再说,花园里那么多的"交叉小径",真不能想象那花园会是什么样子!出现了"小径分岔的花园",自此,一头雾水的读者才算拨开云雾见到青天,方识博尔赫斯的庐山真面目。

窃以为,译事的最高境界应做到正确、精确、明确。可以毫不夸张地说,永年先生已臻此炉火纯青的佳境。正确理解原文,吃透原文,恐是译事的第一道关口,而先生深谙个中三昧。试举一例。博尔赫斯另一篇小说《女海盗金寡妇》里,有一句话,原文作:el comercio con las mujeres…queda prohibido sobre cubierta,有人译作:"严禁在船上贩卖……妇女"。不错,在 el comercio 一词众多释义中,确有"商业、贸易"之意,而且还是其主要含义;但此处根据上下文的情节,其含义却出乎某些译家的意外:"性交。"此句,永年先生的译文,方准确传递出博尔赫斯的真正用意:"严禁在甲板上与……民女交欢。"一词之差,天壤之别,且立辨译笔之高低,我辈不可不察。

最令笔者服膺的,是先生驾驭文言文的功力。《女海盗金寡妇》里提到清嘉庆皇帝的一道圣旨,可能系博尔赫斯杜撰;但就算真有其事,你能到哪里寻觅原件去?应该说,这段西班牙文原文并不复杂,没有太多语言上的障碍,问题是如何转成古汉语,亦即今天大多数人均难掌握的文言文。皇帝陛下的圣旨敕令,译成文言,更能突显当年的御笔文采,自然是最佳的选择。但是,译家如果有自知之明,自忖功夫欠火候,弃文言而用白话,也无可厚非。当今日本天皇、英国女王、西班牙国王等君主的诏书、敕令就不一定非译成文言不可。否则,弄巧成拙,倒会画虎不成反类犬。不过,这难不倒永年先生,我们且看他如何出招(此处原文省略),演绎嘉庆皇帝罗列了金寡妇手下的海盗种种罪行之后,给水

他手握一把犀利的金刚钻
——追怀著名文学翻译家王永年先生

师统带下的圣旨：

"……无赖刁民，暴殄天物，无视税吏之忠言，不顾孤儿之哀号，身为炎黄子孙，不读圣贤之书，挥泪北望，有负江川大海之厚德。寄身破船弱舟，夙夜面临风暴。用心叵测，绝非海上行旅之良友。无扶危济困之意，有攻人不备之心，掳掠残杀，荼毒生灵，天怨人怒，江海泛滥，父子反目，兄弟阋墙，旱涝频仍……"

"……为此，朕命水师统带郭朗前去征讨海盗，予以严惩。宽大乃皇帝之浩恩，臣子不得僭越，切记切记。务必残酷无情，克尽厥责，凯旋回朝，朕有厚望焉……"

这段圣旨，先生回译得（可以说，先生超越时空，简直是替嘉庆代拟捉刀）惟妙惟肖，煞有介事，令人叫绝。如此译出，不但巧妙地为小说烘托了情景氛围，还大大提升了故事的真实性。笔者不禁感叹，译者竟为原作者加分，实不多见；能用这么犀利的金刚钻揽瓷器活的，也为数寥寥了。难怪有中国作家认为，读永年先生移译的博尔赫斯小说，觉得妙不可言，甚至说，中译可居各种文字译本之首。

永年先生还是翻译拉丁美洲爱情诗篇的高手。智利著名诗人、1971年诺贝尔文学奖得主聂鲁达的《第六首情诗》，经先生译来，文字清新洗练，感情细腻婉约，一如诗人风格，好在篇幅不长，现全盘托出，供读者赏析：

我记得你去秋的神情。
你戴着灰色贝雷帽，心绪平静。
黄昏的火苗在你眼中闪耀。
树叶在你心灵的水面飘落。

你像藤枝偎依在我怀里，
叶子倾听你缓慢安详的声音。

迷宫与《百年孤独》
—— 品博尔赫斯，考《百年孤独》诸家

> 迷惘的篝火，我的渴望在燃烧。
> 甜蜜的蓝风信子在我心灵盘绕。
>
> 我感到你的眼睛在漫游，秋天很遥远：
> 灰色的贝雷帽、呢喃的鸟语、宁静的心房，
> 那是我深切渴望飞向的地方，
> 我欢乐的亲吻灼热地印上。
> 在船上瞭望天空。从山冈远眺田野。
> 你的回忆是亮光、是烟云、是一池静水！
> 傍晚的红霞在你眼睛深处燃烧。
> 秋天的枯叶在你心灵里旋舞。

而智利著名女诗人、一九四五年诺贝尔文学奖得主米斯特拉尔感情缠绵凄恻、真切奔放，文字清丽明快的《死的十四行诗》，经永年先生译出，更是淋漓尽致地表现了女诗人五内俱焚、不忍心自己热恋的情人埋入黄土而宁愿自己也长眠地下的哀痛心情，请欣赏其中一首：

> 人们把你放进阴冷的壁龛，
> 我把你挪到阳光和煦的地面。
> 人们不知道我要躺在泥土里，
> 也不知道我们将共枕同眠。
>
> 像母亲对熟睡的孩子一样深情，
> 我把你安放在日光照耀的地上，
> 土地接纳你这苦孩子的躯体
> 准会变得摇篮那般温存。

他手握一把犀利的金刚钻
——追怀著名文学翻译家王永年先生

> 我要撒下泥土和玫瑰花瓣，
> 月亮的薄雾缥缈碧蓝
> 将把轻灵的骸骨禁锢。
>
> 带着美妙的报复心情，我歌唱着离去，
> 没有哪个女人能插手这隐秘的角落
> 同我争夺你的骸骨！

笔者之所以占用宝贵的篇幅引用永年先生的若干译文，是因为想让喜爱先生的读者重温、学习、借鉴、仿效先生正确、精确、明确的译笔；同时，笔者也衷心希望，继先生之后，我国西班牙语文学翻译界能不时涌现像先生那样学养精湛、译事敬业的优秀文学翻译家。

最后，笔者以为，必须再提一笔并最令笔者难忘感佩的，是永年先生谦逊、大度、宽宏、鼓励晚辈的大家风范。审读先生译稿，笔者有时也偶尔会发现有些可以再行斟酌商榷的地方。一经提出，必蒙先生勉励。记得博尔赫斯的一个名为《第三者》的短篇小说，篇首第一句话，先生原先译为："有人说，这个故事是纳尔逊兄弟的老二，爱德华多，替老大克里斯蒂安守灵时说的。克里斯蒂安一八九几年在莫隆区寿终正寝……"还有，博尔赫斯《德利亚·埃莱娜·圣马可》一文中提到的一句话，先生译为："我们在第十一街的拐角上分了手。"（《巴比伦彩票》，云南人民出版社，1993）平心而论，两段译文大体都很到位，唯"莫隆区"及"第十一街"两处，笔者认为值得商榷。永年先生没有到过布宜诺斯艾利斯，不熟悉该市地理，故如此译出。两地的原文是 el partido de Morón 和 el Once。笔者在阿根廷多年，知道布市的县称作 partido，而不是区（barrio）；另外，布市也没有"第十一街"，倒是有一条"九月十一日大街"，而这九月十一日，乃是阿根廷政治家、文学家、教育家萨缅托的忌日，布市居民常简称该街为"十一"。因此,笔者建议改译为"莫隆县"和"九月十一日大街"。先生欣然同意,立即改正。笔者大喜,便将改译均编入《博尔赫斯全集》。(《博尔赫斯全集》,浙江文艺出版社,1999年12月)

一位无可替代的翻译家魂归故里,没有奢华的告别,没有火爆的场面,但幸好也没有太多的遗憾,有的只是亲朋好友淡淡的哀思与深切的怀念,而尤其令人欣慰的,是众多读者追读先生译品的渴望与热情……

(原载2012年8月3日《南方都市报》)

"扁豆"和"奶油糖"
——西班牙语文学作品中特殊物品译例偶拾

西班牙古典文学名著《堂吉诃德》一开篇,就介绍了吉诃德先生的日常吃喝,其中有一项,是说这位游侠骑士礼拜五吃的是 lenteja。这究竟是一道什么菜?有什么典故?跟我们中国人的生活有什么关系?我们且看各位译家的解释。有的说是"扁豆"(杨绛、董燕生、刘京胜译),有的说是"刀豆"(孙家孟译),有的说是"滨豆"(屠孟超译),有的说是"兵豆"(崔维本、林雪译),等等等等,不一而足。

根据《现代汉语词典》的释义,扁豆的荚果长椭圆形,扁平,微弯,是常见蔬菜,中国人太熟悉了。"扁豆"是中国北方人的称呼,至于上海等南方地区,则称之为"刀豆"或"四季豆"。所以,扁豆与刀豆其实是同类食材的不同名称。不管怎么说,对于辞典释文的表述,中国人大体是认同的。译为"扁豆"或"刀豆",中国读者的理解,恐怕就是上述概念。

不过,那位堂吉诃德吃的 lenteja,是不是就是我们心目中的扁豆或刀豆呢?查《西班牙语拉露斯插图小辞典》,(El pequeño Larousse ilustrado, 1997)除了附图,还有释义:"攀缘类草本作物,其籽纤小扁平,略小于向日葵瓜仁,干燥后可食,常入汤。"从该辞典的插图及释文来判

迷宫与《百年孤独》
—— 品博尔赫斯，考《百年孤独》诸家

断，显然不是我们中国耳熟能详的扁豆或刀豆，它们似乎近年才漂洋过海，出口到我们中国来，国人大都在家乐福等大型超市方可见识此君真面目。因此，译为"扁豆"或"刀豆"，好像跟塞万提斯笔下的堂吉诃德的日常生活不甚贴切，反倒有点中国味道了。当然，如果根据辞典释文中"纤小扁平"的描绘，译成"小扁豆"（家乐福的商品标牌就写成"扁豆"），也许还说得过去，但极易与中国读者概念里的"扁豆"混淆，恐怕另想译名为妥。

其实，lenteja 是欧美等国家极为普通平常的一种豆类食品。笔者在西班牙语国家生活多年，常有机会看到这种深受民众喜爱的、颜色深褐的豆类；也曾多次品尝过这种 lenteja 汤。在阿根廷，笔者尝到的这种汤里，加上了咸肉丁等配料，稠乎乎的，糯糯的，很可口。于是，不由得想起了被现代的政治家和文学家（如马克思、卡斯特罗、博尔赫斯等）经常引用的圣经中的一个故事：以扫和雅各是一对孪生兄弟，父亲偏爱哥哥以扫，因为常常能吃到他打回来的野味；母亲却喜欢弟弟雅各，因为他常常帮助母亲料理家务。有一天，雅各在家里熬汤（食材就是 lenteja），以扫从田野里回来，又渴又饿，闻到汤味飘香，忍不住要求雅各给他喝汤，不料他兄弟对他说："行啊，不过你得把长子权卖给我。"这就是"为了一碗 lenteja 汤出卖长子权"的著名警示故事，常用来痛骂出卖祖国的叛徒或为了一己私利出卖集体利益的小人。这里的汤，就是圣经西班牙文版 el guisado de las lentejas（相应的英文是 lentil soup），以前大多数译家都译为"红豆汤"，似亦欠妥，因为它也并非由红豆、赤豆或小豆熬就。查西汉辞典和英汉辞典，lenteja 和 lentil 条，分别被译为"兵豆"，应该说比较靠谱。所以，这道著名的汤，应该就是兵豆汤。堂吉诃德礼拜五吃的，应该是兵豆，以扫想喝的，应该是兵豆汤。西班牙语文学翻译家崔维本先生长期在西班牙语国家履行公务，想必于繁忙中拨冗经过仔细研究，他的译笔堪称精确到位。

"扁豆"和"奶油糖"
——西班牙语文学中特殊物品译例偶拾

《百年孤独》第七章描绘了布恩地亚家族的第一代女性乌苏拉有一天在厨房里制作一种食品,西班牙文叫作 dulce de leche。这个词组按字面意思逐一解释是"甜,的,牛奶",即便西班牙文高手,如若不熟悉拉美情况,真不知究为何物。然而,名译家如古巴裔美国英译者拉巴萨教授也理解为 sweet milk candy,因此,根据英译,有的中国译家译为"牛奶糖"(杨耐冬、宋碧云译),似乎顺理成章,难追其咎。还有的译家,经过自己大胆的想象,译为"奶制的甜食"(黄锦炎沈国正陈泉译),或"奶油蜜饯"(高长荣译),或"搅拌牛奶做甜点"(吴健恒译),或"奶味甜食"(范晔译),虽说仿佛探寻到此种食品的由来,但概念仍显模糊。再说,一种食品竟衍生出多种翻译名称,虽说匪夷所思,但也足可证明,译者无论年庚的幼长,均有进一步拓展知识的空间。阿根廷著名作家普伊格在他的长篇小说《蜘蛛女之吻》里也提到了 dulce de leche,中译者将其译成"奶油蛋糕"(屠孟超译),似乎更是离谱。不过,普伊格还比较具体地提到了此种物品的包装:tarro(罐,铁罐,马口铁皮罐)。可以说 un tarro de dulce de leche(一罐 dulce de leche,译为"一盒奶油蛋糕"显然不妥),或 varios tarros de dulce de leche(几罐 dulce de leche)。作家指定了容器,不识此物的译家应该能想象出此物不会是奶油糖、奶油蛋糕、奶油蜜饯或模棱两可的奶制的甜食和奶味甜食了。令人十分遗憾的是,近年新出版的大型西汉辞书《新时代西汉大辞典》(商务印书馆,2008)对此词并未收录阐释,令译者无从咨询;幸而《西班牙语拉露斯插图小辞典》及《牛津西班牙语辞典》(Oxford Spanish Dictionary,1994)倒尽皆作出详尽的解释,可供各译家查证研判。

那么,dulce de leche 究竟是什么样的一种食品呢?原来,这是在拉丁美洲,特别是阿根廷和乌拉圭等拉普拉塔河流域一种类似炼乳的奶制品。一般家庭主妇都会制作,即用力搅打牛奶,放糖等调料,至稠糊状便成,每呈棕褐色。现代社会已批量生产,装入纸罐或铁皮罐出售。它类似炼乳却不是炼乳，比炼乳稠厚，倒有点像酸奶，但不酸，笔者经常购买食用，颇甜，口感尚佳，故似可译为"甜奶"，并稍加说明。

译事无大小，要做到准确、明确、精确，我们实在有太多的努力探索的领域。

(原载2013年3月6日《中华读书报》)

译家,请尊重著作家的心血
——叹又一部加西亚·马尔克斯传记中译之失误

因为《百年孤独》在中国急遽蹿红,读者迫切需要全面了解这位对中国读书界和创作界有着巨大影响的拉丁美洲文学巨擘的一切情况,一部接着一部的加西亚·马尔克斯传记便陆续引进译介过来。继秘鲁作家巴尔加斯·略萨撰写的《加西亚·马尔克斯:一个弑神者的故事》之后,近年翻译出版的有《回归本源——加西亚·马尔克斯传》([哥伦比亚]达索·萨尔迪瓦尔著,卞双成、胡真才译,外国文学出版社,2001年)、《马尔克斯的一生》([英]杰拉德·马丁著,陈静妍译,时代出版传媒股份有限公司 黄山书社,2011年)、《加西亚·马尔克斯传 早年生活1927—1970》([美]依兰·斯塔文斯著,史国强译,中国出版集团 现代出版社,2012年)。这四本著作,前两本译自西班牙文,后两本译自英文,尽管有的文本资料不够详尽精到,译本也不尽如人意,但应该说,我们出版界的选择眼光还是相当准确敏锐的,大大帮助中国读者对加西亚·马尔克斯作出了一个全方位的观照,功不可没。

其中,笔者最为欣赏并诚心诚意向读者力荐的,当推英国著名拉丁

迷宫与《百年孤独》
—— 品博尔赫斯，考《百年孤独》诸家

美洲文学研究专家杰拉德·马丁教授耗费近二十年心血撰写的 Gabriel García Márquez：a Life（中译《马尔克斯的一生》似欠妥，还应将作家父姓译出，作：《加西亚·马尔克斯一生》）。这部约合中文洋洋凡五十余万言的皇皇巨著，笔者是在二〇一〇年读到西班牙文版的。坦白说，当时读后，笔者十分佩服，叹为观止。

当然，令笔者深为感佩的，决非作品字数的多寡，而是作者呕心沥血，下足了功夫的敬业精神，从而铸就了该专著被国际西班牙语文学评论界誉为当今最权威的一部加西亚·马尔克斯传记。马丁教授近二十年来，抓住一切可能的机会，与传主加西亚·马尔克斯以及拉美重量级作家卡洛斯·富恩特斯、巴尔加斯·略萨、古巴革命领导人菲德尔·卡斯特罗等人士多次会晤访谈，并拜访会见了传主家人和亲友三百余人，决不放过有关作家的任何一个细节，掌握了大量宝贵的第一手材料，为撰写一部成功的传记打下了坚实的基础。博尔赫斯夫人玛丽娅·儿玉女士曾经对笔者说过，"所有的传记都是可笑的"，这是因为她对迄今为止的博尔赫斯传记不太认可，但是，要是她读了马丁教授的这部著作，笔者揣想，她恐怕也会改变看法的。

读毕全书，笔者以为，值得我们中国西班牙语学者借鉴学习的，至少有如下几个方面：

一、介绍广泛全面

传主现年近九秩，身罹绝症，自二〇〇四年发表中篇小说《追忆凄凄烟花情》（Memoria de mis putas tristes，一译《苦妓回忆录》，但究竟是苦妓的回忆还是回忆苦妓，此译似交代不清）之后，几已搁笔；马丁教授得以全方位地介绍传主的几乎全部生活经历及全部作品。

二、观点客观公正

马丁固然极为推崇传主的代表作《百年孤独》,认为它是加西亚·马尔克斯一生的转捩点,也是二十世纪拉丁美洲文学的转捩点,是拉丁美洲在历史上和世界经典书籍中占有一席之地的唯一一部长篇小说,是拉丁美洲的《堂吉诃德》;对传主的另一部本人曾经自认为最好的而问世后却遭诟病的长篇小说《族长的没落》(一译《家长的没落》),不似有的评家认为其粗俗夸张、政治立场有问题,而作出了颇为客观的评价:它不失为一部成功的小说。如果说《百年孤独》是一部哥伦比亚的小说,那么,《族长的没落》则堪称一部更具拉丁美洲色彩的小说。至于传主小说的绝笔《追忆凄凄烟花情》,马丁指出,现今拉丁美洲的爱情故事,与莎士比亚笔下的罗密欧与朱丽叶式不同,倒和纳博科夫描绘的洛丽塔式颇为相似,也许这更能启迪读者对现代爱情观作更深层次的思考。马丁还指出,这部小说虽略显单调平庸,但它与传主的其他小说一样,仍让我们看到了作家想象的光芒,不乏幽默、机智的亮点。

三、资料详实细致

全书分三部分,共二十四章,再加上序曲与后记,附有注解凡一一二五条,大大有助于读者作透彻的阅读(令人遗憾的是,译者却未作任何注解,虽然中国读者对该书尚有相当多的不甚明了的地方)。令笔者深为折服的是,马丁教授理解读者对传主的好奇和兴趣,对《百年孤独》一书的受献人的故事也作了一番考证,加西亚·马尔克斯的献词为:"献给 何米·加西亚·阿斯科特和玛丽亚·路易莎·埃利奥。"原来,这两位,一位名何米·加西亚·阿斯科特,本名何塞·米格尔·阿斯科特(1929—),为西班牙诗人、散文家兼电影编剧,传主的文友,当年流亡墨西哥;另一位为玛丽亚·路易莎·埃利奥,诗人之妻。一九六五年九月初,诗人,

迷宫与《百年孤独》
—— 品博尔赫斯,考《百年孤独》诸家

特别是他夫人,对正在创作中的《百年孤独》极为关注,表现出浓厚的兴趣,问长问短,恨不能先睹为快,传主大受鼓舞,便把这部日后震惊世界文坛的不朽名作献给了这对夫妇(可惜目前出版的所有中译本均未加说明,我们失却了体验当时传主忐忑不安和知恩图报的心绪的机会)。另外,本书对传主所创作的所有叙事作品的来龙去脉都经过周密的考证,作了详实细致的交代,而且,为了让读者,特别是非西班牙语国家的读者更加容易厘清传主家庭人员以及《百年孤独》中的人物布恩地亚家族之间的相互关系,还列出了"马尔克斯—伊瓜兰(传主的外祖父母)家谱图"、"加西亚—马丁内斯(传主的祖母祖父)家谱图"、"加西亚—马尔克斯(传主的父母),加西亚·马尔克斯与巴尔恰·帕尔多(传主本人与夫人),加西亚·巴尔恰(传主的子孙)家谱图"以及"布恩地亚家谱图"(惜中译本无一列出),处处为读者着想的良苦用心,实在值得我们学习仿效。本书还配有传主本人、亲友及政治界、文艺界各类人士的大量照片和传主祖国哥伦比亚,他出生、上学、就业地环境以及拉美加勒比诸国的地图,显然更方便读者了解传主的生活轨迹。

当然,人无完人,金无足赤,本书也难免些许微疵小瑕。例如,在第五章,作者谈到加西亚·马尔克斯读到了由一位名叫博尔赫斯的阿根廷作家翻译的《变形记》。此说不确,因为经过阿根廷作家、博尔赫斯研究专家费尔南多·索伦蒂诺根据译文从动词、人称代词等诸多方面的对比,指出阿根廷与西班牙用法大不相同,断定《变形记》并非出自博尔赫斯的译笔,并已获得博尔赫斯本人的认同(见拙文《<变形记>并非出自博尔赫斯的译笔》,收拙著《奇葩拾零》,湖北教育出版社,2002年)。

经中译者陈静妍先生从英文原文独力完成的中译本封面,赫然印有"著名作家王安忆、莫言、阎连科、董启章、骆以军郑重推荐"的字样。显然得到当今中国重要作家们的认可和赏识,可见在我们中国,识货者大有人在。笔者佩服译者的勇气和努力,不过,读罢中译,仍不免阵阵叹息,漏译、

译家，请尊重著作家的心血
——叹又一部加西亚·马尔克斯传记中译之失误

误译、错译比比皆是，实在有愧于原著作者毕近二十年心血熬就的这部劳作。记得莫言在获得诺贝尔文学奖后说过，他的一部只花了四十多天就写成的小说，瑞典翻译家竟用了整整六年方始完成译事，令莫言肃然起敬。《加西亚·马尔克斯一生》英文版于二〇〇八年出版，中译本于二〇一一年五月即推出，其间除去版权谈判、编辑、排印，可以想见，其翻译速度之快，如若是一部高质量的译作，确实令人惊服。然而，难道我们中国的译家真的就比瑞典人高明吗？可惜，笔者的答案是否定的。

出于对原著作者的尊重，笔者谨提出若干浅见，以求教于译者、责编及诸位方家：

一、与另一位英文译者如出一辙，将西班牙语国家人士的姓名大多按照英文的发音习惯译出

令笔者十分诧异的是，明明有现成的《西班牙语姓名译名手册》，为数不少的英文译者为什么偏偏舍弃不用，非要另起炉灶、自找麻烦呢？如将传主本人的昵称 Gabo（按西班牙文读音，应译为加博，来自传主名字 Gabriel——加夫列尔）译为贾布；将传主的弟弟 Luis Enrique（应译路易斯·恩里克）译为路易斯·安立圭（大概是沿用西班牙歌星安立圭·伊格莱西亚斯，此名想必也按英文发音转译）；将传主外祖父马尔克斯上校的私生子 José María Valdeblánquez（应译为 何塞·玛丽娅·巴尔德布兰克斯）译为何塞·马利亚·韦德伯朗圭兹；将哥伦比亚军人、政客 Rafael Uribe Uribe（应译拉斐尔·乌里韦·乌里韦）译为拉法耶·乌里韦·乌利贝（明明原父母姓相同，不解译者为何要不同处理）；将著名古巴革命英雄 José Martí（通译何塞·马蒂）译为何塞·马提，将 Eva Perón（通译埃娃·庇隆，阿根廷总统、独裁者胡安·多明戈·庇隆的夫人，本名玛丽娅·埃娃·杜亚尔特，与庇隆结婚后，一反西班牙语国家女子习俗，不在夫姓庇隆前加表示从属关系的 de——"的"之意，中译为

"德"——,而直称埃娃·庇隆),译为艾娃·贝隆;将尼加拉瓜作家、政治家 Sergio Ramírez(通译塞尔希奥·拉米雷斯)译为瑟席欧·拉米瑞兹;把传主好友、哥伦比亚作家、《番石榴飘香》一书的访谈记者 Plinio Apuleyo Mendoza(通译普利尼奥·阿普莱约·门多萨)译为比利尼欧·阿布雷右·门多萨,把古巴裔美国著名拉美文学翻译家、《百年孤独》的英译者 Gregory Rabbasa(通译格雷戈里·拉巴萨)译为格雷戈里·罗边萨,把秘鲁作家巴尔加斯·略萨的夫人 Patricia Llosa(通译帕特里西娅·略萨)译为派翠希亚·略萨,等等。

二、姓名的缺位

传主的外祖父尼古拉斯·马尔克斯·梅希亚(Nicolás Márquez Mejía)的夫人应称特兰基利娜·伊瓜兰·科特斯·德·马尔克斯(Tranquilina Iguarán Cotes de Márquez),传主的母亲路易莎·圣地亚加·马尔克斯·伊瓜兰·德·加西亚(Luisa Santiaga Márquez Iguarán de García),却被漏译或删去了表示从属关系的"德"(de),作特兰基利娜·伊瓜兰·科特斯·马尔克斯和路易莎·圣地亚加·马尔克斯·伊瓜兰·加西亚,而且,"伊瓜兰"又常常被译为"伊瓜朗"。西班牙语国家的女子结了婚,原姓名的后面要跟夫姓,还要加表示从属关系的前置词de,这是西班牙语国家的普遍习惯,应该尊重,不可不察。

三、即使是英语等国家姓名,译者也不按《英语姓名译名手册》行事

如著名印裔英国作家 Salman Rushdie(通译萨尔曼·拉什迪)被译为萨尔曼·鲁西迪,Robert Redford(通译罗勃特·雷德福德)被译为劳勃·瑞德,等等。

四、对西班牙语国家当代文学缺乏了解

从译文中，笔者发现，译者对西班牙语国家，尤其是拉丁美洲当代的作家、文学作品以及重要的文学现象缺乏起码的认识，又不设法吸取国内西班牙语文学研究翻译界的最新成果（老实说，我们，包括笔者本人，早先的研究也十分有限，常现瑕疵，但近年来已有长足进展，英译恐应与其同步）。例如，译者把 corriente literaria（文学流派）译成"文学形式"；把 el Boom latinoamericano（拉丁美洲文学爆炸）译成"拉丁美洲风潮"；把诸多拉美作家的作品，Cambio de piel（《换皮》，富恩特斯著）译为《改变肤色》；La regióm más transparente（《最明净的地区》，富恩特斯著）译为《净土》；La tía Julia y el escribidor（《胡莉娅姨妈和作家》，巴尔加斯·略萨著）译为《爱情万岁》；Conversación en la Catedral（《酒吧长谈》，巴尔加斯·略萨著）译为《大教堂里的谈话》；El jardín de al lado（《旁边的花园》，多诺索著）译为《隔壁的花园》；El siglo de las luces（《光明世纪》，卡彭铁尔著）译为《世纪之光》，甚至一书二译，又作《教堂大爆炸》。至于传主本人的作品，本书的中译也是花样百出，El otoño del patriarca 一会儿译为《家长的没落》，一会儿又译为《独裁者的秋天》，前后不统一；La tercera resignación（《第三次无奈》）译为《第三次辞世》；En este pueblo no hay ladrones（《咱们镇上没有小偷》）译为《这个城里没有小偷》；El mar del tiempo perdido（《虚度年华的海洋》）译为《失落时光之海》；Relato de un náufrago（《一个海上遇难者的故事》）译为《船难水手的故事》；等等等等。

即便世界其他国家的文学作品，如索福克勒斯的 Antígona（《安提戈涅》）被译为《安蒂冈妮》；美国著名作家多斯·帕索斯的长篇小说 Manhattan transfer（《曼哈顿中转站》）被译为《曼哈顿变迁》。足见译

者在译事进行时往往信笔译来,不求对应。

五、译者世界知识的贫乏

本书卷帙浩繁,涉及世界各国方方面面的知识,译者在开译之前,需作细致、耐心的咨询查证。读译文,笔者认为译者远未下足功夫,拼尽全力。如将 el Partido Socialista Obrero de España(通译西班牙工人社会党)译为西班牙社会主义劳工党;将前西班牙共产党总书记 Dolores Ibárruri la Pasionaria(热情之花多洛雷斯·伊巴露丽)译为桃乐瑞斯·伊巴露丽——热血女子;将 Maurice Bishop(通译毛里斯·毕晓普,格林纳达政治家,1979年3月,推翻该国政府总理,建立"人民革命政府",从英国独立,1983年,被赶下台枪决。)译为墨利斯·毕许,而将其领导的 New Jewel Movement(通译"新宝石运动"),译为新吉维尔运动党;将意大利著名电影导演 Vittorio De Sica(通译维多里奥·德·西卡)译为维多里欧·狄西嘉,而将其导演的影片 El ladrón de bicicletas(通译《偷自行车的人》)译为《单车失窃记》;等等等等,误失不胜枚举。

以上各项,虽还不算严重的错误纰漏,倘肯下点功夫,不必太费力气便能纠正,但会给读者造成不必要的诸多障碍,影响原著的学术魅力,可惜我们的译家和出版家常常连这点举手之劳都不屑为之。下面笔者要举出的一例,便要见译家真正的功力了。限于篇幅,请看笔者解析本书第十五章一段译文:

九月初的一个下午,加西亚·马尔克斯暂停手上的写作,到艺术学院参加卡洛斯·富恩特斯的新书《改变肤色》的座谈。座谈会的最后,富恩特斯提到几位朋友,其中一位就是这位哥伦比亚人:"我们之间的共同点不只是我们的周日仪式,还有我对于这位阿拉卡塔卡诗人古老的推崇。"也许颇富指示意义的是,富恩特斯在此主张追求名气与财富是作家抱负的一部分:"我不认为作家就必须穷兮兮的。"座谈会

译家，请尊重著作家的心血
——叹又一部加西亚·马尔克斯传记中译之失误

结束之后，阿尔瓦罗·穆堤斯夫妇邀请众人前往他们在阿莫伊河畔的公寓吃海鲜饭，包括富恩特斯与莉坦·马塞多、荷米·加西亚·阿斯考特、玛丽亚·路易莎·埃利欧、费南多·帕索、费南多·贝尼特兹与艾莲娜·贾罗，当然，还有加西亚·马尔克斯与梅塞德斯。从离开座谈会开始，加西亚·马尔克斯一路上不断描述和他新小说有关的轶事，在街上、在车里、在穆堤斯的公寓里，大家都听到耳朵出油，最后只有玛丽亚·路易莎·埃利欧还在认真听。在那狭小而拥挤的公寓里，玛丽亚·路易莎整晚不断要求加西亚·马尔克斯继续讲故事，她最爱听的就是那个为了漂浮而吃巧克力的牧师。由于她如此着迷于加西亚·马尔克斯的故事，他当下就承诺要把新书献给她。他有《一千零一夜》故事的功力，她则拥有她的美丽。

对照原文（无论英文还是西班牙文），恕笔者斗胆判断，译者不熟悉传主生平，不了解传主友人之间的关系，不掌握《百年孤独》中的故事，不明白墨西哥城的地理，而且，更为重要的是，对外文也没有完全理解吃透，离译文需准确、明确、精确相去甚远。由于本书大量引用的材料是西班牙文，涉及的人和事也均来自西班牙语国家，笔者以为，即便手头没有原著英文版，使用西班牙文应该不会影响作者原意，先请看西班牙文：

A principios de septiembre, García Márquez había sacrificado una tarde de escritura para asistir a una charla que daba Carlos Fuentes a propósito de su nueva novela, Cambio de piel, en el Instituto de Bellas Artes. Al final de la presentación, Fuentes había mencionado a varios de sus amigos, entre ellos el colombiano, "a quien me ligan tanto nuestros ritos dominicales como mi admiración por su antigua sabiduría de aedo de Aracataca." Quizá simbólicamente, Fuentes afirmó en esta ocasión que ganarse la fama y la fortuna era una parte legítima de las aspiraciones de un escritor. "No creo que sea obligación del escritor engrosar las filas de los menesterosos." Después, Alvaro Mutis y su esposa Carmen habían invitado a Fuentes y Rita Macedo, Jomí García Ascot y María Luisa Elío, Fernando del Paso, Fernando Benítez y Elena Garro, así como a García Márquez y Mercedes, entre otros, a una paella en el apartamento que la pareja tenía en Río Amoy. García Márquez había empezado a relatar anécdotas de su nueva novela al salir de la charla, en la calle, en el coche, y había continuado en el apartamento de los Mutis. Todos tenían ya más que suficiente, y sólo María Luisa Elío seguía prestándole atención. En aquel reducido apartamento lleno de gente, María Luisa le hizo seguir contando historias toda la noche, en particular la del cura que toma chocolate para levitar. Allí y entonces, por escucharlo con atención tan embelesada, prometió dedicarle a ella la novela. El tenía el don de Scherezade；ella, la belleza.

陈静妍先生的译文中提到的"艺术学院"，西班牙文原文为 El Instituto de Bellas Artes，全称为 El Instituto Nacional de Bellas Artes，简称为 El INBA，是墨西哥中央政府的一个机构，管辖各类艺术学校、剧场、博物馆、画廊以及研究中心，并非什么高等院校，按字面意思译为"艺术学院"显然欠妥；根据其职能，似可译为"国家艺术局"，简称"艺术局"。穆蒂斯夫妇那套公寓房间坐落在 Río Amoy，按西班牙文字面意思确是"阿莫伊河"，但它却是墨西哥城的一条大街，所以，应音译为"里奥阿莫伊大街"或意译"阿莫伊河大街"，但不能译成"阿莫伊河畔"。富恩特斯举行的，是介绍他的新作《换皮》的报告会，由作家本人宣讲，"座谈会"似含众人参加讨论之意。穆蒂斯夫妇邀请的客人，以夫妇居多，如富恩特斯与丽塔·马塞多夫妇、加西亚·马尔克斯与梅塞德斯夫妇，英文和西

译家,请尊重著作家的心血
—— 叹又一部加西亚·马尔克斯传记中译之失误

班牙文均分别用连接词 and 和 y 把夫与妇标开,中文宜明确显示,因为客人中还有一个单个的:费尔南多·德尔帕索(陈译为费南多·帕索,"德尔"被腰斩了,未审何故)。《百年孤独》第五章里的一个故事是,尼加诺尔神父喝了一杯浓浓的、热气腾腾的巧克力,身子就升腾起来,离地十二厘米。哥伦比亚与其他西班牙语国家的宗教习俗一样,都信奉天主教,神职人员应称为神父,并非基督教的牧师。最后,原文提到了《一千零一夜》里的一位人物山鲁佐德,陈译未提,难道英文版里没有吗?这一段,笔者试译如下,仅供参考,请多指教:

一九六五年九月初,加西亚·马尔克斯牺牲了一个下午的写作,去参加卡洛斯·富恩特斯为他的新作长篇小说《换皮》在艺术局举行的一个报告会。新作介绍的最后,富恩特斯提到了他的几位朋友,其中包括这位哥伦比亚人,"把我和他联系在一起的,不仅是我们星期天的礼拜,还有我对他这位阿拉卡塔卡吟唱诗人古老知识的敬佩。"富恩特斯在会上也许象征性地强调,获取声名和财富是作家的一个合法愿望:"我并不认为作家非要扩大穷人的队伍不可。"会后,阿尔瓦罗·穆蒂斯和夫人卡门邀请富恩特斯与丽塔·马塞多夫妇、何米·加西亚·阿斯科特与玛丽娅·路易莎·埃利奥夫妇、费尔南多·德尔帕索、费尔南多·贝尼特斯与埃莱娜·加罗夫妇以及加西亚·马尔克斯与梅塞德斯夫妇等人,去他们俩位于里奥阿莫伊大街的套房里吃海鲜饭。一出会场,加西亚·马尔克斯就在大街上,在车厢中,讲起了他那本新小说里的故事,还在穆蒂斯夫妇的套房里讲个没完。大家都听够了,只有玛丽娅·路易莎还兴致勃勃。整整一个晚上,在那个窄小、挤满了人的套房里,玛丽娅·路易莎要他不断地讲故事,特别是讲神父喝了巧克力就会腾空而起的故事。就在那儿,也是从那时候起,由于她听得如痴如醉,他答应把他那部小说献给她。他具备山鲁佐德的才华;而她,则拥有美貌。

直率地说，陈译的其他失误，还在数颇多，这里不可能一一指出。鉴于本书具有较高的学术含金量，极值一读，笔者诚恳建议并衷心希望，译者、编者和出版者平下心来，认真、仔细地核对原著英文，并适当参照西班牙文，对全书译文进行一次脱胎换骨的彻底修订，把一部不负原作原意的完美译本面目一新地呈现在广大喜爱传主作品的中国读者面前。

(原载2013年6月12日《中华读书报》)